초심상담자를 위한

상담 기술의 실제

천성문 · 박은아 · 이정아 · 이지영 · 정세영 · 차윤희 · 김지숙 · 김현정 공저

Practice of Counseling Skills for Beginner Counselors

학지사

머리말

상담자로 성장하기 위한 수련과정을 지도하면서 초심상담자들에게 "상담이 너무 어려워요." "내담자의 이야기에 경청하고 공감 반응을 해야 한다는데, 축어록을 보면 제 말만 하고 있어 어떻게 반응해야 할지 몰라 너무 답답해요."라는 하소연을 많이 듣습니다. 그리고 어느 정도 수련을 거친 상담자들에게 "경청하고 공감은 하는데 상담에 진전이 없어요. 내담자의 문제를 어떻게 탐색해 나가야 할지 막막해요." "내담자의 어려움에 해결방안을 제시하려는 저를 봅니다. 내담자가 스스로 자신의 문제를 통찰하고 해결방안을 모색하게 하려면, 상담자는 어떻게 해야 할까요?"라는 질문을 자주 듣게 됩니다.

상담자로 성장하기 위해 수련과정에서 인간적인 자질과 전문적인 자질을 함께 훈련해야 한다면, 앞의 이야기들은 전문적인 자질에 포함되는 상담 기술과 관련한 어려움입니다. 상담자가 인간적인 자질을 기른다면, 상담 기술과 같은 부분은 훈련하지 않아도 상담이 원활하게 이루어진다고 이야기하는 분도 있습니다. 맞습니다. 상담관계를 형성한 후에 상담이 진행될 수 있으므로, 사람을 존재 그대로 존중하는 상담자의 인간적인 자질은 매우 중요합니다. 하지만 초심상담자들은 막상 내담자와 마주 앉게 되면 상담관계가 형성되었다고 해서 상담이 저절로 진행되지 않는 현실과 마주하게 됩니다. 내담자에게 공감하는 표정을 짓지만, 머릿속은 어떤 말을 해야 할지를 생각하느라 정신없이 바쁩니다. 또한 선배 상담자들은 자연스럽게 상담을 이어가는데, 자신은 왜 이렇게 어렵고 막막한지 상담자로서의 자질이 없는 것 같아 답답해합니다.

상담자 수련은 인간적인 자질과 전문적인 자질이 동시에 진행되어야 한다고 생각합니다. 전문적인 자질 중에서도 상담에서 효과를 가져오는 직접적인 도구는 상담자의 언어 반응인 상담 기술이므로, 초심상담자들에게 상담 기술에 대한 수련은 반드시 필요합니다. 그래서인지 많은 교재에서 상담 기술을 다루고 있지만, 기술 자체에 대한 설명과 간단한 예시 정도만 담고 있어 초심상담자들이 배움을 얻기에는 부족한 부분이 많습니다. 또한 이론마다 제시하고 있는 상담 기술이 많기 때문에, 이러한 기술을 어떻게 배우고 자신들의 상담에 적용할 수 있을지를 판단하는 것도 쉽지 않습니다.

이에 저자들은 초심상담자 시절을 떠올리며 상담 기술을 배울 때 각자의 채워지지 않았던 욕구를 브레인스토밍하며 이 책의 방향을 정하였습니다. 제1부에서는 상담자가 익혀야 할 기본적인 상담 기술을 정하고, 이 기술을 실제 상담 사례에 적용하며 연습해 보도록 하였습니다. 그리고 최근에는 통합적인 상담을 많이 적용하고 있어 다양한 이론에서 제시하고 있는 상담 기술에 대한 이해도 필요하다고 생각했습니다. 그래서 제2부에서는 각 이론별로 활용도가 높은 상담 기술을 정리하고, 기술에 대한 안내와 사례를 통해 기술 연습이 이루어질 수 있도록 하였습니다. 제3부에서는 초심상담자들이 수련하기 위한 상담 기술 훈련 프로그램을 제시하여 상담 기술을 체계적으로 훈련할 수 있도록 구성하였습니다.

한 책에 다양한 영역을 담고자 욕심을 내다 보니 중간중간 협의해야 하는 사항이 많았고, 집필과정에서 각 부의 특징을 살리려다 보니 많은 시행착오가 있었습니다. 긴 시간 동안 작업한 내용이라도 비슷하게 제시된 부분은 조율하며 삭제해야 하는 아픔을 겪었습니다. 또한 피드백을 주고받으며 전체적인 구성 방향을 바꾸는 일도 겪었습니다. 다행히 저자들 모두 상담 기술을 잘 이해하고 있어 원활히 소통할 수 있었습니다. 도움이 되는 책을 집필하고자 하는 서로의 마음에 공감하며 각 팀별로 해결방안을 제시하고 적절하게 조율해 나갔습니다. 상담 기술을 저술하며 오히려 저자들이 더 많은 상담 기술을 배우고 적용해 보는 행운을 가졌습니다.

이 책을 활용하는 여러분도 저자들만큼이나 다양한 방법으로 상담 기술을 배우고 훈련할 수 있을 것입니다. 강의용으로 사용할 경우에 이 책의 특성상 개별적인 활용과 통합적인 활용 모두 가능하므로, 각 부의 특징을 살펴보고 특정한 부만 선택하여 한 학기 수업을 계획해도 좋습니다. 또는 학기가 올라가면서 각 부별로 강의에 적용할 수 있으며, 강의 시간에는 제1~2부를 다루고 특강으로 제3부를 진행할 수도 있습니다. 개인이 사용할 경우에 제1부부터 보면서 상담 기술의 기초를 다지고, 제2부는 상담 이론 공부와 병행하여 기술을 좀 더 심도 있게 배우는 기회로 삼아도 좋을 것입니다. 제3부는 동료들과 집단을 구성하여 스터디 형식으로 함께 실습하며 상담 기술을 향상해 보기를 권합니다. 각 부마다 특성이 있으므로, 이를 모두 활용하여 상담 기술 향상에 실질적인 도움을 받기를 기대합니다.

한 권의 책이 집필되기까지는 많은 분의 도움이 필요합니다. 바쁜 일정이지만 집필 과정에서 아낌없는 피드백을 주신 안세지, 최지이, 윤정훈 선생님께 감사합니다.

기나긴 준비 기간이었습니다. 언제나 한결같은 믿음으로 저자들을 응원하며 기다려 주신 학지사 김진환 사장님, 김은석 상무님, 빠르고 깔끔한 편집을 담당해 주신 조은별 선생님과 학지사 관계자분들께 감사의 마음을 전합니다.

마지막으로, 함께 상담자의 길을 걸어가는 상담자분들과 이 책에 생기를 불어넣어 줄 독자분들께 깊은 감사를 전합니다.

2022년을 뜨겁게 마무리하며

저자 일동

차례

제3부 상담 기술 훈련 프로그램

제1부

상담 기술 이론

제1부에서는 상담의 실제 기술을 소개하고 이를 실습해 보는 것에 초점을 두었다. 실제 상담과정에서 적용되는 상담 기술의 주요 특징을 통해 그 유용성을 이해하고, 상담 기술의 활용과 관련해 상담자가 경험한 어려움을 스스로 진단해 보며, 이를 보다 효과적으로 적용해 볼 수 있는 실습과정으로 내용을 구성하였다.

먼저, 전체 14개 상담 기술—관심기울이기, 관찰하기, 경청하기, 공감하기, 감정 반영하기, 재진술하기, 자기개방하기, 즉시성, 질문하기, 지지하기, 직면하기, 해석하기, 요약하기, 정보제공하기—을 중심으로 정의와 효과, 방법, 유의점 등을 소개하였다. 다음으로, 자기 이해 척도를 통해 상담자가 자기를 이해하고, 실제 사례에 준하는 사례를 통해 상담 기술이 어떻게 활용될 수 있는지 점검하며, 연습 문제 및 기술 훈련을 통해 실제 기술을 실습해 보는 순서로 구성하였다.

상담의 실제는 복합적인 요소와 상황의 상호작용과정이다. 제1부에서 소개하는 상담 기술이 실제 상담에서 어떤 의미를 가지는지, 어떤 효과를 지니는지, 어떻게 표현되는지, 어떤 차이가 있는지를 생각해 보자. 이와 함께, 사례 읽기, 자기 점검, 역할 연습 등을 통해 상담자가 내담자와 좋은 치료관계를 유지하는 데 효과적인 상담 기술을 익혀 보자.

학습 목표

1. 상담의 실제에서 상담 기술의 유용성을 이해할 수 있다.
2. 상담 기술의 주요 특징을 비교하여 설명할 수 있다.
3. 상담 기술을 실습하면서 각 과정의 효과적인 적용 방법을 제시할 수 있다.

제1장

관심기울이기, 관찰하기

1. 관심기울이기

1) 정의와 효과

관심기울이기는 내담자가 표현하는 것을 상담자가 주의 깊게 관찰하고 의미를 해석하여, 그에 맞는 태도와 반응을 전달하는 상담 기술이다.

관심기울이기는 어떤 것에 마음이 끌려 정성과 노력을 한곳으로 모아 주의를 기울이는 행위를 의미한다. 또한 내담자가 표현하는 것을 상담자가 주의 깊게 관찰하고 의미를 해석하여 그에 맞는 태도와 반응을 전달하는 기술로, 상담자의 시선, 자세, 몸짓, 표정, 목소리 등을 통해 나타난다. 상담자의 태도와 반응은 내담자에게 민감하게 전달될 수 있으므로 세심한 주의가 필요하다.

내담자의 태도와 행동이 상담자에게 다양한 의미를 전달하듯이 상담자의 행동과 태도 역시 내담자에게 상이한 메시지를 전달한다. 즉, 상담자의 행동과 태도에 따라 내담자는 자신의 문제를 개방하기도 하고, 상담자에 대한 신뢰를 가질 수도 있으며, 상담에 저항하거나 불신할 수도 있다. 전자는 상담자가 내담자에게 적극적으로 관심을 기울이는 것이 전달된 경우이며, 후자는 관심기울이기가 효과적으로 이루어지지 않은 경우이다. 이와 같이, 내담자에 대한 상담자의 행동과 태도에 따라 내담자가 상담에 참여하는 태도와 효과가 달라질 수 있다.

관심기울이기는
- 상담자와 내담자의 편안하고 개방적인 상담관계를 형성하는 데 도움을 줄 수 있다.
- 상담자의 수용과 격려를 내담자에게 전달할 수 있다.
- 내담자로부터 더 많은 정보를 얻는 데 도움을 받을 수 있다.

상담자의 관심기울이기가 갖는 효과는 다음과 같다.

첫째, 신뢰를 형성하여 상담관계를 구축하는 데 매우 중요하다. 상담자는 내담자를 만나는 과정 동안 내담자의 언어적·비언어적 메시지가 갖는 특별한 의미를 알아차리고자 모든 주의를 기울이게 된다. 상담자가 관심을 가지며 신중하게 이야기를 듣고 있음을 내담자가 전달받으면, 좀 더 편안하고 개방적인 상담관계를 형성하게 될 것이다.

둘째, 상담자의 수용과 격려를 전달하는 역할을 한다. 이는 내담자가 자신이 존중과 수용을 받고 있음을 느끼게 하여 편안하게 자기를 개방할 수 있도록 도움을 준다.

셋째, 내담자로부터 더 많은 정보를 얻는 데 도움이 된다. 상담자의 관심기울이기는 내담자에 대한 객관적인 관찰을 지속하게 하고, 내담자의 이야기 진행을 격려하여 풍부한 정보를 얻는 데 도움이 된다.

2) 방법

내담자를 맞이할 때 상담자의 고요함, 부드러운 목소리, 편안한 시선과 자세, 개방적인 표정 등은 편안한 첫인상을 줌과 동시에 내담자에게 '당신에게 관심을 가지고 있고, 당신이 하고 싶은 말을 듣고 싶다.'는 뜻을 전달한다. 예를 들어, 눈을 부드럽게 맞추고 앉아서 관심을 집중하고 기다리는 제스처는 참을성을 전달한다. 대화하며 끄덕이기, 미소 짓기 등은 내담자에 대한 환영과 호의를 전달한다. 또한 몸을 앞으로 기울이고 온화한 목소리와 끄덕임으로 안정적인 시선을 접촉하는 것은 공감과 이해를 표현하고, 궁금해하는 듯한 눈빛, 주름진 이마 등의 표정은 내담자를 이해하는 데 필요한 설명과 보충을 요청하는 표현이 된다.

관심기울이기는 자연스럽게 행동으로 나타날 수 있지만, 관심을 어떻게 표현해야 내담자에게 잘 전달할 것인가에 대해서는 연습이 필요하다. 관심기울이기 기술로는 시선 접촉, 개방적인 자세 취하기, 몸기울이기, 주의가 분산된 행동 하지 않기 등이 있다. 관심기울이기의 구체적 방법은 다음과 같다.

- **시선 접촉**: 상담자의 시선 접촉은 상담에 집중하고 있음을 전달할 수 있다. 시선 접촉은 내담자에 대한 관심과 신뢰를 표현하는 것으로, 내담자를 지나치게 응시하는 것이 아니라 자연스럽게 상대방을 이해하고 수용하는 눈빛으로 비교적 일관성 있게 내담자와 시선을 맞추는 것이다. 상담자가 지나치게 응시하면 내담자는 공격적이라 생각하게 되고, 시선을 피하면 상담자의 진실성을 의심하게 된다.
- **개방적인 자세 취하기**: 상담자의 개방적인 자세는 내담자의 마음을 열어 준다. 상담자는 내담자의 말에 따라서 적절히 고개를 끄덕이며 "아하" "음" 등의 반응을 보이거나, 편안하면서 진지한 표정과 온화하며 자연스러운 목소리를 유지하면서 안정감 있게 적절한 속도로 말하는 개방적인 자세를 유지해야 한다. 상담자의 긴장하거나 경직된 표정, 공격적인 어조와 날카로운 목소리, 팔짱을 끼거나 상체를 뒤로 젖힌 자세, 다리를 꼬거나 떠는 행동 등은 내담자가 심리적 거리감과 거부감을 가지게 한다.
- **몸기울이기**: 상담자가 내담자 쪽을 향해 자신의 몸을 조금 기울이는 것은 내담자에게 관심을 가지고 집중하여 듣겠다는 적극적인 메시지를 전달한다. 몸의 긴장을 풀고 이완된 상태를 유지하면서 자연스럽게 내담자 쪽으로 몸을 기울이면, 내담자는 상담자의 관심이 자신을 향해 있다고 느끼게 된다. 그러나 상담자가 몸을 지나치게 앞으로 기울이면 내담자는 사적 영역을 침범받는 것으로 느껴 불편할 수 있고, 반대로 자세를 뒤로 젖히면 내담자는 상담자가 자신의 이야기를 듣고 싶어 하지 않거나 관심이 별로 없다고 느껴 권위적이라고 생각할 수 있다.
- **주의가 분산된 행동 하지 않기**: 상담자가 내담자의 이야기를 귀 기울여 듣지 않는 것처럼 보이는 행동은 상담을 방해하는 대표적인 요인이다. 상담 중 전화나 다른 업무를 보는 행동과 같이 상담자가 외부 자극에 쉽게 반응하는 행동, 손이나 옷깃, 머리카락, 책상 위의 다른 물건을 만지작거리는 행동, 동시에 여러 일을 하는 행

동 등은 내담자의 주의집중을 방해하고 상담자를 신뢰하는 데 걸림돌이 된다. 상담자가 상담 기록에 몰두하는 행동도 주의가 분산된 행동이며, 내담자는 상담자가 기록하는 행동에 영향을 받거나, 기록하는 내용이 무엇인지 혹은 어떻게 활용될지에 신경을 쓰며 불편해할 수 있다. 따라서 상담자는 상담과정에서 내담자가 방해받지 않도록 효율적인 기록 방법에 대해서도 고심해야 한다.

3) 유의점

좋은 상담관계를 형성하기 위해 상담자는 내담자가 표현하는 바를 잘 이해하고 내담자에게 관심을 전달하는 비언어적 표현을 잘 활용해야 한다. 즉, 상담자는 내담자의 표정, 시선 접촉, 몸동작, 음성 등 태도와 반응을 통해서 의식 상태나 정서 상태에 관한 정보를 얻을 수 있어야 하며, 상담자 자신의 비언어적 표현 속에서 나타나는 감정도 자각할 수 있어야 한다. 상담자가 내담자에게 관심을 기울이고 있음을 전달할 때는 다음과 같은 점에 유의할 필요가 있다(천성문 외, 2015b: 16-19).

첫째, 상담자는 관심기울이기를 제대로 적용하기 위해 자신의 몸과 목소리를 자각하고, 내담자와 상호작용할 때 자기 몸을 통해 전달되는 단서와 메시지를 놓치지 않아야 한다. 예를 들면, 내담자에게 어떤 태도를 취하고 있는지, 내담자에게 충분한 관심을 표현하지 못하고 있다면 자신의 어떤 감정 때문인지, 상담에 방해가 되는 신체언어가 있다면 이것을 어떻게 다루고 있는지 등을 스스로 점검해 보아야 한다.

둘째, 상담자가 내담자에게 관심을 기울이는 비언어적 표현에는 생각, 느낌, 태도 등의 메타 메시지도 함께 전달됨을 유의해야 한다. 메타 메시지는 음성언어를 통하여 전달되는 것이 아니라, 음성언어에 수반되는 강세, 높낮이, 억양, 속도, 목소리 크기 등의 준언어와 표정, 눈빛, 몸짓, 상대방과의 거리 등의 비언어에 의해서 표현되고 전달된다. 표정은 감정 전달 기능과 언어적 메시지를 강조하는 역할을 한다. 예를 들어, 미소를 띤 표정이나 걱정스러운 표정은 언어를 대신하거나 병행 및 보충할 수 있다. 상담자와 내담자 사이의 공간, 물리적 거리, 물리적 환경의 정리정돈이나 배치 등 상담에 방해되는 요소가 없는지 점검해 보아야 한다. 이와 같이, 관심기울이기는 상담자의 감정을 표현하고 태도를 전달하여 내담자에게 친밀감과 신뢰감 같은 사회적 의미를 전달하는 수단이 된다는 것을 유념해야 한다.

4) 자기 이해(자기 진단) 척도

실제 상담 경험이 있다면 그 경험을 떠올려 보자. 그렇지 않다면 평소 타인과의 대화에서 자신의 모습이 어떠한지 생각하면서 다음의 '관심기울이기'를 얼마나 사용하는지 떠올려 보자.

☑ 다음의 영역에 대한 상담자 자기 이해 정도에 대하여 ✓표해 봅시다.

관심기울이기	1	2	3	4	5
내담자와 대화할 때 진지하게 임하는 편이다.					
언어적 표현을 통해 내담자에게 긍정적인 태도를 전달하는 편이다.					
비언어적 행동을 통해 내담자에 대한 관심을 효과적으로 표현하는 편이다.					
내담자에게 충분한 관심을 표현하는 데 방해가 되는 행동이 무엇인지 잘 알고 있는 편이다.					

※ 1(매우 그렇지 않다), 2(그렇지 않다), 3(보통이다), 4(그렇다), 5(매우 그렇다)
(점수가 높을수록 효과적임을 의미함)

5) 사례

사례를 통해 상담자의 관심기울이기가 내담자에게 어떻게 전달될 수 있는지를 살펴보자.

- 집단 따돌림으로 등교를 거부하며 자발적으로 상담을 의뢰한 중학교 3학년 여학생 내담자에 대한 상담자의 관심기울이기 반응

내담자: (굳은 표정과 격양된 목소리로 빠르게) 학교 가기 진짜 싫어요.
상담자: 음……. (내담자를 바로 바라보며 자연스러운 시선 접촉을 한다.)
내담자: 학교에서 저는 투명 인간이에요. (눈시울이 붉어지며 고개를 떨군다.)
상담자: 무슨 일이 있었는지 말해 줄 수 있을까요? (부드러운 표정으로 내담자를 향해 약간 몸을 기울인다.)

내담자: (떨리는 목소리로) 저는 아무 잘못이 없는데. 아무도 저랑 말을 안 해요. 처음에는 저만 보면 욕하고 시비 걸고……. 이제는 아무도 말을 안 해요. 저는 어떻게 해야 할지 모르겠어요.

상담자: (따뜻한 시선으로 내담자를 바라보며 힘들었을 것을 생각하며 잠시 기다린다.)

내담자: (훌쩍이며) 아무 말도 할 수 없고, 아무것도 할 수 없어요.

상담자: (나지막하고 부드러운 목소리로) 아무것도 할 수 없을 정도로 힘든 게 느껴져요.

내담자: 아무도 없는 곳으로 숨고, 애들이 있는 학교는 가고 싶지 않았어요.

상담자: (고개를 끄덕이며) 음. 숨고 싶고, 학교는 가고 싶지 않았군요…….

6) 연습 문제

앞에서 살펴본 유의점과 사례를 활용하여 다음에 제시된 내담자의 반응에 대해 상담자가 어떻게 관심기울이기 기술을 사용하는 것이 적절할지 적어 보자.

(1) 연습 문제 1

다음에 제시된 내담자의 상황이나 반응에 대해 관심기울이기 기술을 적용해 보자.

내담자: 저는 너무 우유부단한 것 같아요. 제 일인데 제가 결정을 못 하겠어요. 매사에 그래요. 항상 엄마나 친구한테 물어보고, 엄마나 친구가 결정을 해 줘야 안심이 되고. 혼자서 결정해야 하는 상황이 되면 식은땀이 나고 머릿속이 하얗게 되고 심장이 두근두근 뛰고……. 도무지 어떻게 해야 할지 모르겠어요. 너무 답답해요.

관심기울이기 반응: ______________________________

____

____

이렇게 반응할 수 있어요

상담자: (고개를 끄덕이며 부드러운 목소리로) 우유부단하다고 느끼는군요. 구체적으로 어떤 상황에서 우유부단하다고 느끼는지 이야기해 볼까요?

상담자: (따뜻한 시선과 부드러운 표정으로 몸을 앞으로 기울이며) 음, 어떻게 해야 할지 모를 정도로 답답하다고 느끼는군요.

(2) 연습 문제 2

다음에 제시된 내담자의 상황이나 반응에 대해 관심기울이기 기술을 적용해 보자.

내담자: 그동안 저는 늘 우울했지만 우울한지 몰랐어요. 이제 우울감이라는 것을 알지만 어떻게 해야 할지 모르겠어요. 최근에는 잠도 못 잘 정도로 힘들어요. 수업도 있고 과제나 할 일이 너무 많은데 아무것도 할 수 없어요. 누워만 있게 되고 눈물만 나요.

관심기울이기 반응: ____________________

____

____

7) 기술 훈련

이렇게 반응할 수 있어요

상담자: (염려되는 눈빛과 온화한 목소리로) 얼마나 힘들게 지내고 있는지 느껴지네요.

상담자: (몸을 앞으로 기울여 따뜻한 시선을 유지하며) 그렇군요. 아무것도 할 수 없을 정도로 힘든 상황이군요.

다음의 진행 방법을 통해 관심기울이기 기술을 실습해 보자. 역할 연습 후 질문에 답하고, 실습 관찰지의 주요 내용을 작성한 다음 의견을 나누어 보자.

(1) 진행 방법

촬영/녹음된 대화 장면과 관심기울이기 기술 실습 관찰지를 활용하여 관심기울이기가 상담 장면에서 어떻게 적용되고, 어떤 의미를 갖는지 의견을 나누어 보자.

4명이 한 팀이 되어 상담자 1명, 내담자 1명, 관찰자 2명의 역할을 번갈아 가며 맡는다. 다음과 같은 순서로 활동을 진행한다.

역할 정하기 → 제시된 상황 숙지하기 → 기술 연습하기 → 연습 후 토의하기

- 상담자 역할: 관심기울이기는 편안하고 개방적인 상담관계를 형성하는 데 중요함을 기억하며 기술 연습하기
- 내담자 역할: 일상적 주제로 자신의 감정이나 생각을 떠올리며 육하원칙에 따라 간단히 개요 작성 후 이야기하기
- 관찰자 역할: 휴대전화 등을 활용하여 촬영/녹음하기. 관찰자 중 1명은 상담자 역할을 중심으로 관찰하고 기록하기. 다른 1명은 내담자의 역할을 중심으로 관찰하고 기록하기
- 토의하기: 모든 참여자는 촬영/녹음된 상담 장면과 실습 관찰지를 활용하여 질문에 대해 기술하고 의견 나누기

역할 연습을 위한 사례

사례 1: 내담자는 일상적인 주제로 자신의 감정이나 생각에 대해 이야기한다. 이때 상담자는 말하는 사람과 시선을 맞추지 않은 채 팔짱을 끼고 때때로 다른 곳을 보거나, 필기구를 돌리거나 휴대전화에 자주 시선을 둔다(3분). 다음에는 태도를 바꾸어, 내담자를 향해 몸을 기울이며 시선을 맞추고 가끔씩 고개를 끄덕이며 온화한 미소를 짓는다(3분).

사례 2: 내담자는 자신을 소개한다. 한 번은 건조하고 딱딱한 말투로 자신에 대해 소개한다(2분). 이어서 따뜻하고 부드러운 말투로 자신을 소개한다(2분). 상담자는 적극적인 경청의 자세로 듣는다.

☑ 내가 말하는 동안 상대방이 관심을 기울이지 않을 때 어떤 기분이었나요?

☑ 상대방이 나의 이야기에 관심을 기울였을 때 어떤 기분이었나요?

☑ 상대방의 목소리와 말투에 대해 피드백해 봅시다.

(2) 실습 관찰지

관심기울이기 기술 실습 관찰지

소속: ____________ 이름: ____________

• 관찰자는 상담 실습 장면을 관찰하여 다음의 점검표를 작성해 봅시다.

1. 다음 영역에 대한 상담자의 반응 점수에 ✓표해 봅시다.
(점수가 높을수록 효과적임을 의미함)

상담자 반응	1	2	3	4	5
좋은 시선 접촉					
편안하고 자연스러운 개방적 자세					
적절한 물리적 거리, 내담자 방향으로 상체 기울이기					
주의 분산된 행동 하지 않기					

2. 상담자 반응으로 관찰된 주요 내용을 기술해 봅시다.

상담자 반응	분/초	관찰된 내용	강점/개선점
시선 접촉	• •	• •	• •
개방적 자세	• •	• •	• •
적절한 거리, 몸기울이기	• •	• •	• •
주의가 분산된 행동	• •	• •	• •

8) 자기 진단(사후 진단) 척도

지금까지 관심기울이기 기술을 연습해 보았다. 앞으로 관심기울이기 기술을 효과적으로 잘 활용할 수 있을지 점검해 보자.

☑ 다음의 관심기울이기 기술을 이해하고 적용할 수 있는지 ✓표해 봅시다.

관심기울이기	사용 여부 (O/X)	적음 ← 사용 빈도 → 많음				
		1	2	3	4	5
시선이 지속적으로 내담자를 향한다.						
부드럽고 자연스러운 눈빛으로 내담자를 바라본다.						
몸의 방향과 시선을 내담자에게 맞추고 있다.						
몸을 앞으로 기울여 적당한 거리를 두고 앉는다.						
상담 기록보다 내담자에 집중한다.						

☑ 지금까지의 관심기울이기 기술 학습과정을 마무리하면서 알게 된 점과 변화한 점, 상담 장면에서의 효과적 적용을 위한 계획 등을 정리해 봅시다.

- 알게 된 점:

- 변화한 점:

- 적용 계획:

2. 관찰하기

1) 정의와 효과

관찰하기는 내담자를 이해하는 데 도움이 되는 다양한 비언어적 메시지에 주의를 기울여 자세히 살펴보는 상담 기술이다. 대표적인 비언어적 메시지에는 내담자의 외형적 모습, 위생 상태, 태도, 행동, 표정, 시선 접촉, 표현 양식, 발달적 적절성, 정서 및 인지 상태, 말하는 내용과 정서의 불일치 등이 포함된다.

관찰은 사물이나 현상을 주의하여 자세히 살펴보는 행위, 적극적인 의도를 가지고 주의 깊게 조직적으로 파악하는 행위를 말한다. 상담자는 내담자의 다양한 메시지를 대상으로 주의 깊게 살펴보는 과정을 통해 내담자를 이해하는 데 도움이 되는 다양한 정보를 얻을 수 있다.

내담자의 외모, 표정, 옷차림, 말투, 시선 접촉, 대인행동, 발달적 적절성, 정서 및 인지 상태, 말하는 내용과 정서의 불일치 여부, 비언어적 메시지, 행동 패턴 등에서 특별히 두드러지게 나타나는 것을 관찰하여 얻은 풍부한 정보는 내담자를 이해하는 중요한 단서가 될 수 있다. 상담자가 경청한다는 것은 단순히 내담자의 언어에만 집중하는 것이 아니라 전반적인 태도와 행동에 주의를 기울여 잘 관찰하는 것을 포함한다.

관찰하기는

- 내담자를 이해하는 데 도움이 되는 정보를 보다 풍부하게 얻을 수 있다.
- 내담자가 전달하는 호소 문제의 내용과 정서의 정도를 확인할 수 있다.
- 내담자에 대한 상담자의 반응을 점검할 수 있다.

관찰하기는 내담자에 대한 관심의 표명이다. 상담자의 관찰하기는 다음과 같은 효과가 있다.

첫째, 내담자의 문제를 명확하게 하기 위한 자료 수집의 측면에서 매우 중요하다.

내담자의 말에서 얻는 정보보다 태도와 행동으로부터 얻는 정보가 유용한 경우도 있다. 예를 들어, 내담자의 습관적인 행동, 표정, 옷차림, 억양 등은 내담자에 대한 보다 신뢰할 수 있는 정보를 제공하기도 한다. 정서에 대한 자각이 잘 이루어지지 않는 내담자는 자신의 현재 마음 상태를 잘 표현하지 못하는 경향이 있다. 예를 들어, 긴장감을 느끼는 내담자에게 상담자가 "지금 느낌이 어떠세요."라고 질문하면, 정서 자각이 잘 이루어지지 않은 내담자는 "잘 모르겠어요." "그저 그래요."라고 대답할 수 있다. 그러나 경직된 표정이나 억양, 입술을 깨물거나 시선 접촉이 불안정한 내담자의 행동 등을 관찰함으로써 상담자는 내담자가 긴장감을 느끼고 있음을 알 수 있다.

둘째, 상담자는 내담자의 언어적 메시지를 경청함으로써 내담자의 경험, 행동, 정서를 평가하고, 비언어적 행동을 관찰함으로써 내담자가 말하고 있는 내용과 현재의 마음이 일치하는지, 강도는 어느 정도인지 등을 확인할 수 있다. 예를 들어, 화가 많은 내담자가 자신은 쉽게 화를 내지 않는다고 말할 때 얼굴이 붉어지고, 목소리가 커지며, 입술이 떨리는 등의 비언어적 행동이 관찰된다면 내담자의 말과 행동이 일치하지 않는다고 해석할 수 있다. 또한 내담자의 말과 일치하는 비언어적 행동들은 내담자의 말을 신체적으로 강조하기도 한다. 예를 들어, 자신을 괴롭히는 상사에게 무척 화가 난다는 말과 함께 나타나는 격앙된 목소리와 주먹을 쥐는 행동 등은 화가 많이 나 있음을 강조하는 의미로 해석할 수 있다.

셋째, 내담자에 대한 상담자의 반응을 점검하는 효과가 있다. 상담자 자신에게서 다른 내담자에게 느끼지 못한 특별한 반응이 나타난다면, 역전이일 가능성(이규미, 2017: 46)도 염두에 두어야 한다.

2) 방법

상담은 상담자와 내담자의 상호관계 속에서 일어난다. 상담자와 내담자는 첫 대면부터 즉각 서로를 평가하기 시작한다. 서로 상대방을 관찰하고 마음속으로 질문하며 반응한다. 상담자가 관찰해야 할 주요 내용으로 외형적 모습, 위생 상태, 신체감각 수용, 태도, 행동, 시선 접촉, 표정, 말의 속도와 높낮이, 말의 유형 및 내용, 표현 양식, 사고, 정서, 기억, 환각, 의식, 주의집중 등이 있다. 관찰하기의 구체적 방법은 다음과 같다.

- **외형적 모습**: 내담자의 외형적 모습은 어떠한가? 외형적 모습이 내담자에게 어떤 문제를 일으킬 가능성이 있는가? 외형적 모습이 건강과 자아상에 대한 어떤 단서가 되고 있는가? 사회적 지위는 어떻게 보이는가? 내담자의 옷차림이 빈곤함이나 부유함, 사회적 위치, 마음의 상태 등을 보여 주고 있는가?
- **태도와 행동**: 내담자의 태도와 행동은 어떠한가? 내담자가 신경질적으로 보이는가? 위축되어 보이는가? 공격적으로 보이는가? 방어적 또는 수동적으로 보이는가? 내담자가 가만히 있는가? 두리번거리는가? 내담자가 손, 머리, 발로 무엇을 하고 있는가? 내담자의 그러한 동작과 제스처가 의미하는 것은 무엇인가? 내담자의 자세는 어떠한가? 내담자가 똑바로 앉아 있는가? 구부리고 앉아 있는가? 자연스럽게 서 있는가? 가구에 기대고 있는가?
- **시선 접촉**: 내담자가 상담자와 시선 접촉을 하고 있는가? 시선을 회피하는가? 내담자가 불편할 정도로 지나치게 상담자를 응시하는가?

표 1-1 관찰하기의 주요 내용

구분	주요 내용
외형적 모습	• 체형과 체격, 외모, 머리 모양, 옷차림
위생 상태	• 머리와 얼굴, 옷차림 등의 청결 상태 및 체취
신체감각 수용	• 시각/청각 상태, 신체 기능의 저하/마비, 감각 소실
태도	• 협조적, 우호적, 성실, 복종적, 순응적, 반항적, 거부적, 당당함, 거만함, 귀찮아하는, 지루해하는, 공격적, 먼저 나서는, 알은체하는, 요구적, 쉽게 포기함, 성의 없음 등의 태도와 특이한 자세
행동	• 경직된, 부산함, 움직임이 느린/빠른, 과격한, 다리를 떠는, 반복되는 움직임, 콧노래/노래 흥얼거림 등의 주요한 행동
시선 접촉	• 자연스러운, 올려다봄, 내려다봄, 뚫어지게 응시함
표정	• 어색한, 경직된, 어두움, 찡그림, 무표정, 미소 자주 웃는, 자주 우는, 얼굴이 붉어짐, 땀이 남, 표정의 잦은 변화
말의 속도와 높낮이	• 말의 속도가 느린/빠른/적당한 • 목소리의 크기가 적당한/큰/매우 큰/속삭이는/작은 • 높낮이의 변화가 거의 없는/적당한/감정적/과장된
말의 유형 및 내용	• 질문에 적절하게 답함, 이해할 수 없는 말, 인과관계에 맞지 않는 표현, 주제 전환의 어려움, 잦은 부연 설명, 자신의 말에 대한 확인 등의 주요 언어 유형 • 반복적으로 자주 하는 말

표현 양식	• 유창함, 수다스러움, 중언부언함, 망설임, 비자발적, 어눌함, 웅얼거림, 남의 이야기하듯, 연극하듯, 설명, 훈계, 영어/한자성어를 섞음, 쏟아내듯 등의 주요 표현 양식
사고	• 망상, 몰두, 건강염려, 공포, 혐오, 과잉가치
정서	• 언어와 정서의 일치/불일치 여부 • 적절한 정서 표현 가능 여부(과장/축소 포함) • 우울, 불안, 긴장, 초조, 분노, 억울, 슬픔, 비애, 공허감, 죄책감, 소외감, 행복감, 다행감
기억, 환각	• 장기/단기 기억, 기억착오, 기억상실 • 환시, 환청, 환촉, 이인화, 착각
의식, 주의집중	• 지남력, 의식 혼미, 섬망, 혼수 • 산만, 충동적, 선택적 주의, 과경계, 자극 추구, 주의 전환 곤란

3) 유의점

내담자에 대한 관찰은 상담의 기초가 된다. 내담자의 다양한 행동과 태도는 내담자의 심리 상태를 이해하는 데 중요한 정보원이 된다. 관찰 시 유의할 점은 다음과 같다(현정환, 2019).

첫째, 비언어적 요소를 관찰하여 얻은 정보는 애매모호하며, 관찰자의 주관적 관점에 의해 왜곡될 위험성이 매우 크다. 그렇기 때문에, 상담자는 자신이 감지한 내담자의 비언어 행동에 대한 해석이 타당한지를 신중히 검토해야 한다. 내담자가 반복적으로 보이는 일관성 있는 비언어적 행동에 주목하면서 언어 정보를 함께 활용하여 내담자를 이해하는 것이 중요하다.

둘째, 내담자의 특성을 반영하는 다양한 문화적 배경을 이해해야 한다. 문화적 배경이란 그 사람이 태어나고 살아 온 시공간에서 공유되었던 행동과 생활양식을 말한다. 문화적 다양성이 확장되어 가는 가운데, 다양한 행동양식이 혼재되면 내담자의 태도나 행동에 대한 판단이 쉽지 않다. 내담자에 대한 세심한 관찰이 이루어지지 않거나, 그 행동의 배경이 되는 문화적 특성에 대한 이해가 부족한 상태에서 효과적인 상담은 어려워진다. 상담자는 선입견과 편견에 얽매이지 않고, 있는 그대로의 내담자 모습을 관찰하면서 내담자를 존중하는 태도와 기술을 익히는 노력이 필요하다.

4) 자기 이해(자기 진단) 척도

실제 상담 경험이 있다면 그 경험을 떠올려 보자. 그렇지 않다면 평소 타인과의 대화에서 자신의 모습이 어떠한지 생각하면서 다음의 '관찰하기'를 얼마나 사용하는지 떠올려 보자.

☑ 다음의 영역에 대한 상담자 자기 이해 정도에 대하여 ✓표해 봅시다.

관찰하기	1	2	3	4	5
내담자의 외형적 모습이나 신체적 특징을 잘 파악하는 편이다.					
내담자의 태도나 행동이 의미하는 바를 잘 파악하는 편이다.					
내담자가 반복적으로 사용하는 언어적 표현을 잘 파악하는 편이다.					
내담자가 반복적으로 사용하는 비언어적 표현을 잘 파악하는 편이다.					

※ 1(매우 그렇지 않다), 2(그렇지 않다), 3(보통이다), 4(그렇다), 5(매우 그렇다)
(점수가 높을수록 효과적임을 의미함)

5) 사례

사례를 통해 상담자의 관찰하기가 내담자에게 어떻게 전달될 수 있는지를 살펴보자.

- 등교 거부와 장시간 게임 문제로 어머니와 함께 내방한 중3 남학생에 대한 주요 관찰 내용

- **[행동 관찰]** 170cm의 키, 마른 체형, 검은색 반팔 티셔츠에 모자를 깊숙이 눌러 쓰고 상담실을 들어옴. 티셔츠 사이로 보이는 팔 전체(특히 팔꿈치 접히는 부분)에 긁힌 상처가 있음. 양손 모두 손톱을 물어뜯어 짧아진 모습. 상담자와 눈을 맞추지 않고 몸을 45도 돌아앉은 채 바닥만 바라봄. 가끔 힐끔힐끔 상담실을 훑어보는 모습도 보임. 상담자의 질문에 귀찮다는 듯 단답형으로 "네" "아니요"로 대답함.

- **[행동 관찰을 통한 평가]**

  ① 몸을 돌아앉은 채 바닥만 바라봄. 단답형의 대답: 비자발적인 내담자의 상담자 및 상담에 대한 경계와 거부적 태도, 원치 않았는데 상담실을 오게 된 불편한 마음을 읽어 줄

필요 있음

② 상담실을 힐끗 살펴봄: 안전한 장소로 여겨지지 않아 경계하는 모습이므로, 내담자의 불편한 감정을 수용하며 '내가 하고 싶은 이야기를 편하게 해도 되는구나.'라는 마음이 들게끔 해야 함

③ 아토피 상처, 닳아진 상처 등은 내담자의 내외적 스트레스가 많음을 시사함. 게임으로 도피하고 싶은 불편한 감정을 찾는 것이 상담의 관건임

상담자: 오늘 무엇 때문에 상담실에 오게 되었어요?
내담자: (눈 맞춤 없이 바닥만 바라보며 침묵)
상담자: 아까 어머니랑 같이 오는 거 같던데. 어머니가 상담에 대해 뭐라고 이야기하며 오자고 하셨어요?
내담자: (상담자를 힐끗 보며, 짜증내며) 오기 싫었는데 상담받아야 게임하게 해 준다고, 아니면 컴퓨터 없애 버린다고 해서 왔잖아요.
상담자: 여기 올 때 마음이 많이 불편했겠네요. 원해서 온 것도 아니라서 화도 나고.
내담자: 네.
상담자: 평소 화나고 마음이 편하지 않을 때가 많은 것 같네요. 손목에 상처가 많은데, 주로 언제 긁어요?
내담자: 게임 들어가야 하는데. 엄마가 맨날 잔소리, 그놈의 잔소리를 하니까.
상담자: 하고 싶은 걸 마음대로 못하니까 스트레스가 많은 것 같네요.
내담자: 네.
상담자: 게임할 때 기분은 어때요?
내담자: 아무 생각 안 나니 좋죠. 기분 같은 건 몰라요.
상담자: 게임할 때는 그래도 잠시 잊을 수 있으니 편하겠네요.
내담자: 잘 모르겠어요. 편한 건 있어요.
상담자: 엄마 때문에 억지로 상담실에 오게 됐지만 ○○이가 평소에 힘든 것, 다른 사람한테 말하지 못하는 것을 상담을 통해서 이야기도 해 보고, 불편함 마음도 왜 그런지 살펴보면 ○○이 마음도 전보다 편해질 수도 있는데……. 상담 선생님이랑 같이 이야기해 보는 건 어때요?

6) 연습 문제

앞에서 살펴본 유의점과 사례를 활용하여 다음에 제시된 내담자의 반응에 대해 상담자가 어떻게 관찰하기 기술을 사용하는 것이 적절할지 적어 보자.

(1) 연습 문제 1

다음에 제시된 내담자의 상황이나 반응에 대해 관찰하기 기술을 적용해 보자.

- 관계에서 거절을 전혀 못한다는 호소문제로 내방한 대학교 4학년 여학생
- **[행동 관찰]** 화려한 문양의 골드 귀고리와 목걸이, 지나치게 꾸몄다 싶을 정도의 옷차림. 문장완성 검사 실시 전에, "이거 저 해 봐서 다 알아요! 재미있네요!"라고 감탄사를 표현함. 상담자의 반응에 즉각적으로 "좋아요!" "멋져요!" 등의 긍정적 표현을 자주 함. 10세 때 아버지가 사망한 일을 묻자 다음과 같이 반응함.

> 내담자: 아빠 돌아가셨을 때 열 살이었는데요. 그때 기억이 잘 나지 않아요. 확실한 건, 울지는 않았어요. (입술을 앙 다문 채) 일부러 웃고 다녔어요. 장례식장에서. 그 뒤로도 괜찮았어요. 할아버지도 잘 챙겨 주셨고, 귀여워해 주셔서. 그 뒤로도 '슬프다' 이런 생각 한 번도 안 한 거 같아요. 긍정적으로 사는 게 좋잖아요.

관찰하기 반응: ____________________

____

____

____

이렇게 반응할 수 있어요

상담자: 열 살이면 아버지가 돌아가셨다는 것을 알 수 있는 나이인데, 오히려 ○○는 웃고 있었네요.

내담자: 모두 울고 있으니까 저라도 웃어야겠다 싶었나 봐요. 엄마도 울고 있으니까.

상담자: 자기 감정보다 엄마를 먼저 생각했네요. 열 살 어린아이의 마음이 어땠을 것 같아요?
내담자: (입술을 앙 다문 채) 잘 모르겠어요. 한 번도 생각해 본 적이 없어요.
상담자: 아까부터 입술에 힘이 잔뜩 들어가 있는 것같이 보이는데. 그 당시 꾹 참고 입 밖으로 내뱉지 못했던 말이 있나요?
내담자: (울음을 터뜨리며) 무서웠어요. 장례식장 분위기가 무서웠는데, 제가 울면 엄마가 더 울까 봐 그냥 웃어버렸어요.

(2) 연습 문제 2

다음에 제시된 내담자의 상황이나 반응에 대해 관찰하기 기술을 적용해 보자.

- 학교의 모든 사람이 자신을 피해 다니는 것 같다고 내방한 대학교 1학년 남학생
- **[행동 관찰]** 여름인데 두꺼운 패딩을 입고 옴. 비듬 등 청결 상태가 좋지 않음. 같은 문장과 단어를 반복하여 말하며, 장황하고 두서없이 이야기함. 상담실에서 이상한 냄새가 나는 것 같다고 이야기하며 책상 아래를 자주 살핌.

내담자: 제가 지하철을 타거나 복도를 걸어가면 사람들이 저를 피해 다니는 거 같아요. 그러니까…… 그게 복도를. 제가 똑바로 걸어가면 사람들이 자꾸…… 옆으로 비껴서…… 그러니까…… 제가 가는데 사람들은 저를 안 보려고 하고…… 그게…… 그러니까…… 선생님, 근데 여기서 음식 썩는 냄새 나는데, 선생님은 냄새 안 나나요?

관찰하기 반응: ____________________

이렇게 반응할 수 있어요

상담자: 냄새가 느껴지나요?

내담자: 음식 썩는 냄새가 나요. (의자와 테이블 아래를 살피며 코를 손가락으로 막으며) 냄새가 나는데…… 냄새가…… 냄새.

상담자: 이전에도 그런 냄새를 맡아 본 적이 있나요? 상담실 여기 말고요.

내담자: 집에서도 가끔 나요. 지하철에서도 나고.

상담자: 집에서나 지하철에서 그런 냄새가 났던 건 언제부터인가요?

내담자: 좀 됐어요. 고등학교 2학년 말부터 가끔씩. 요즘 자주 더 자주 나요. 자주.

7) 기술 훈련

다음의 진행 방법을 통해 관찰하기 기술을 실습해 보자. 역할 연습 후 질문에 답하고, 실습 관찰지의 주요 내용을 작성한 다음 의견을 나누어 보자.

(1) 진행 방법

촬영/녹음된 대화 장면과 관찰하기 기술 실습 관찰지를 활용하여 관찰하기가 상담 장면에서 어떻게 적용되고, 어떤 의미를 갖는지 의견을 나누어 보자.

4명이 한 팀이 되어 상담자 1명, 내담자 1명, 관찰자 2명의 역할을 번갈아 가며 맡는다. 다음과 같은 순서로 활동을 진행한다.

역할 정하기 → 제시된 상황 숙지하기 → 기술 연습하기 → 연습 후 토의하기

- 상담자 역할: 관찰하기는 내담자를 이해하는 데 도움이 될 수 있음을 기억하며 기술 연습하기
- 내담자 역할: 일상적 주제로 자신의 감정이나 생각을 떠올리며 육하원칙에 따라 간단히 개요 작성 후 이야기하기
- 관찰자 역할: 휴대 전화 등을 활용하여 촬영/녹음하기. 관찰자 중 1명은 상담자 역할을 중심으로 관찰하고 기록하기. 다른 1명은 내담자의 역할을 중심으로 관찰하고 기록하기
- 토의하기: 모든 참여자는 촬영/녹음된 상담 장면과 실습 관찰지를 활용하여 질문에 대해 기술하고 의견 나누기

역할 연습을 위한 사례

사례 1: 내담자는 최근 3일 동안의 경험 중 긍정적으로 기억되는 주제에 대하여 자신의 감정이나 생각을 이야기 한다. 이때 상담자는 내담자의 외형적 모습, 몸짓을 중심으로 관찰한다(3분).

사례 2: 내담자는 최근 3일 동안의 경험 중 부정적으로 기억되는 주제에 대하여 자신의 감정이나 생각을 이야기한다. 이때 상담자는 내담자의 목소리와 말하는 모양, 말의 유형과 표현 양식을 중심으로 관찰한다(3분).

☑ 외형적 모습(체형과 체격, 외모, 표정, 머리 모양, 옷차림, 위생 상태 등)은 어떤가요?

☑ 목소리와 말하는 모양(음성, 음량, 어조, 언어 사용 등)은 어떤가요?

☑ 몸짓(제스처, 동작, 자세 등)과 생리적 반응(홍조, 몸 떨림, 가쁜 호흡 등)은 어떤가요?

☑ 말의 유형과 표현 양식(반복적으로 사용하는 말, 유창성 정도 등)은 어떤가요?

(2) 실습 관찰지

관찰하기 기술 실습 관찰지

소속: ___________ 이름: ___________

• 관찰자는 상담 실습 장면을 관찰하여 다음의 점검표를 작성해 봅시다.

1. 다음 영역에 대한 상담자의 반응 점수에 ✓표해 봅시다.
(점수가 높을수록 효과적임을 의미함)

상담자 반응	1	2	3	4	5
내담자의 표정 변화를 민감하게 알아차리고 적절히 대응(반영, 질문)한다.					
내담자의 목소리와 어조의 변화를 민감하게 알아차리고 적절히 대응(반영, 질문)한다.					
내담자의 몸짓과 생리적 반응의 변화를 민감하게 알아차리고 적절히 대응(반영, 질문)한다.					
내담자가 반복적으로 사용하는 언어 표현을 민감하게 알아차리고 적절히 대응(반영, 질문)한다.					

2. 상담자 반응으로 관찰된 주요 내용을 기술해 봅시다.

상담자 반응	분/초	관찰된 내용	강점/개선점
표정 변화	• •	• •	• •
목소리와 어조 변화	• •	• •	• •
몸짓과 생리적 반응 변화	• •	• •	• •
반복적 언어 표현	• •	• •	• •

8) 자기 진단(사후 진단) 척도

지금까지 관찰하기 기술을 연습해 보았다. 앞으로 관찰하기 기술을 효과적으로 잘 활용할 수 있을지 점검해 보자.

☑ 다음의 관찰하기 기술을 이해하고 적용할 수 있는지 ✓표해 봅시다.

관찰하기	사용 여부 (O/X)	적음 ← 사용 빈도 → 많음				
		1	2	3	4	5
내담자의 체형과 체격, 외모, 머리 모양, 옷차림, 위생 상태 등 외형적 모습의 특징을 주의 깊게 관찰한다.						
내담자의 목소리 크기와 속도, 주로 사용하는 언어의 유형과 내용, 표현 양식을 주의 깊게 관찰한다.						
내담자의 시선 접촉, 표정, 자세, 태도, 행동 등을 주의 깊게 관찰한다.						
내담자의 주요 사고 패턴을 주의 깊게 관찰한다.						
내담자가 호소하는 주요 정서와 전달되는 정서를 주의 깊게 관찰한다.						

☑ 지금까지의 관찰하기 기술 학습과정을 마무리하면서 알게 된 점과 변화한 점, 상담 장면에서의 효과적 적용을 위한 계획 등을 정리해 봅시다.

- 알게 된 점:

- 변화한 점:

- 적용 계획:

제2장

경청하기, 공감하기

1. 경청하기

1) 정의와 효과

경청하기는 내담자의 말을 판단하거나 평가하지 않으면서 외현적으로 표현된 것뿐만 아니라 내포된 의미까지 듣고 이해하는 상담 기술이다. 경청하기는 내담자에게 주의집중하는 상담자의 태도로 나타나며, 상담자의 경청 반응은 내담자를 격려하는 효과가 있다.

상담자의 경청은 상담에서 무엇보다 중요하며, 가장 기초가 되는 기술이다. 경청은 내담자가 전달하려는 메시지를 상담자가 포착하고 이해하는 능력(Egan, 1999)으로, 내담자가 전하는 말의 내용뿐 아니라 내면의 동기나 정서를 읽으면서 사려 깊은 태도로 듣고, 그 의미를 이해하는 것이다.

내담자가 상담할 문제를 가지고 올 때 상담자가 가장 먼저 해야 할 일은 그의 고민을 들어주는 것이다. 어쩌면 내담자는 문제해결보다 자기 문제를 잘 들어 줄 사람에게 감정을 전달하고 싶은 욕구가 더 클지도 모른다. 만약 상담자가 귀를 기울여 내담자의 그러한 욕구를 충분히 충족시켜 주지 않으면 관계 형성 자체가 어려워진다. 상담자의 경청을 통해서 내담자는 자신이 충분히 존중받고 있다는 것을 느끼게 되고, 자신의 감정을 충분히 털어놓으면서 부정적인 감정을 정화할 수 있으며, 상담자는 내담자의 심정을 이해하게 된다. 이를 통해서 상담자와 내담자 간에 신뢰관계가 형성되고, 이는 치료 동맹으로 이어진다. 상담자의 경청을 통해 내담자는 자신이 이해받는다는 느낌과 함께 자신이 힘든 이유를 더 깊이 탐색할 수 있다.

경청하기는 내담자를 정확히 이해하게 하고, 상담자가 이해한 내용을 내담자에게 알기 쉬운 언어를 사용하여 피드백하게 하며, 상담자와 내담자 사이의 긍정적 인간관계 형성에 도움을 준다.

경청하기는
- 내담자가 이야기하는 내용의 핵심을 이해하는 데 도움이 될 수 있다.
- 내담자에게 적절한 반응을 보이는 기초가 될 수 있다.
- 내담자를 격려하고 참여를 촉진할 수 있다.

상담자의 경청하기가 갖는 효과는 다음과 같다.

첫째, 잘 경청한다는 것의 진정한 의미는 이해이다. 경청은 귀로 음성언어를 잘 듣고 눈으로 상대방의 신체언어를 잘 관찰하여 이해하는 것을 의미한다. 적극적 경청은 내담자가 전달하는 음성언어와 신체언어의 내용을 충분히 이해하는 데 도움을 준다.

둘째, 경청은 내담자에게 적절한 반응을 할 수 있는 기초가 된다. 상담자는 내담자가 말한 내용과 그 속에 내포되거나 암시된 메시지에 주목하고, 내담자가 상담자에게 말하려고 하는 것이 무엇인지에 초점을 두고 경청할 때 적절히 반응할 수 있다.

셋째, 경청하면서 "네……." "음……." "그렇지요." 등과 같이 음성 반응을 하거나 고개를 끄덕이는 것, 내담자가 말하는 내용이나 자세 변화를 알아차리고 자신의 표정이나 자세를 일치시키는 것 등을 적절히 사용하면 내담자의 참여를 촉진하는 효과를 낳는다. 이와 같이, 내담자의 말을 경청하고 격려하는 반응은 대화가 순조롭게 이어지는 데 도움이 된다.

2) 방법

상담자는 내담자의 말을 잘 들으면서 내담자가 스스로 자신의 문제를 해결해 나가도록 촉진하는 노력을 해야 한다. 상담자는 경청할 때 대부분의 시간을 침묵하면서 모든 감각을 이용하여 내담자가 전하는 전체적인 메시지를 파악해야 한다. 상담자는 경청할 때 귀로는 내담자의 말과 목소리의 톤을 듣고, 눈으로는 내담자의 자세나 행동, 표정 등에 집중해야 한다. 상담자는 내담자의 메시지에 집중하는 연습이 필요하다. 특히 초심상담자는 자신에게 더 많이 집중하는 경향이 있는데, 내담자가 말하는 내용보다 자신이 해야 하는 반응을 생각하는 데 더 많은 에너지를 쏟기도 한다. 그러다 보면 당연히 내담자의 말에 귀를 기울이고 따라가는 데 방해가 되고, 적절하지 않은 반응을 할 가능성이 크다.

경청을 잘하기 위해서는 주의집중뿐 아니라 내담자의 말을 있는 그대로 이해하고, 적절한 의미를 찾기 위해 판단하거나 평가하지 않고 듣는 것이 중요하다. 그러기 위해 상담자는 방해될 수 있는 자신의 욕구, 감정, 비판 등 내부의 잡음을 제거하고 순수한 마음으로 내담자에게 귀를 기울이는 연습이 필요하다. 자신이 처한 상황에 대해 가장 잘 알고 있는 사람이 내담자라는 생각을 가지고 자신 및 현재 상황에 대한 전문가로 내담자를 존중해야 한다. 또한 상담자는 경청의 방해 요소를 알아차리고, 내부의 잡음을 제거하면서 들으며, 내담자의 입장에서 의미 파악을 해 나가야 한다.

상담자가 집중하고, 판단하지 않으며, 적절한 자기 노출의 본보기를 보여 주면서 경청한다면, 내담자는 자신에게 집중하면서 자신이 발견한 것을 기반으로 삼을 수 있게 된다. 경청하기 기술로는 격려하기, 반영하기, 요약하기 등이 있다. 경청하기의 구체적 방법은 다음과 같다.

- **격려하기**: 격려하기는 내담자가 자기개방을 지속할 수 있도록 돕는 상담자의 언어적 · 비언어적 행위이다. 언어적 격려 반응에는 "계속 이야기해 보세요." "그래요." "그렇군요." "아하." 혹은 내담자가 방금 말한 중요한 단어 혹은 문구를 반복하는 것 등이 있다. 이와 같은 상담자의 반응은 내담자가 말하고 있는 것을 명료화하고 그것에 대해 더 많이 이야기하도록 한다. 비언어적 격려 반응에는 관심 어린 눈빛, 미소, 끄덕임, 상체를 앞으로 기울이는 자세 등이 있다. 표정과 자세만으로도 격려의 메시지를 전할 수 있고, 언어적 격려 반응을 같이 수반하여 표현할 수도 있다.

- **반영하기**: 반영하기는 내담자가 방금한 말을 다시 말하여 내담자의 감정과 행동을 이해하는 것이다. 상담자가 이해한 것을 보다 생생하게 전하기 위해 구체적인 예시나 은유를 사용하여 상담자 자신의 말로 의미를 표현하기도 한다. 상담자는 내담자의 전체 행동을 요약하여 내담자가 생각하고 느끼는 것의 핵심을 반영해 준다. 상담자의 반영하기를 통해 내담자는 자신이 진술한 내용을 다시 들을 수 있고, 상담자가 자신을 경청했다는 사실을 확인할 수 있다.
- **요약하기**: 요약하기는 내담자의 메시지를 한데 모으고, 한데 모인 꾸러미에서 검증될 수 있는 것들을 선택한 다음, 선택한 것들을 확증하거나 교정한다. 상담자는 내담자가 자신의 문제에 대해 어떻게 이해하고 있는지, 그것에 대해 타인과 어떻게 이야기해 왔는지 등 내담자가 말한 내용을 명료화하고 그 기저에 존재하는 정서를 파악하면서 요약 · 정리한다.

3) 유의점

상담자는 내담자의 말을 경청하면서 자기 자신에 대해서도 경청해야 한다. 즉, 내담자로부터 전해진 메시지에 대해 상담자 자신이 어떻게 반응하고 대처하고 있는지를 인식하고 있어야 한다. 적극적이고 정확한 경청은 상담의 전 과정에서 매우 중요하지만, 상담자가 언어적인 활동을 다소 덜 하는 초기 단계에서 특히 중요하다.

상담자는 경청할 때 몸을 내담자 쪽으로 향하게 하고, 내담자에게 주의를 기울이며, 내담자가 전하는 메시지가 가장 우선적인 것이 되도록 해야 한다. 상담자가 내담자의 메시지를 경청하고 있음을 전달할 때는 다음과 같은 점에 유의할 필요가 있다(천성문 외, 2015b: 16-19; Egan, 1999).

첫째, 내담자의 언어적 메시지를 통해 내담자의 경험, 행동, 정서를 이해하는 데 초점을 두어야 한다. 내담자의 이야기에서 핵심적인 메시지가 무엇인지, 주제가 무엇인지, 내담자에게 중요한 것이 무엇인지, 내담자가 이해해 주기를 바라는 것이 무엇인지 등을 질문하며 경청해야 한다.

둘째, 상담자는 내담자가 표현하는 신체언어를 잘 이해하고 내담자에게 관심을 전달하는 비언어적 표현을 잘 활용해야 한다. 즉, 상담자는 내담자의 외모, 시선 접촉, 몸동작, 음성 등 비언어적 표현을 통해서 의식 상태나 정서 상태에 관한 정보를 얻을 수 있어야 하며, 특정 상황에서 내담자의 비언어적 행동을 주의 깊게 관찰하고 그 의미를 파악하는 연습과 경험이 필요하다.

셋째, 상담자는 자기 몸과 목소리를 자각하고 내담자와 상호작용할 때 몸을 통해 전달되는 단서와 메시지를 놓치지 않아야 하며, 상담자 자신의 비언어적 표현 속에서 나타나는 감정도 자각할 수 있어야 한다. 예를 들면, 내담자에게 어떤 태도를 취하고 있는지, 내담자에게 충분한 관심을 표현하지 못하고 있다면 자신의 어떤 감정 때문인지, 상담에 방해가 되는 신체언어가 있다면 이것을 어떻게 다루고 있는지 등을 스스로 점검해 보아야 한다.

4) 자기 이해(자기 진단) 척도

실제 상담 경험이 있다면 그 경험을 떠올려 보자. 그렇지 않다면 평소 타인과의 대화에서 자신의 모습이 어떠한지 생각하면서 다음의 '경청하기'를 얼마나 사용하는지 떠올려 보자.

☑ 다음의 영역에 대한 상담자 자기 이해 정도에 대하여 ✓표해 봅시다.

경청하기	1	2	3	4	5
내담자가 말한 정보를 기억하는 편이다.					
내담자의 입장에서 생각해 보는 편이다.					
나의 경험과 내담자의 경험을 비교하지 않는 편이다.					
내담자의 이야기를 판단하지 않고 듣는 편이다.					
내담자의 내면 감정을 인식하려고 노력하는 편이다.					

※ 1(매우 그렇지 않다), 2(그렇지 않다), 3(보통이다), 4(그렇다), 5(매우 그렇다)
(점수가 높을수록 효과적임을 의미함)

5) 사례

사례를 통해 상담자의 경청하기가 내담자에게 어떻게 전달될 수 있는지를 살펴보자.

- 졸업을 앞둔 최근, 집중이 안 되고 불안과 초조함에 예민해져서 일상생활에 어려움을 겪고 있다고 호소하는 대학교 4학년 내담자에 대한 상담자의 경청하기 반응

내담자: (눈을 잘 맞추지 못하고 곰곰이 생각하면서 천천히 작은 목소리로 수줍게 말을 이어 감) 최근에는 더욱 집중을 못 하겠어요. 책상에 앉아 있지만 집중해서 공부하기보다는 잡다한 생각이 많아지고…… (10초 침묵) 제가 잠을 잘 못 자거든요. 작은 소리에도 잘 깨고…….

상담자: 작은 소리에도 잘 깨고 잠을 잘 못 자서 집중도 안 되고 힘들겠네요.

내담자: 제가 자취를 하는 이유도 혼자 생활하면 좀 조용하고 신경이 덜 쓰일 것 같아서였어요. 잠을 잘 못 자면 우울증이 온다고 해서. 어제도 잠을 잘 못 잤어요. 옛날처럼은 아니지만 그렇게 될까 봐. 집중도 안 되고, 잠이 부족하니까 예민해져서 일상생활에도 어려움이 있고. 잠을 자야 생활이 가능한 데 잠을 자면 안 될 것 같은 생각도 들고…….

상담자: 취업 준비를 위해 혼자 지내고 있는데 집중이 안 되고 우울증이 생길까 봐 두려운 거군요. 왜 잠을 자면 안 될 것 같은 생각이 드나요?

6) 연습 문제

앞에서 살펴본 유의점과 사례를 활용하여 다음에 제시된 내담자의 반응에 대해 상담자가 어떻게 경청하기 기술을 사용하는 것이 적절할지 적어 보자.

(1) 연습 문제 1

다음에 제시된 내담자의 상황이나 반응에 대해 경청하기 기술을 적용해 보자.

내담자: (무표정에 딱딱한 목소리로) 저는 제가 해야 할 일이 너무 많다고 느껴요. 그래서 항상 긴장을 하고 있는 것 같아요. 직장 일과 집안일을 다 감당하기 힘든데, 직장에서 새로운 일을 맡게 되면서 더 긴장하게 되는 것 같아요. 집에 오면 또 아이들도 챙겨야 하고, 집안일도 있지만 아무것도 손에 잡히지 않아요.

경청하기 반응: ______________________

____

____

이렇게 반응할 수 있어요

상담자: (고개를 끄덕이며 온화한 목소리로) 직장 일에 집안일까지 많은 일을 하면서 벅차고 힘드셨겠어요. 새로운 일을 맡으면서 긴장하고 아무것도 손에 잡히지 않는 상황이군요.

상담자: (따뜻한 시선으로 몸을 앞으로 기울이며) 새로운 일을 맡으면서 긴장하게 되었다고 했는데 어떤 생각으로 인해 긴장하게 되었는지 말씀해 줄 수 있나요?

(2) 연습 문제 2

다음에 제시된 내담자의 상황이나 반응에 대해 경청하기 기술을 적용해 보자.

내담자: (작은 목소리로 시선을 아래로 향한 채) 학교 가는 게 싫어요. 학교에서 왕따를 당하는 건 아니고 같이 어울리는 친구도 있어요. 하지만 저를 빼고 친구들끼리 있는 걸 보면 나를 싫어하는 것 같아서 다가가지도 못하겠어요. (침묵) 내가 잘못한 게 있나, 나를 귀찮아하나 이런 생각이 들어서요.

경청하기 반응: ______________________________

____

____

이렇게 반응할 수 있어요

상담자: (부드러운 목소리로 시선을 내담자를 향하며) 친구들이 나를 제외시킨다고 생각되어 속상했겠어요.

상담자: (끄덕임과 궁금한 듯한 눈빛으로) 누가 나를 귀찮아한다고 느낀 적이 있다면 말해 줄 수 있겠어요?

7) 기술 훈련

다음의 진행 방법을 통해 경청하기 기술을 실습해 보자. 진행 방법에 따라 역할 연습을 해 보고, 실습 관찰지의 주요 내용을 작성한 다음 의견을 나누어 보자.

(1) 진행 방법

촬영/녹음된 대화 장면과 경청하기 기술 실습 관찰지를 활용하여 경청하기가 상담 장면에서 어떻게 적용되고, 어떤 의미를 갖는지 의견을 나누어 보자.

4명이 한 팀이 되어 상담자 1명, 내담자 1명, 관찰자 2명의 역할을 번갈아 가며 맡는다. 다음과 같은 순서로 활동을 진행한다.

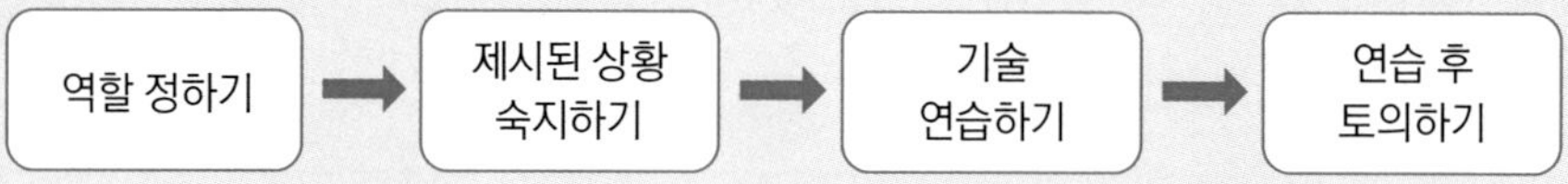

- 상담자 역할: 경청하기는 내담자를 격려하고 참여를 촉진하는 데 중요함을 기억하며 기술 연습하기
- 내담자 역할: 일상적 주제로 자신의 감정이나 생각을 떠올리며 육하원칙에 따라 간단히 개요 작성 후 이야기하기
- 관찰자 역할: 휴대전화 등을 활용하여 촬영/녹음하기. 관찰자 중 1명은 상담자 역할을 중심으로 관찰하고 기록하기. 다른 1명은 내담자의 역할을 중심으로 관찰하고 기록하기
- 토의하기: 모든 참여자는 촬영/녹음된 상담 장면과 실습 관찰지를 활용하여 질문에 대해 기술하고 의견 나누기

역할 연습을 위한 사례

사례 1: 사람들과 어울리는 것이 두려운 30대 직장인. 사람들과 만날 약속을 하면 두려워서 마음이 두근거린다. 사람들 속에서 어색하게 있을 자신을 생각하면 나가기 싫어지고, 어떤 핑계를 만들어 모임에 빠질 수 있을까 고민하게 된다.

사례 2: 취업을 앞둔 대학생. 전공과 개인적으로 하고 있는 취업 준비 모두에 자신이 없고 시간만 허비하는 것 같다. 취업 준비를 위해 시작한 공부는 할수록 자신감이 떨어지고 능력도 없는 것 같아 공부를 계속해야 할지 고민이다. 시험이 다가오면 불안이 너무 커서 공포로까지 느껴지고 과호흡 증상이 나타난다.

☑ 사례에 제시된 내담자에 따라 경청하기 기술이 적절하게 적용되었는지 토의해 봅시다.

____

____

(2) 실습 관찰지

경청하기 기술 실습 관찰지

소속: ____________ 이름: ____________

• 관찰자는 상담 실습 장면을 관찰하여 다음의 점검표를 작성해 봅시다.

1. 다음 영역에 대한 상담자의 반응 점수에 ✓표해 봅시다.
(점수가 높을수록 효과적임을 의미함)

상담자 반응	1	2	3	4	5
정보 기억하기					
내담자와 타인의 경험을 비교하지 않기					
내담자의 이야기를 판단 없이 듣기					
내담자의 내면 감정을 이해하기 위해 집중하기					

2. 상담자 반응으로 관찰된 주요 내용을 기술해 봅시다.

상담자 반응	분/초	관찰된 내용	강점/개선점
정보 기억하기	• •	• •	• •
내담자와 타인의 경험을 비교하지 않기	• •	• •	• •
내담자의 이야기를 판단 없이 듣기	• •	• •	• •
내면 감정을 이해하기 위해 집중하기	• •	• •	• •

8) 자기 진단(사후 진단) 척도

지금까지 경청하기 기술을 연습해 보았다. 앞으로 경청하기 기술을 효과적으로 잘 활용할 수 있을지 점검해 보자.

☑ 다음의 경청하기 기술을 이해하고 적용할 수 있는지 ✓표해 봅시다.

경청하기	사용 여부 (O/X)	적음 ← 사용 빈도 → 많음				
		1	2	3	4	5
내담자의 말에 고개를 끄덕이거나 관심을 갖는 표정을 짓는다.						
내담자의 말을 되짚어 보며 의미를 헤아린다.						
내담자의 말에 적절한 언어적 · 비언어적 반응을 한다.						
내담자가 자신의 생각을 말할 수 있도록 권유하거나 격려한다.						
내담자의 말을 정리하고 확인한다.						

☑ 지금까지의 경청하기 기술 학습과정을 마무리하면서 알게 된 점과 변화한 점, 상담 장면에서의 효과적 적용을 위한 계획 등을 정리해 봅시다.

- 알게 된 점:

- 변화한 점:

- 적용 계획:

2. 공감하기

1) 정의와 효과

공감하기는 상담 장면에서 중요한 상담자의 태도이자, 내담자의 관점에서 세계를 보고 내담자가 이야기하고자 하는 것, 느끼고 있는 것, 전하고자 하는 것을 파악하고 이해하는 과정이며, 내담자의 관점과 경험을 함께 공유할 수 있는 능력이다.

공감은 상담자가 직접 경험하지 않고도 내담자의 감정을 거의 같은 내용과 수준으로 이해하는 것이다. 또한 상담자가 내담자와 완전히 동일하게 되거나 상담자의 느낌이나 생각을 내담자에게 주입하는 것이 아닌, 상담자가 마치 내담자가 된 것처럼 그의 심정을 느끼고 생각하는 것이며, 내담자 입장에서 그의 경험 세계를 정확하고 깊이 있게 이해하는 것이다. 즉, 공감은 내담자의 감정과 생각에 대한 상담자의 깊은 이해이며, 그 사실을 내담자에게 알려 주는 과정으로 상담 대부분에 나타날 때 내담자에게 안정감을 제공하게 된다(천성문 외, 2015a: 369).

공감은 내담자를 나와 같아야 한다는 생각으로 바라보는 것이 아니라, 그들의 다양성과 다름을 인정하면서 내담자가 이야기하는 것을 그대로 존중하고 충실하게 들어주는 것이다. 그리고 상담자가 내담자의 내적 준거체제를 취하여, 마치 내담자가 보는 것처럼 내담자 자신과 내담자의 세계를 자각하는 것 그리고 그렇게 함으로써 생기는 공감적 이해를 사용하여 의사소통하는 것이다. 또한 내담자의 지각체계에 들어가 함께하고, 내담자를 깊이 이해하지만 객관성을 유지하려는 노력 또한 잃지 않아야 상담자로서의 역할을 제대로 수행할 수 있다(Rogers, 1951).

내담자의 마음을 이해하고 깊이 공감하는 것은 내담자에게 커다란 위안이자 감동이 된다. 상담자의 공감은 내담자에게 자신이 이해받고 수용받는다는 느낌을 줄 뿐만 아니라 상담자와 심리적으로 연결되어 있다는 유대감을 갖게 한다. 또한 이러한 경험들은 내담자가 고통스러운 감정으로부터 벗어나 현실적인 문제해결을 할 수 있도록 의욕과 활기를 북돋아 주면서 강력한 치료적 효과를 지니게 된다(천성문 외, 2015a: 370).

공감하기는
- 내담자에게 자신이 이해받고 수용받는다는 느낌을 전달할 수 있다.
- 상담관계와 상담과정을 촉진하는 데 도움을 줄 수 있다.
- 내담자의 불안감을 감소시키고 의욕과 활기를 북돋아 줄 수 있다.

상담자의 공감하기가 갖는 효과는 다음과 같다.

첫째, 상담자의 공감은 내담자에게 자신이 있는 그대로 가치 있는 존재로 존중받고 수용된다고 느끼게 한다. 힘들고 어려운 상태에 있는 사람에게 지지해 주는 방법이 될 수 있다.

둘째, 공감은 상담관계를 형성하는 데 있어 매우 유용한 도구이다. 상담자가 내담자의 메시지에 공감하고 있음이 전달되면 내담자는 상담자가 자신을 이해하고 있다는 감정을 느끼게 되고, 상담자를 보다 신뢰하게 되어 자신을 깊이 드러내 보이게 된다. 이러한 과정이 진행되면서 촉진적인 관계가 이루어진다.

셋째, 상담자가 내담자의 이야기를 가만히 듣기만 하거나 적당히 호응하는 것만으로는 내담자가 불안감을 가질 수 있다. 내담자의 입장에서는 상담자가 자신의 이야기를 듣고 무엇을 어떻게 이해했는지가 명확하지 않기 때문이다. 상담자가 내담자의 이야기에서 느낀 점이나 이해한 바를 명확히 전해 주면 내담자의 불안이 감소되는 데 도움이 된다. 이와 함께 내담자의 상담 동기와 의욕을 높이고 적극적으로 참여하여 상담이 진지하게 전개될 수 있다.

2) 방법

기본적으로 공감하기의 형식은 "……때문에 ……라고 느끼는 군요." "……게 느끼시는 것 같네요." 등이 있으며, 내담자의 메시지에 나타난 핵심 내용, 행동, 사건 등을 언급하고 내담자의 언어적 · 비언어적 행동과 상황을 고려하여 내담자 입장에서 느끼는 감정을 표현한다. 정확한 공감을 전달하기 위해서는 내담자의 이야기를 되돌려 주거나 요약하거나 다른 말로 표현하는 등 상담자 자신이 이해한 바를 확인하려고 노력해야 한다(Egan, 1999).

- **핵심 메시지에 대해 반응하기**: 내담자의 모든 말에 다 공감하는 것은 불가능하다. 상담자는 내담자가 말하고 표현하는 것 중 핵심이 무엇인지, 무엇이 가장 중요한 문제인지를 계속 물으면서 내담자와 함께 검토해 나가는 방법을 찾아야 한다.
- **내담자의 감정 전달하기**: 상담자는 내담자의 감정과 정서가 내담자의 경험과 행동에서 비롯된다는 사실을 기억해야 한다. 내담자는 과거의 사건을 경험했을 때 느꼈던 정서에 대해 말할 수 있고, 상담하는 동안에 일어난 사건에 대해 감정을 표현할 수 있으며, 과거와 현재 모두를 포함하여 감정을 표현할 수도 있다. 따라서 상담자는 내담자가 표현한 경험, 행동, 정서, 감정의 종류와 강도를 잘 읽고, 이를 이해했음을 효과적으로 전달할 수 있어야 한다.
- **말보다 상황에 반응하기**: 좋은 공감적 반응은 내담자의 직접적인 말이나 비언어적 메시지뿐만 아니라 내담자를 둘러싸고 있는 환경적 요인, 상황도 고려해야 한다. 상담자는 내담자가 살고 있는 환경 속에서 내담자의 말을 경청해야 하고, 내담자의 문제가 환경에서 비롯된 것인지 또는 내담자 자신에게서 비롯된 것인지를 스스로 생각하도록 도전시킬 수 있어야 한다. 이를 통해 상담자는 내담자를 상담과정에 참여시키며 문제 상황을 명료화하고, 적극적인 상호관계로 발전할 수 있다.
- **정확한 이해인지 확인하기**: 상담자는 내담자가 한 말을 이해했다고 생각하지만, 상담자가 이해한 것을 내담자와 나누다 보면 잘못 이해했다는 사실을 발견하게 되는 경우가 있다. 공감은 상담자가 지각한 내용을 확인하는 도구가 되기도 한다. 상담자가 이해한 것이 맞다면, 내담자는 언어적·비언어적으로 수긍하는 메시지를 보내거나, 구체적인 경험, 행동, 감정을 통해 문제 상황을 더욱 명료화시키면서 상담과정을 앞으로 나아가게 할 것이다.

3) 유의점

상담자는 공감하기의 중요성을 잘 알고 있지만, 실제 상담 장면에서 상담자가 내담자의 말에 공감하고 있음을 전하는 것은 쉽지 않다. 공감하기에서는 다음과 같은 점에 유의할 필요가 있다(김진희 외, 2018; Egan, 1999).

첫째, 상담자는 내담자의 감정과 경험의 정도가 반영되어 있는 말과 행동에 초점을 맞추어 내담자가 지닌 감정의 내용과 강도를 이해했음을 전달하는 것이 바람직하다. 상담자는 내담자가 전달하고자 하는 핵심 메시지에 대해 생각해 볼 시간을 가진 뒤 공감적 반응을 하려고 노력해야 한다. 공감은 내담자와 온전히 함께 존재할 때 자연스럽게 경험하는 반응의 일부로, 상담자가 공감을 표현하는 데는 골든타임이 있다. 즉, 공감은 내담자가 필요로 할 때 시기적절하게 전달되어야 도움이 된다. 내담자가 이야기를 하는 중 깊은 감정과의 접촉을 경험한다면, 상담자는 이를 알아차리고 함께해 주어야 한다. 상담자가 이를 알아차리지 못하거나 무시하게 되면, 내담자는 거절당한 느낌과 함께 상담자를 멀게 느낄 수 있다. 또한 상담자가 받아 주지 않아 내담자가 자신이 경험한 감정에 머물지 못한 채 부지불식간에 이를 덮어 버리거나 회피해 버릴 수도 있다. 이러한 경우 내담자는 자신의 감정에 머물며 더 깊이 탐색하고 온전하게 접촉할 기회를 잃게 된다.

둘째, 공감할 때는 무엇보다 내담자의 감정에 주의를 기울이고, 가능한 짧고 정확하게 공감해 주어야 한다. 내담자가 상담자에게 전달하려고 하는 핵심이 무엇인지를 생각해 보면 짧고 구체적이며 정확한 반응을 하는 데 도움이 될 것이다. 많은 상담자가 "지금 느낌이 어떠세요?" "그 일에 대한 느낌은 어떤가요?" 등의 말로 느낌을 묻지만, 정작 내담자가 자발적으로 내비친 감정을 알아차리지 못하고 흘려버리는 경우가 많다. 이는 상담자가 내담자의 감정에 온전히 머물지 못하고 내담자를 판단하는 데 더 많은 에너지를 쏟고 있거나 반응을 준비하는 등 자신에게 더 많은 주의를 기울이고 있기 때문이다. 상담자는 자신이 공감하고 싶을 때 선택적으로 공감을 표현하는 것이 아니라, 내담자의 정서적 체험에 대해 짧고 명확하게 공감함으로써 내담자가 자신에 대해 자각하고 접촉할 수 있는 기회를 가질 수 있도록 해야 한다.

4) 자기 이해(자기 진단) 척도

실제 상담 경험이 있다면 그 경험을 떠올려 보자. 그렇지 않다면 평소 타인과의 대화에서 자신의 모습이 어떠한지 생각하면서 다음의 '공감하기'를 얼마나 사용하는지 떠올려 보자.

☑ 다음의 영역에 대한 상담자 자기 이해 정도에 대하여 ✓표해 봅시다.

공감하기	1	2	3	4	5
내담자가 전하고자 하는 바를 정확하게 이해하는 편이다.					
내담자의 표정이나 몸짓을 통해 내담자의 감정을 잘 파악하는 편이다.					
내담자의 말투나 태도를 보고 실제 말하는 내용과 의미에 차이가 있음을 쉽게 파악하는 편이다.					
내담자의 이야기를 내담자의 입장에서 느끼고 생각해 보는 편이다.					
내가 생각하고 느끼는 것을 내담자에게 잘 전달하는 편이다.					

※ 1(매우 그렇지 않다), 2(그렇지 않다), 3(보통이다), 4(그렇다), 5(매우 그렇다)
(점수가 높을수록 효과적임을 의미함)

5) 사례

사례를 통해 상담자의 공감하기가 내담자에게 어떻게 전달될 수 있는지를 살펴보자.

- 아내와의 불화로 인해 결혼생활에서의 갈등을 겪고 있는 40대 남성 내담자가 호소하는 문제에 대한 상담자의 공감하기 반응

내담자: 더 이상 나빠질 수는 없어요. 그 사람은 이 세상에서 자기가 제일 잘 났어요. 항상 나를 무시하고, 나를 배려하려는 생각은 전혀 없어요.

상담자: ○○ 씨를 무시하는 아내의 태도가 마음에 들지 않고 그 모습을 받아들이기 힘들군요.

내담자: 저를 무시하는 눈빛, 비웃듯 쳐다보는 표정……. 하아…… (눈을 감으며) 아내와 함께 있을 때면 제 자신이 너무 한심하게 느껴집니다. 제가 없어지는 것 같아요.

상담자: 모욕감을 느꼈겠어요.

내담자: 마치 내가 세상에 쓸모없는 존재 같고…… 이제 더 이상 참을 수 없어요.

상담자: 아내에게 존중받고 인정받고 싶은 거군요. 힘들어하는 ○○ 씨가 참 외롭고 슬퍼 보여요.

6) 연습 문제

앞에서 살펴본 유의점과 사례를 활용하여 다음에 제시된 내담자의 반응에 대해 상담자가 어떻게 공감하기 기술을 사용하는 것이 적절할지 적어 보자.

(1) 연습 문제 1

다음에 제시된 내담자의 상황이나 반응에 대해 공감하기 기술을 적용해 보자.

내담자: 저는 초등학교 때부터 혼자였어요. 저는 낯가림이 심하고 소심해서…… 제가 먼저 친구에게 다가간 적이 없어서…… 저에게 먼저 다가와 주지 않으면 친구가 없어요. 먼저 다가와 준 친구들이 전혀 없지는 않았지만 시간이 지나면 그 친구들은 다른 친구들과 어울리게 되고 저는 또 혼자가 되고……. 초등학교 때부터 그랬고, 계속 반복된 거죠. 그래서 지금까지 친구가 없어요. 혼자예요. 저도 이제 친구와 함께 지내고 싶은데…… 그동안 친구와 지내 본 경험이 없어서 어떻게 해야 할지 모르겠어요.

공감하기 반응: ______________________________

____

____

이렇게 반응할 수 있어요

상담자: 낯가림이 심하고 소심해서 먼저 다가가기 힘든 거네요. 힘들고 외로웠겠네요.
상담자: 친구들과 함께 어울리고 싶었는데 그동안 혼자 지내느라 힘들었네요.

(2) 연습 문제 2

다음에 제시된 내담자의 상황이나 반응에 대해 공감하기 기술을 적용해 보자.

내담자: 제가 이번에도 면접에서 떨어진 것 같아요. 벌써 13번째예요. 대학 졸업하고 2년이나 취준생으로 지내고 있는데…… (고개를 떨구며) 어떻게 해야 할지 모르겠어요. 또 떨어졌다고 부모님께 어떻게 말씀드려야 할지, 부모님께 언제까지 기다려 달라고 해야 할지, 언제까지 학원비나 용돈을 지원해 달라고 해야 할지……. (침묵) 저는 언제까지 이렇게 지내야 하는 건지, 준비하던 걸 계속하는 게 맞는지, 다른 진로를 찾는 게 맞는지도 모르겠어요. 솔직히 요즘은 아무 소용없다는 생각이 자꾸 들어요.

공감하기 반응: ______________________________

____

____

이렇게 반응할 수 있어요

상담자: 면접 결과가 좋지 않아서 부모님께 어떻게 말해야 할지 걱정되는군요. 앞으로의 계획에 대해서도 염려하고 있는데 맥이 많이 빠진 것 같네요.

상담자: 부모님의 기대에 미치지 못했다는 생각으로 힘들어하고 있군요. 부모님께 어떻게 말해야 할지 걱정도 되고요.

7) 기술 훈련

다음의 진행 방법을 통해 공감하기 기술을 실습해 보자. 역할 연습 후 질문에 답하고, 실습 관찰지의 주요 내용을 작성한 다음 의견을 나누어 보자.

(1) 진행 방법

촬영/녹음된 대화 장면과 공감하기 기술 실습 관찰지를 활용하여 공감하기가 상담 장면에서 어떻게 적용되고, 어떤 의미를 갖는지 의견을 나누어 보자.

4명이 한 팀이 되어 상담자 1명, 내담자 1명, 관찰자 2명의 역할을 번갈아 가며 맡는다. 다음과 같은 순서로 활동을 진행한다.

역할 정하기 → 제시된 상황 숙지하기 → 기술 연습하기 → 연습 후 토의하기

- 상담자 역할: 공감하기는 내담자를 이해하고 있음을 전달하여 상담관계를 형성하는 데 중요함을 기억하며 기술 연습하기
- 내담자 역할: 일상적 주제로 자신의 감정이나 생각을 떠올리며 육하원칙에 따라 간단히 개요 작성 후 이야기하기
- 관찰자 역할: 휴대전화 등을 활용하여 촬영/녹음하기. 관찰자 중 1명은 상담자 역할을 중심으로 관찰하고 기록하기. 다른 1명은 내담자의 역할을 중심으로 관찰하고 기록하기
- 토의하기: 모든 참여자는 촬영/녹음된 상담 장면과 실습 관찰지를 활용하여 질문에 대해 기술하고 의견 나누기

역할 연습을 위한 사례

사례: 내담자는 3~5분 동안 힘들었던 자신의 최근 경험을 이야기한다. 당시의 기분이나 생각 혹은 현재의 기분이나 생각을 중심으로 자기개방한다. 상담자는 내담자의 이야기를 들으면서 상대방의 감정이나 생각을 따라가며 적절하게 질문/응답해 본다.

☑ 상대방이 나의 경험과 감정을 충분히 이해했다고 느꼈나요? 이유는 무엇인가요?

☑ 나의 경험과 감정을 충분히 이해받지 못했다고 느꼈나요? 이유는 무엇인가요?

☑ 상대방의 질문/응답에 대하여 피드백해 봅시다.

(2) 실습 관찰지

공감하기 기술 실습 관찰지

소속: ___________ 이름: ___________

• 관찰자는 상담 실습 장면을 관찰하여 다음의 점검표를 작성해 봅시다.

1. 다음 영역에 대한 상담자의 반응 점수에 ✓표해 봅시다.
(점수가 높을수록 효과적임을 의미함)

상담자 반응	1	2	3	4	5
내담자가 표현한 내용에 초점을 두고 반응					
내담자의 이야기와 감정을 정확히 파악하여 적절히 질문					
내담자의 이야기와 감정을 정확히 파악하여 적절히 응답					

2. 상담자 반응으로 관찰된 주요 내용을 기술해 봅시다.

상담자 반응	분/초	관찰된 내용	강점/개선점
내담자가 표현한 내용에 초점을 둔 반응	• •	• •	• •
내담자의 이야기와 감정에 대한 질문	• •	• •	• •
내담자의 이야기와 감정에 대한 응답	• •	• •	• •

8) 자기 진단(사후 진단) 척도

지금까지 공감하기 기술을 연습해 보았다. 앞으로 공감하기 기술을 효과적으로 잘 활용할 수 있을지 점검해 보자.

☑ 다음의 공감하기 기술을 이해하고 적용할 수 있는지 ✓표해 봅시다.

공감하기	사용 여부 (O/X)	적음 ← 사용 빈도 → 많음				
		1	2	3	4	5
내담자가 이야기할 때 핵심 메시지에 귀 기울인다.						
내담자의 핵심 메시지에 자주, 그리고 간결하게 반응한다.						
내담자의 언어적 · 비언어적 메시지뿐 아니라 상황도 고려하여 반응한다.						
공감적 반응을 한 후 내담자에게 반응의 정확성을 확인한다.						
내담자가 스트레스를 받거나 저항할 때 나타내는 단서에 주의를 기울인다.						

☑ 지금까지의 공감하기 기술 학습과정을 마무리하면서 알게 된 점과 변화한 점, 상담 장면에서의 효과적 적용을 위한 계획 등을 정리해 봅시다.

- 알게 된 점:

- 변화한 점:

- 적용 계획:

제3장

감정 반영하기, 재진술하기

1. 감정 반영하기

1) 정의와 효과

감정 반영하기는 내담자의 진술에서 어떤 사건, 상황, 대상, 생각 때문에 생긴 다양한 감정을 상담자의 말로 내담자에게 되돌려 전해 주는 상담 기술이다.

상담실에 내담자가 찾아왔다고 상상해 보자. 내담자는 자신의 이야기를 상담자에게 하고, 그 이야기를 통해 자신이 처해 있는 상황이나 많은 정보를 전하게 된다. 이뿐만 아니라 내담자는 자신의 다양한 감정을 이야기하게 된다. 감정의 표현은 언어적 표현에 국한되지는 않는다. 표정, 자세, 목소리 등 비언어적 행동으로도 나타난다.

어떤 내담자는 손을 들 수 없을 만큼 무기력한 상태일 수도 있고, 혹은 무엇인가에 대한 분노로 화를 참지 못한 상태일 수도 있다. 또 어떤 내담자는 괴롭고 고통스러운 감정을 표출할 수도 있다. 그러나 대부분의 내담자는 자신이 어떠한 감정 상태인지 잘 모르거나, 혹은 그러한 감정을 부정적으로 인식하여 수용하는 것을 어려워한다. 이러한 내담자의 느낌과 감정을 상담과정에서 상담자가 어떻게 다루는지는 상담의 방향에 영향을 준다. 감정 반영하기는 내담자의 진술에서 어떤 사건, 상황, 대상, 생각 때문에 생긴 다양한 감정을 상담자의 말로 내담자에게 되돌려 전해 주는 상담 기술이다(강진령, 2016: 107). 상담자는 내담자의 감정을 단순하게 진술하기보다 내담자가 그 순간에 감정을 경험할 수 있도록 도와주는 것이 무엇보다 중요하다.

감정 반영하기는
- 내담자에게 심리적으로 함께하고 있다는 느낌을 줄 수 있다.
- 내담자에게 깊이 이해받고 있다는 느낌을 줄 수 있다.
- 내담자에게 진정한 정서를 인식하고, 경험하며, 표출할 수 있는 기회를 제공해 줄 수 있다.

감정 반영하기가 갖는 목적은 다음과 같다(강진령, 2016: 108-109).

첫째, 내담자가 감정 반영을 통해 이해받는 느낌을 갖도록 한다.

둘째, 특정 상황이나 사람 혹은 대상이나 생각 등에 대한 자신의 감정을 표현할 수 있도록 격려한다.

셋째, 내담자의 감정을 인식하고 표출함으로써 정서적 측면의 관리를 돕는다.

넷째, 상담과정에 대한 부정적 감정을 표현하는 내담자를 돕는다. 내담자가 상담과정에 대해 화가 나 있는 등 부정적 감정을 표현하는 경우가 있다. 이때 상담자는 내담자의 감정을 이해하고 있음을 내담자가 알도록 한다.

다섯째, 내담자가 다양한 감정을 구분할 수 있도록 돕는다.

2) 방법

효과적으로 감정을 반영하기 위해서는 내담자가 표현하는 것과 유사한 형태로 전달하는 것이 좋다. 이때 감정이나 숨겨진 메시지를 요약하여 전달한다. 감정을 반영하는 과정에서 무엇보다 선택한 감정이 내담자의 실제 감정과 맞아야 한다. 감정 반영하기 기술을 활용할 때 구체적인 방법은 다음과 같다.

- **내담자의 감정 파악하기**: 내담자가 느끼고 있는 감정이나 느낌을 먼저 파악한다. 내

담자의 이야기뿐 아니라 목소리, 자세, 표정, 태도 등에도 주의를 기울여야 내담자의 감정이 무엇인지 파악할 수 있다.

- **중요한 감정 선별하기**: 내담자는 여러 가지의 감정을 가지고 있을 수 있다. 그 중에서 내담자에게 가장 중요한 감정이 무엇인지 확인한다.
- **현재 감정에 초점 두기**: 내담자의 상황에 대한 현재 감정에 대해 초점을 둔다. 과거의 경험에 대해서도 현재 가지고 있는 감정을 확인하고 표현할 수 있도록 한다.
- **감정의 수준 구별하기**: 내담자의 현재 가장 중요한 감정뿐 아니라 그 감정의 강도가 어느 정도인지 확인해야 한다. 강도의 확인은 '약간' '매우' 등의 수식어로 표현할 수 있도록 한다.
- **가설적으로 감정 표현하기**: 상담자는 감정 반영을 할 때 가설적으로 표현하여 내담자로 하여금 스스로 자신에게 관심을 기울이고 탐색할 수 있도록 해야 한다.

감정 반영하기에는 다음과 같은 형식을 활용할 수 있다.

- "당신은 ~을 느끼는 것처럼 보입니다."
- "당신은 ~때문에 ~을 느끼는 것 같군요."
- "내가 듣기로는 당신은 ~을 표현하는 것 같습니다."
- "그 상황이라면 당신은 ~을 느꼈을 것 같군요."
- "당신은 ~한 것 같습니다."

3) 유의점

감정 반영하기가 상담과정에서 반드시 내담자에게 도움을 준다고 할 수는 없다. 하지만 대부분의 내담자는 정서적 고통을 가지고 있다. 따라서 고통스러운 감정을 탐색할 수 있도록 도움을 받는 것은 효과적이다. 감정 반영 시 다음과 같은 점에 유의해야 한다.

첫째, 내담자가 매우 많은 감정을 순간에 드러낼 경우 좋지 않다.

둘째, 내담자가 자신의 감정을 주체할 수 없는 상태일 경우 적절하지 않다.

셋째, 내담자의 감정에 대해 모두 알고 있는 것처럼 보이는 상담자의 행동은 좋은 태도가 아니다.

넷째, 문화적 · 사회적 · 성적 차원에서 감정 반영의 방식에 차이가 있음을 고려해야 한다.

감정 반영은 내담자에 대한 정보가 충분하지 않을 때나, 내담자에게 심각한 정서적 장애가 있을 때도 적절하지 않다. 혹은 내담자에게 감정을 다룰 수 있는 능력이 부족하다고 보일 때도 감정 반영을 사용하는 것은 신중해야 한다. 감정 표현에 대한 거부 반응이 보일 때, 감정 해결을 위한 시간이 충분하지 않을 때도 감정 반영은 적절하지 않다.

4) 자기 이해(자기 진단) 척도

실제 상담 경험이 있다면 그 경험을 떠올려 보자. 그렇지 않다면 평소 타인과의 대화에서 자신의 모습이 어떠한지 생각하면서 다음의 '감정 반영하기'를 얼마나 사용하는지 떠올려 보자.

☑ 다음의 감정 반영하기 기술을 사용한 적이 있는지, 사용하였다면 얼마나 자주 사용하였는지에 대해 ✓표해 봅시다.

감정 반영하기	사용 여부 (O/X)	적음 ← 사용 빈도 → 많음				
		1	2	3	4	5
내담자가 감정을 개방하고 표현하는 것을 파악한다.						
내담자가 느끼고 있는 감정이 무엇인지 파악한다.						
내담자의 감정 중에서 가장 중요한 감정을 선별한다.						
내담자의 감정을 파악하기 위해 내담자의 이야기, 목소리, 자세, 표정, 태도 등에도 주의를 기울인다.						
내담자가 현재 감정을 확인하고 표현할 수 있도록 한다.						
내담자에게 가설적으로 감정을 표현한다.						

※ 1(매우 그렇지 않다), 2(그렇지 않다), 3(보통이다), 4(그렇다), 5(매우 그렇다)
(점수가 높을수록 효과적임을 의미함)

5) 사례

사례를 통해 상담자의 감정 반영하기가 내담자에게 어떻게 전달될 수 있는지를 살펴보자.

- 진로 고민을 하고 있는 대학교 4학년 여학생 내담자에 대한 상담자의 감정 반영하기 반응

내담자: 저는 초등학교 1학년 때 아빠가 돌아가시고 엄마랑 둘이 살고 있어요. 대학교 졸업반이 되니 엄마는 제가 졸업 후 안정적이고 좋은 곳에 취업하길 바라세요. 그동안 저 키우시느라 고생 많이 하셨는데, 꼭 취업해서 엄마를 기쁘게 해 드릴 거예요. 근데 엄마가 요즘 자꾸 편찮으세요.

상담자: 좋은 곳에 취업해서 엄마를 기쁘게 해 드릴 생각을 하니 힘이 나는가 보군요.

- 친구관계에서 어려움을 호소하는 중학교 3학년 여학생 내담자에 대한 상담자의 감정 반영하기 반응

내담자: (고개를 숙이고 미간을 찌푸린 채 작은 목소리로) 내일 저는 집에서 보고 싶었던 영화 보면서 쉬고 싶었거든요. 그런데 친구가 아웃렛에 쇼핑 가자고 졸라요.

상담자: 그 일로 기분이 안 좋아 보이네요.

6) 연습 문제

앞에서 살펴본 유의점과 사례를 활용하여 다음에 제시된 내담자의 반응에 대해 상담자가 어떻게 감정 반영하기 기술을 사용하는 것이 적절할지 적어 보자.

(1) 연습 문제 1

다음에 제시된 내담자의 상황이나 반응에 대해 감정 반영하기 기술을 적용해 보자.

내담자: 교양 수업 중에 서양철학에 대한 수업이 있는데요. 그 수업에서는 교수님께서 정말 질문을 많이 하세요. 지난주에 어떤 친구는 대답을 잘해서 교수님이 엄청 칭찬을 하셨어요. 내일 그 수업이 있는데요, 내일 수업시간을 생각하니 가슴이 두근두근하고 손에서 땀이 나요.

감정 반영하기 반응: ______________________________

____

____

이렇게 반응할 수 있어요

상담자: 당신은 대답을 잘 못해서 교수님께서 실망하실까 봐 불안하군요.

(2) 연습 문제 2

다음에 제시된 내담자의 상황이나 반응에 대해 감정 반영하기 기술을 적용해 보자.

내담자: 우리 집 근처에 있는 카페에서 1년째 주말마다 아르바이트를 하고 있는데요. 어제 저녁에 갑자기 사장님에게서 전화가 왔어요. 이번 주부터 아르바이트를 오지 말라고 하시네요. 구체적인 이유를 설명해 주지도 않으셔서 정말 당황스러워요.

감정 반영하기 반응: ______________________________

____

____

이렇게 반응할 수 있어요

상담자: 오랫동안 애정을 갖고 해 온 아르바이트인데 일방적으로 그만두라고 해서 충격을 받았나 보네요. 그 이유라도 알고 싶은 거네요.

7) 기술 훈련

다음의 진행 방법을 통해 감정 반영하기 기술을 실습해 보자. 진행 방법에 따라 역할 연습을 해 보고, 실습 관찰지의 주요 내용을 작성한 다음 의견을 나누어 보자.

(1) 진행 방법

촬영/녹음된 대화 장면과 감정 반영하기 실습 관찰지를 활용하여 감정 반영하기가 상담 장면에서 어떻게 적용되고, 어떤 의미를 갖는지 의견을 나누어 보자.

4명이 한 팀이 되어 상담자 1명, 내담자 1명, 관찰자 2명의 역할을 번갈아 가며 맡는다. 다음과 같은 순서로 활동을 진행한다.

역할 정하기 → 제시된 상황 숙지하기 → 기술 연습하기 → 연습 후 토의하기

- 상담자 역할: 감정 반영하기는 내담자가 그 순간에 감정을 경험할 수 있도록 도와주는 데 중요함을 기억하며 기술 연습하기
- 내담자 역할: 일상적 주제로 자신의 감정이나 생각을 떠올리며 육하원칙에 따라 간단히 개요 작성 후 이야기하기
- 관찰자 역할: 휴대전화 등을 활용하여 촬영/녹음하기. 관찰자 중 1명은 상담자 역할을 중심으로 관찰하고 기록하기. 다른 1명은 내담자의 역할을 중심으로 관찰하고 기록하기
- 토의하기: 모든 참여자는 촬영/녹음된 상담 장면과 실습 관찰지를 활용하여 질문에 대해 기술하고 의견 나누기

역할 연습을 위한 사례

사례 1: 아무에게나 화를 참지 못하고 분노를 표출하는 35세 남성 내담자. 신호 대기 중에 옆 차선 차량이 앞쪽 범퍼에 부딪혀서 미세한 접촉사고가 발생했다. 상대방 운전자가 사과를 하였으나 내담자는 소리를 지르고 화를 냈다. 50대 후반의 보험회사 담당자에게 소리를 지르고 1시간가량 보험처리를 하지 않고 화를 냈다.

사례 2: 대학교 2학년 21세 남성 내담자. 대학교 기숙사에서 생활하고 있다. 이번 학기부터 함께 생활하는 룸메이트가 밤늦게까지 핸드폰으로 유튜브를 시청해서 잠을 설칠 때가 많다. 화장실 사용, 청소 등 지켜야 할 규칙을 서로 합의했지만 지켜지지 않고 있다.

사례 3: 학력에 대한 질문을 받을 때마다 스트레스를 받는 30세 남성 내담자. 전문대학을 다니다 중퇴를 하고 요리를 배워 레스토랑에서 일을 하고 있다. 자신보다 실력이 없는 요리사가 단지 대학을 나왔다는 이유로 더 많은 급여를 받고 직급이 높다. 실력 면에서 뒤지지 않는데 이런 대우를 받으니 일을 할 때 흥미가 떨어지고 무기력해진다.

☑ 사례에 제시된 내담자에 따라 감정 반영하기 기술이 적절하게 적용되었는지 토의해 봅시다.

(2) 실습 관찰지

감정 반영하기 실습 관찰지

소속: ____________ 이름: ____________

• 관찰자는 상담 실습 장면을 관찰하여 다음의 점검표를 작성해 봅시다.

1. 다음 영역에 대한 상담자의 반응 점수에 ✓표해 봅시다.
   (점수가 높을수록 효과적임을 의미함)

상담자 반응	1	2	3	4	5
내담자 이야기의 정서적 부분에 주의를 기울이는 반응					
내담자의 행동(자세, 어조, 말 속도, 태도)에 주의를 기울이는 반응					
감정을 표현하기 위해 사용하는 감정 단어의 적절성					
내담자가 느끼는 감정에 대한 명확하고 간결한 방식의 표현 반응					
감정 반영의 적절성					

2. 상담자 반응으로 관찰된 주요 내용을 기술해 봅시다.

상담자 반응	분/초	관찰된 내용	강점/개선점
내담자 이야기의 정서적 부분에 주의를 기울이는 반응	• •	• •	• •
내담자의 행동(자세, 어조, 말 속도, 태도)에 주의를 기울이는 반응	• •	• •	• •
감정을 표현하기 위해 사용하는 감정 단어의 적절성	• •	• •	• •
내담자가 느끼는 감정에 대한 명확하고 간결한 방식의 표현 반응	• •	• •	• •
감정 반영의 적절성	• •	• •	• •

8) 자기 진단(사후 진단) 척도

지금까지 '감정 반영하기' 기술을 연습해 보았다. 앞으로 감정 반영하기 기술을 효과적으로 잘 활용할 수 있을지 점검해 보자.

☑ 다음의 감정 반영하기 기술을 이해하고 사용할 수 있는지 ✓표해 봅시다.

감정 반영하기	사용 여부 (O/X)	적음 ← 사용 빈도 → 많음				
		1	2	3	4	5
내담자가 감정을 개방하고 표현하는 것을 파악한다.						
내담자가 느끼고 있는 감정이 무엇인지 파악한다.						
내담자의 감정 중에서 가장 중요한 감정을 선별한다.						
내담자의 감정을 파악하기 위해 내담자의 이야기, 목소리, 자세, 표정, 태도 등에도 주의를 기울인다.						
내담자가 현재 감정을 확인하고 표현할 수 있도록 한다.						
내담자에게 가설적으로 감정을 표현한다.						

☑ 지금까지의 감정 반영하기 기술 학습과정을 마무리하면서 알게 된 점과 변화한 점, 상담 장면에서의 효과적 적용을 위한 계획 등을 정리해 봅시다.

- 알게 된 점:

- 변화한 점:

- 적용 계획:

2. 재진술하기

1) 정의와 효과

재진술하기는 상담자가 내담자가 전달하는 말의 내용이나 의미를 반복하거나, 부연 · 요약하고 설명하여 전하는 상담 기술이다.

우리는 누구나 타인과의 대화에서 온전히 집중하지 못했던 경험이 있을 것이다. 대화 도중에 다른 생각을 하거나 집중하지 못할 경우에 "미안해, 잠시 딴 생각을 했어. 방금 뭐라고 했어?"라고 하게 된다. 혹은 상대방이 여러 주제를 섞어서 말하거나 객관적 사실과 주관적 의견이 섞인 경우에 "방금 네가 한 말은 첫 번째 아이디어를 선택하자고 한 게 맞니? 아니면 첫 번째 아이디어가 새롭다는 의견을 말한 거니?"라고 되묻기도 한다. 가벼운 대화에서도 상대방의 생각이나 감정을 온전히 이해하는 것은 쉽지 않다.

상담과정에서 상담자는 어떤 것보다 집중해서 내담자의 이야기를 경청한다. 경청하는 이유는 단순히 내담자의 이야기를 듣는 것에서 그치지 않고 내담자를 온전하게 이해하기 위함이다. 그러기 위해 상담자는 내담자의 말을 이해했음을 전하거나 핵심 내용을 파악하여 되돌려 준다. 이때 사용하는 기술이 재진술하기이다.

재진술하기의 근본적인 목적은 내담자가 자신이 어떻게 생각하고 있는지를 상담자의 말로 되돌려 주어 스스로 인식하게 하는 것이다. 재진술하기는 다음과 같은 구체적인 목적으로 사용될 수 있다(강진령, 2016: 187).

첫째, 내담자의 이야기를 경청하고 있음을 알려 주기 위한 것이다.

둘째, 내담자가 어떤 이야기를 하고 있는지를 상담자의 이야기로 되돌려 주기 위한 것이다.

셋째, 내담자가 자신이 이야기한 내용에 초점을 맞추도록 하기 위한 것이다.

넷째, 내담자로 하여금 핵심 내용에 대해 상세하게 말하도록 격려하기 위한 것이다.

재진술하기는
- 상담자와 내담자 간 신뢰관계 형성에 도움을 줄 수 있다.
- 내담자가 이야기를 잘 이해했는지를 점검해 볼 수 있다.
- 내담자의 이야기를 경청하고 이해하기 위해 노력하고 있음을 보여 줄 수 있다.

재진술하기는 상담자로 하여금 내담자가 전달하는 말의 내용이나 의미를 반복하거나 부연·요약하고 설명하여 전하는 것이다. 이때 내담자가 사용한 단어와 유사한 단어를 사용하여 내담자가 전한 말보다 간결하지만 구체적이고 명확하게 제시한다(Hill, 2012).

상담과정에서 내담자가 자신의 핵심 문제를 파악하는 것은 중요하다. 이는 내담자가 자신의 문제를 객관적으로 바라볼 수 있게 하고, 그것에 대해 주도적으로 탐색하도록 도와준다. 이를 위해 재진술하기 기술을 사용한다. 재진술하기는 내담자가 전하는 여러 이야기를 하나로 초점을 맞추거나, 내담자가 이야기하고자 하는 내용의 핵심적이고 중요한 문제를 찾도록 해 준다.

2) 방법

재진술하기는 내담자가 이야기한 것에 대해 상담자가 자신의 경험이나 추측 등으로 잘못 이해하는 것을 막아 주는 효과가 있다. 재진술하기를 사용할 때는 내담자에게 중요한 핵심 내용이 다루어지도록 해야 한다. 재진술하기의 유형을 정리하면 〈표 3-1〉과 같다(천성문 외, 2015b: 101).

표 3-1 재진술하기의 유형

유형	방법	목적
이야기 재진술	내담자가 이야기한 것을 그대로 표현한다.	• 정확하게 공감을 표현하기 • 내담자가 계속해서 이야기하도록 독려하기 • 정확하게 이해했는지 확인하기
의미 재진술	내담자가 한 이야기를 상담자가 자신의 말로 표현한다.	• 정확하게 의미를 이해했는지 확인하기 • 드러난 의미에 대해 더 많은 이야기를 하도록 독려하기 • 특정한 의미에 상담의 초점 맞추기

초점 맞추기	내담자의 여러 가지 이야기 중 한 가지 핵심 내용이나 주제에 집중하도록 표현한다.	• 핵심 내용을 명료화하기 • 내담자가 실제보다 과장된 의미 부여를 하는 것을 방지하기
요약하기	내담자가 지금까지 이야기한 것을 요약하여 표현하거나, 선택하여 요약하거나, 이득과 손실이 되는 부분을 요약하여 표현한다.	• 내담자의 핵심 정보를 수집하기 • 내담자가 스스로 생각을 정리할 수 있는 시간을 제공하기 • 중요한 내용을 체계적으로 통합하기 • 특정 내용에 대한 주의집중을 통해 상담 방향을 모색하기

재진술하기에서 모든 말을 반복하기보다 가장 중요한 내용에 집중해야 한다. 그래서 재진술은 짧고 명료하게 표현한다. 예를 들어, 내담자가 초등학교 친구부터 대학교 친구까지 여러 친구에 대해 이야기하고 있는 경우에 상담자는 "그래서 지금 친구관계에 어려움을 느끼고 있군요."라고 재진술할 수 있다. 이러한 재진술은 내담자로 하여금 중요한 것에 집중할 수 있도록 도와줄 수 있기 때문이다. 재진술할 때 사용할 수 있는 몇 가지 방법은 다음과 같다(천성문 외, 2015b: 102).

- "제가 당신의 말을 이해하기로는 ~인 것 같네요."
- "그 말은 마치 ~처럼 들리네요."
- "전 ~인지 아닌지 궁금하네요."
- "당신은 ~라고 여기고 계시는군요."

3) 자기 이해(자기 진단) 척도

실제 상담 경험이 있다면 그 경험을 떠올려 보자. 그렇지 않다면 평소 타인과의 대화에서 자신의 모습이 어떠한지 생각하면서 다음의 '재진술하기'를 얼마나 사용하는지 떠올려 보자.

☑ 다음의 재진술하기 기술을 사용한 적이 있는지, 사용하였다면 얼마나 자주 사용하였는지에 대해 ✓표해 봅시다.

재진술하기	사용 여부 (O/X)	적음 ← 사용 빈도 → 많음				
		1	2	3	4	5
내담자의 이야기에서 가장 중요한 주제를 찾아내어 재진술하는 편이다.						
내담자 이야기를 그대로 재진술하는 편이다.						
내담자의 말의 의미를 상담자 말로 바꾸어 재진술하는 편이다.						
한 가지 주제에 집중하여 명료화하여 재진술하는 편이다.						
내담자의 이야기를 요약하여 재진술하는 편이다.						
내담자 이야기 중 선택하여 요약해서 재진술하는 편이다.						

※ 1(매우 그렇지 않다), 2(그렇지 않다), 3(보통이다), 4(그렇다), 5(매우 그렇다)
(점수가 높을수록 효과적임을 의미함)

4) 사례

사례를 통해 상담자의 재진술하기가 내담자에게 어떻게 전달될 수 있는지를 살펴보자.

- 대학교 2학년 여학생의 상담에 있어서 상담자의 재진술하기 반응

내담자: 제가 다음 주부터 한 달간 외삼촌네로 가서 생활하게 되었어요. 다음 주부터 인턴십을 해야 하는데 너무 멀어서 집에서 다닐 수가 없어요. 사실 외삼촌네로 가고 싶진 않아요. 그런데 곧 4학년이 되고 졸업 필수 요건이라 더 이상 미룰 수가 없어요.

상담자: 네, 당신은 외삼촌네로 가야만 하는군요.

내담자: 네, 인턴십은 정말 중요해서요. 어렵게 최종적으로 합격한 곳이고 꼭 가고 싶었던 곳이에요. 그런데 전 외삼촌과 관계가 좋지 않았어요. 예전에 외삼촌과 함께 살았어요. 외삼촌은 저의 생활태도와 성적에 대해 잔소리를 자주 했어요. 저는 외삼촌의 잔소리가 불편하고 기분이 좋지 않았어요.

상담자: 외삼촌과 관계가 좋지 않았군요.

내담자: 네, 한 달간 외삼촌이랑 함께 지내는 건 너무 길어요. 외삼촌이 또 어떤 잔소리를 할지 모르겠어요. 한 달간 같이 보낼 생각을 하면 걱정이에요. 하지만 외삼촌이랑 함께 지내는 것이 나쁜 것만은 아니에요. 이번 기회에 외삼촌에 대해 더 잘 알 수 있는 기회가 될 것 같네요.

상담자: 외삼촌에 대해 알고 싶다고요?

내담자: 네, 사실 저는 외삼촌을 닮고 싶었어요. 외삼촌은 좋은 대학을 나와서 제가 정말 가고 싶은 기업에 다니고 있어요. 예전에 함께 살 때 경제에 대한 부분이나 취업 준비를 위해서 어떤 것을 해야 하는지에 대해서도 많은 것을 알려 주었어요. 그때는 제가 어려서 관심을 가지지 않았을 때였어요.

상담자: 당신은 외삼촌에게 많은 것을 배울 수 있겠네요.

5) 연습 문제

앞에서 살펴본 유의점과 사례를 활용하여 다음에 제시된 내담자의 반응에 대해 상담자가 어떻게 재진술하기 기술을 사용하는 것이 적절할지 적어 보자.

(1) 연습 문제 1

다음에 제시된 내담자의 상황이나 반응에 대해 재진술하기 기술을 적용해 보자.

내담자: 우리 집은 엄마가 문제예요. 적어도 돈이 없으면 대출을 받아서 여행을 가진 말아야죠. 동생이 아직 초등학생인데 이번 달에도 또 친구들과 여행을 갔어요.

재진술하기 반응: ________________________________

____

____

이렇게 반응할 수 있어요

상담자: 어머니가 여행을 자주 가는 것이 주된 문제로군요.

(2) 연습 문제 2

다음에 제시된 내담자의 상황이나 반응에 대해 재진술하기 기술을 적용해 보자.

내담자: 남자 친구가 갑자기 메시지로 이별을 통보했어요. 이유를 물어봐도 말해 주지 않아요. 한 번도 남자 친구랑 헤어진다고 생각해 보지 않았어요. 어떻게 해야 할지 모르겠어요.

재진술하기 반응: ______________________________

____

____

이렇게 반응할 수 있어요

상담자: 남자 친구의 마음을 돌릴 수 있을지가 가장 큰 고민이군요.

6) 기술 훈련

다음의 진행 방법을 통해 재진술하기 기술을 실습해 보자. 진행 방법에 따라 역할 연습을 해 보고, 실습 관찰지의 주요 내용을 작성한 다음 의견을 나누어 보자.

(1) 진행 방법

촬영/녹음된 대화 장면과 재진술하기 기술 실습 관찰지를 활용하여 재진술하기가 상담 장면에서 어떻게 적용되고, 어떤 의미를 갖는지 의견을 나누어 보자.

4명이 한 팀이 되어 상담자 1명, 내담자 1명, 관찰자 2명의 역할을 번갈아 가며 맡는다. 다음과 같은 순서로 활동을 진행한다.

역할 정하기 → 제시된 상황 숙지하기 → 기술 연습하기 → 연습 후 토의하기

- 상담자 역할: 재진술하기는 내담자를 온전하게 이해하는 데 도움이 되는 기술임을 기억하며 기술 연습하기
- 내담자 역할: 일상적 주제로 자신의 감정이나 생각을 떠올리며 육하원칙에 따라 간단히 개요 작성 후 이야기하기
- 관찰자 역할: 휴대 전화 등을 활용하여 촬영/녹음하기. 관찰자 중 1명은 상담자 역할을 중심으로 관찰하고 기록하기. 다른 1명은 내담자의 역할을 중심으로 관찰하고 기록하기
- 토의하기: 모든 참여자는 촬영/녹음된 상담 장면과 실습 관찰지를 활용하여 질문에 대해 기술하고 의견 나누기

역할 연습을 위한 사례

사례 1: 대학교 3학년 학생 내담자. 해외 어학연수, 인턴십, 자격증 취득 등 주변 친구들은 다들 열심히 졸업 후 취업을 위해 준비하고 있다. 내담자는 무엇을 준비해야 할지 막막하다.

사례 2: 40세 회사원 내담자. 대학 졸업 후 대기업에 입사를 했다. 같은 부서 3년차 대리가 얼마 전에 정년이 보장되는 안전한 공기업으로 이직을 했다. 경기불황으로 언제까지 이 회사에 다닐 수 있을지 걱정이다.

사례 3: 대학교 3학년 여학생 내담자. 이번 학기 과목들은 팀 과제가 너무 많다. 어떤 과목은 팀 과제가 2개나 있다. 다들 아르바이트를 하고 있어서 시간 조율이 어렵고, 맡은 과제도 너무 많다. 아르바이트를 끝내고 메신저를 확인하면 여러 개의 팀과제 단체 대화방에는 읽지 않은 메시지가 100개도 넘는다. 너무 힘이 들고 아무 생각 없이 그냥 쉬고 싶다.

(2) 실습 관찰지

재진술하기 기술 실습 관찰지

소속: ____________ 이름: ____________

• 관찰자는 상담 실습 장면을 관찰하여 다음의 점검표를 작성해 봅시다.

1. 다음 영역에 대한 상담자의 반응 점수에 ✓표해 봅시다.
(점수가 높을수록 효과적임을 의미함)

상담자 반응	1	2	3	4	5
내담자의 말 속에 담긴 주된 생각에 대한 반응의 적절성					
내담자가 하는 말에 의미를 덧붙이거나 의미를 바꾸지 않는 반응의 적절성					
내담자의 말 속에 담긴 중요한 생각을 체계적으로 통합하는 적절성					
내담자의 이야기가 장황하고 혼란스러울 때 요약 반응의 적절성					
내담자가 나타낸 반응 뒤에 숨겨진 내용과 의미를 표현하는 적절성					

2. 상담자 반응으로 관찰된 주요 내용을 기술해 봅시다.

상담자 반응	분/초	관찰된 내용	강점/개선점
내담자의 말 속에 담긴 주된 생각에 대한 반응의 적절성	• •	• •	• •
내담자가 하는 말에 의미를 덧붙이거나 의미를 바꾸지 않는 반응의 적절성	• •	• •	• •
내담자의 말 속에 담긴 중요한 생각을 체계적으로 통합하는 적절성	• •	• •	• •
내담자의 이야기가 장황하고 혼란스러울 때 요약 반응의 적절성	• •	• •	• •
내담자가 나타낸 반응 뒤에 숨겨진 내용과 의미를 표현하는 적절성	• •	• •	• •

7) 자기 진단(사후 진단) 척도

지금까지 '재진술하기' 기술을 연습해 보았다. 앞으로 재진술하기 기술을 효과적으로 잘 활용할 수 있을지 점검해 보자.

☑ 다음의 재진술하기 기술을 이해하고 적용할 수 있는지 ✓표해 봅시다.

재진술하기	사용 여부 (O/X)	적음 ← 사용 빈도 → 많음				
		1	2	3	4	5
내담자의 이야기에서 가장 중요한 주제를 찾아내어 재진술하는 편이다.						
내담자 이야기를 그대로 재진술하는 편이다.						
내담자의 말의 의미를 상담자 말로 바꾸어 재진술하는 편이다.						
한 가지 주제에 집중해서 명료화하여 재진술하는 편이다.						
내담자의 이야기를 요약하여 재진술하는 편이다.						
내담자 이야기 중 선택하여 요약해서 재진술하는 편이다.						

☑ 지금까지의 재진술하기 기술 학습과정을 마무리하면서 알게 된 점과 변화한 점, 상담 장면에서의 효과적 적용을 위한 계획 등을 정리해 봅시다.

- 알게 된 점:

- 변화한 점:

- 적용 계획:

제4장

자기개방하기, 즉시성

1. 자기개방하기

1) 정의와 효과

자기개방하기는 상담과정에서 그 주제와 관련하여 상담자 자신의 경험, 생각, 느낌, 태도 등 여러 가지 개인적인 사항을 내담자에게 드러내는 상담 기술이다.

상담자라면 상담과정에서 내담자에게 "왜 저에게만 이런 힘든 일이 생길까요?" 혹은 "다른 친구들은 아무렇지 않아 보이는데 저는 왜 이렇게 괴로울까요?"라는 질문을 받은 경험이 있을 것이다. 이런 순간에 어떤 반응을 할 수 있을까? 아마 다양한 기술을 사용하여 반응할 것이다. 상담과정의 매 순간 상담자는 여러 가지 기술 중 내담자에게 가장 도움이 될 만한 상담 기술을 선택하게 된다.

"그런 경험을 한 사람이 당신 혼자만은 아니에요. 사실 나도 과거에 그와 비슷한 경험을 한 적이 있어요."와 같이 반응할 수도 있을 것이다. 이처럼 상담과정에서 내담자의 이야기를 들으면서 그 주제와 관련하여 상담자가 지신의 경험, 생각, 느낌, 태도 등 여러 개인적인 사항을 내담자에게 드러내는 것이 자기개방이다(Hill & O'Brien, 2001).

상담자의 자기개방은 내담자와의 관계에 있어서 더욱 신뢰를 높일 수 있으며, 이를 통해 내담자의 자기개방을 더 촉진할 수 있다. 예를 들어, 어떤 방법으로 자기개방을 해야 할지 잘 모르는 내담자는 상담자의 자기개방 기술을 모델링할 수 있다. 또는 자신의 사적인 이야기를 드러내는 것이 힘들거나 불편해하는 내담자에게 상담자의 인간적인 모습을 드러내며 신뢰감을 높일 수 있다. 이처럼 자기개방을 통해 내담자는 상담자의 경험을 공유받음으로써 자신의 문제를 새로운 시각으로 바라볼 수 있는 여유가 생길 수 있다. 더불어 자신의 문제를 해결하고자 하는 힘도 생길 수 있다.

자기개방하기는

- 내담자에게 상담 중에 어떻게 행동해야 할지 안내해 줄 수 있다.
- 내담자로 하여금 목표 설정과 실행에 필요한 새로운 시각을 갖게 해 줄 수 있다.
- 내담자에게 상담자와 동질감을 느끼게 해 줄 수 있다.

자기개방은 상담자의 이론적 배경에 영향을 받는다. 정신분석적 접근에서의 역전이는 상담자의 생각이나 감정을 뜻하며 상담과정에서는 다루지 않는다. 반면, 인본주의적 관점에서는 상담자의 자기개방을 상담관계 형성의 도구로 활용하고, 행동주의적 관점에서는 상담자의 자기개방이 내담자에게 적절한 모델을 제공한다고 주장한다(Duke & Murdock, 1992).

자기개방을 자칫 지나치게 사용하거나 이른 시기에 사용할 경우에는 오히려 자기개방이 방해가 될 수 있다. 또한 상담 경력이 낮은 초심상담자는 내담자를 돕기 위한 목적보다 자신의 불안을 처리하기 위해 자기개방을 사용할 수도 있다. 상담과정에 자기개방을 효과적으로 사용하기 위해서는 내담자의 욕구에 초점을 두어 적절한 시기에 사용하는 것이 중요하다.

2) 방법

자기개방은 상담에 대한 불신을 가지고 있는 내담자에게 보다 효과적일 수 있다. 상담자는 "혹시 궁금하거나 묻고 싶은 것이 있나요?"라는 질문으로 상담을 시작할 수 있다. 이때 상담자는 내담자의 질문에 대해 정직하게 대답해야 한다. 하지만 때에 따라 질문이 과하거나 지나치게 개인적일 경우 질문의 동기가 무엇인지 내담자에게 확인할 수 있다.

상담과정에서 자기개방에 활용되는 내용은 다음과 같다.

첫째, 개인적인 정보를 개방할 수 있다. 상담자의 학력, 경력, 자격증 유무, 결혼 사실, 자녀 유무 등을 개방할 수 있다. 내담자가 특정 상담자와의 상담 진행 여부에 대해 결정하기 위해 상담자의 학력이나 경력에 대한 정보를 원하기도 한다. 따라서 이러한 정보개방은 바람직하다(천성문 외, 2015b: 187). 단, 명확한 이유 없이 개인정보를 드러내지 않도록 유의한다.

둘째, 감정을 개방할 수 있다. 상담자는 자신의 감정을 개방함으로써 내담자에게 비슷한 감정을 갖는다는 것을 전달할 수 있다. 이는 내담자의 감정개방을 촉진할 수 있으며, 상담자가 내담자를 이해하고 있다는 감정을 높일 수 있다. 감정개방은 다른 사람도 자신과 유사한 감정을 갖고 있다는 것을 알게 됨으로써 자신의 감정을 정상적으로 느낄 수 있도록 도와준다.

셋째, 개인적인 경험을 개방할 수 있다. 개인적인 경험을 개방하기 전에 상담자는 반드시 개방하고자 하는 의도에 대해 신중하게 생각해야 한다. 내담자를 돕기 위한 개방인지, 혹은 상담자 사신의 필요에 의한 것인지에 대한 자기점검이 필요하다.

3) 유의점

자기개방은 다음과 같은 효과를 볼 수 있다.

첫째, 모델링의 효과가 나타난다. 상담과정에서 자신이 어떻게 행동해야 할지를 모르는 내담자에게 방법과 방향을 안내해 줄 수 있다.

둘째, 자기개방을 통해 내담자에게 목표 설정과 실행에 필요한 새로운 시각과 조망을 제공해 준다.

자기개방을 상담과정에서 효과적으로 사용하기 위한 원칙은 다음과 같다(강진령, 2016: 284-285; 천성문 외, 2015b: 186-187).

첫째, 자기개방 내용에는 명확한 초점이 있어야 한다. 자기개방으로 인해 초점이 상담자에게로 향하지 않도록 한다. 자기개방의 내용은 내담자가 자신의 문제를 탐색하는 데 도움이 되어야 한다. 상담자의 경험 중에서 어떠한 내용이 내담자로 하여금 자신의 문제를 더 깊이 탐색하도록 할지 생각하여 선택하도록 한다.

둘째, 상담에서 다루는 주제와 일치해야 한다. 상담 목표를 달성하는 데 도움이 되는 내용으로 다루어져야 한다. 또한 자기개방이 상담자의 자기과시로 인해 내담자가 심리적으로 위축되지 않도록 해야 한다.

셋째, 적절한 시기에 사용해야 한다. 자기개방의 목적을 염두에 두고 적절한 시기를 잘 판단하여 사용해야 한다. 지나치게 자주 사용하면 오히려 내담자의 탐색 활동에 방해가 될 수 있다.

넷째, 내담자가 부담스럽지 않도록 적절한 수준의 자기개방이 되어야 한다. 내담자에 따라 상담자의 자기개방의 수준이 적절하거나 혹은 그렇지 않다고 느낄 수도 있다. 자기개방을 거의 하지 않는 상담자에 대해서 거리감을 느끼는 내담자가 있는 반면, 어떤 내담자는 자신의 문제만으로도 힘든데 상담자의 문제까지 감당하고 싶지 않다고 느낄 수 있다.

다섯째, 자기개방 시간이 적절해야 한다. 지나치게 상담자의 자기개방 시간이 길어지면 상대적으로 내담자의 이야기 시간이 줄어들게 된다. 상담자의 자기개방은 내담자에 초점을 두고 간결하게 제시하는 것이 바람직하다.

4) 자기 이해(자기 진단) 척도

실제 상담 경험이 있다면 그 경험을 떠올려 보자. 그렇지 않다면 평소 타인과의 대화에서 자신의 모습이 어떠한지 생각하면서 다음의 '자기개방하기'를 얼마나 사용하는지 떠올려 보자.

☑ 다음의 자기개방하기 기술을 사용한 적이 있는지, 사용하였다면 얼마나 자주 사용하였는지에 대해 ✓표해 봅시다.

자기개방하기	사용 여부 (O/X)	적음 ← 사용 빈도 → 많음				
		1	2	3	4	5
개인적인 정보를 적절하게 개방하는 편이다.						
개인적인 감정을 적절하게 개방하는 편이다.						
개인적인 경험을 적절하게 개방하는 편이다.						
자기개방을 할 때 상담 주제와 내용이 일치하는 편이다.						

자기개방을 할 때 수준이 적당한 편이다.						
자기개방을 할 때 시간 길이가 적당한 편이다.						
자기개방을 할 때 내담자에 초점을 맞추는 편이다.						
자기개방을 할 때 자신의 내용을 정직하게 개방하는 편이다.						

※ 1(매우 그렇지 않다), 2(그렇지 않다), 3(보통이다), 4(그렇다), 5(매우 그렇다)
(점수가 높을수록 효과적임을 의미함)

5) 사례

사례를 통해 상담자의 자기개방하기가 내담자에게 어떻게 전달될 수 있는지를 살펴보자.

- 학업 스트레스를 받고 있는 중학생 2학년 남학생 내담자에 대한 상담자의 자기개방하기 반응

내담자: 중학생이 된 이후로 자꾸 잡념이 생기고 공부할 때 집중이 되지 않아요.
상담자: 저도 공부하려고 하면 자꾸 딴 생각이 나요. 공부하려고 하면 어느 순간 다른 생각을 하고 있는 내 모습을 보면 짜증이 나기도 해요.

- 취업 준비로 불안을 느끼고 있는 대학교 4학년 남학생 내담자에 대한 상담자의 자기개방하기 반응

내담자: 지난번에 이어서 이번에도 최종 면접에서 떨어졌어요. 4학년 2학기라서 이제 곧 졸업인데 어떻게 해야 할지 모르겠어요. 이러다 계속 취업을 못할까 봐 걱정이에요.
상담자: 제가 대학 졸업반이었을 때 그 불안감이 느껴지네요. 저도 그 시절에는 평생 취업을 못할까 봐 불안했기 때문에 그 심정이 너무 잘 이해가 되네요.

- 가족관계로 고민 중인 20대 직장인 여성 내담자에 대한 상담자의 자기개방하기 반응

내담자: 엄마는 예전부터 건강이 좋지 않았어요. 요즘 부쩍 더 건강이 나빠지셔서 수술을 하셔야 할 것 같아요. 그런데 얼마 전 동생도 교통사고가 나서 병원에 입원까지 했어요. 가족이 모두 아파서 너무 걱정이에요.
상담자: 정말 많이 걱정이 되겠네요. 저도 예전에 부모님이 함께 편찮으셔서 정말 걱정이 많이 되었거든요. 당신 심정이 이해가 돼요.

6) 연습 문제

앞에서 살펴본 유의점과 사례를 활용하여 다음에 제시된 내담자의 반응에 대해 상담자가 어떻게 자기개방하기 기술을 사용하는 것이 적절할지 적어 보자.

(1) 연습 문제 1

다음에 제시된 내담자의 상황이나 반응에 대해 자기개방하기 기술을 적용해 보자.

내담자: 가족들도 그렇고 친구들도 다들 내 마음을 몰라주는 것 같아요. 마음을 터놓을 사람이 아무도 없어요, 너무 울적해요. 저만 왜 그럴까요?

자기개방하기 반응: ______________________________

____

____

이렇게 반응할 수 있어요

상담자: 나도 마음을 터놓을 사람이 없었던 적이 있었어요. 친구를 사귀고 싶은데 맘대로 잘 되지 않아서 '나에게 무슨 문제가 있는 걸까?' 하고 생각한 적이 있어요.

(2) 연습 문제 2

다음에 제시된 내담자의 상황이나 반응에 대해 자기개방하기 기술을 적용해 보자.

내담자: 선생님, 나이가 어떻게 되나요? 어려 보이는데 혹시 결혼 안 하셨죠? 결혼 안 하셨으면 제 이야기가 이해가 되실지 모르겠네요.

자기개방하기 반응: ______________________________

____

____

> **이렇게 반응할 수 있어요**
>
> 상담자: 제가 어려 보여서 ○○ 씨의 말을 이해하지 못할 것 같은가 보네요. 걱정하지 않아도 됩니다. 저는 전문인 수련과정을 이수했고, ○○ 씨와 비슷한 나이의 내담자 대상으로 상담을 많이 했답니다.

7) 기술 훈련

다음의 진행 방법을 통해 자기개방하기 기술을 실습해 보자. 역할 연습 후 질문에 답하고, 실습 관찰지의 주요 내용을 작성한 다음 의견을 나누어 보자.

(1) 진행 방법

촬영/녹음된 대화 장면과 자기개방하기 기술 실습 관찰지를 활용하여 자기개방하기가 상담 장면에서 어떻게 적용되고, 어떤 의미를 갖는지 의견을 나누어 보자.

4명이 한 팀이 되어 상담자 1명, 내담자 1명, 관찰자 2명의 역할을 번갈아 가며 맡는다. 다음과 같은 순서로 활동을 진행한다.

역할 정하기 → 제시된 상황 숙지하기 → 기술 연습하기 → 연습 후 토의하기

- 상담자 역할: 자기개방하기는 내담자가 혼자가 아님을 느끼게 해 주는 중요한 기술임을 기억하며 기술 연습하기
- 내담자 역할: 일상적 주제로 자신의 감정이나 생각을 떠올리며 육하원칙에 따라 간단히 개요 작성 후 이야기하기

- 관찰자 역할: 휴대전화 등을 활용하여 촬영/녹음하기. 관찰자 중 1명은 상담자 역할을 중심으로 관찰하고 기록하기. 다른 1명은 내담자의 역할을 중심으로 관찰하고 기록하기
- 토의하기: 모든 참여자는 촬영/녹음된 상담 장면과 실습 관찰지를 활용하여 질문에 대해 기술하고 의견 나누기

역할 연습을 위한 사례

사례 1: 20대 중반의 여자 대학생 내담자. 이성친구가 갑자기 이별을 통보해 왔다. 이후 집 밖을 나가는 것도 싫고 친구들을 만나는 것도 싫어서 학교 수업도 자주 결석을 하고 생활이 힘들어졌다.

사례 2: 20대 중반의 남성 내담자. 군대를 다녀온 후 휴학 중이던 학교에 복학할 계획이다. 그런데 맞벌이를 하시던 부모님 두 분 모두 실직을 하게 되었고 집에 빚이 많이 생겨서 복학이 어려워졌다. 내담자는 생계를 위해 직업을 구해야 하는 상황이다. 복학을 하지 못하게 되어 우울하고, 어떻게 돈을 벌지 막막하다.

사례 3: 이혼 후 혼자 살고 있는 60대 초반 여성 내담자. 아들이 결혼한 후 가까이 살고 있다. 손자가 2명이며, 며느리는 전업주부이다. 아들과 며느리의 부부싸움이 잦아지며 급기야 며느리는 아이를 데리고 친정으로 가고, 아들은 내담자의 집으로 들어와서 직장을 다니고 있다. 아들이 혹시라도 이혼을 할까 걱정이다.

(2) 실습 관찰지

자기개방하기 기술 실습 관찰지

소속: ____________ 이름: ____________

• 관찰자는 상담 실습 장면을 관찰하여 다음의 점검표를 작성해 봅시다.

1. 다음 영역에 대한 상담자의 반응 점수에 ✓표해 봅시다.
 (점수가 높을수록 효과적임을 의미함)

상담자 반응		1	2	3	4	5
자기개방의 적절성	개인적인 정보를 적절하게 개방한다.					
	개인적인 감정을 적절하게 개방한다.					
	개인적인 경험을 적절하게 개방한다.					
	자기개방을 할 때 상담 주제와 일치하는 내용이다.					
	자기개방을 할 때 수준이 적당하다.					
	자기개방을 할 때 시간 길이가 적당하다.					
	자기개방을 할 때 내담자에 초점을 맞춘다.					
	자기개방을 할 때 자신의 내용을 정직하게 개방한다.					
비언어적 반응의 적절성						
다른 상담 반응의 적절성						

2. 상담자 반응으로 관찰된 주요 내용을 기술해 봅시다.

상담자 반응	분/초	관찰된 내용	강점/개선점
개인적인 정보개방	•	•	•
개인적인 감정개방	•	•	•
개인적인 경험개방	• •	• •	• •
자기개방에서 상담 주제와의 일치성	• •	• •	• •
자기개방 수준의 적절성	• •	• •	• •
자기개방에서 시간 길이의 적절성	• •	• •	• •
비언어적 반응의 적절성	• •	• •	• •
다른 상담 반응의 적절성	• •	• •	• •

8) 자기 진단(사후 진단) 척도

지금까지 자기개방하기 기술을 연습해 보았다. 앞으로 자기개방하기 기술을 효과적으로 잘 활용할 수 있을지 점검해 보자.

☑ 다음의 자기개방하기 기술을 이해하고 적용할 수 있는지 ✓표해 봅시다.

자기개방하기	사용 여부 (O/X)	적음 ← 사용 빈도 → 많음				
		1	2	3	4	5
개인적인 정보를 적절하게 개방한다.						
개인적인 감정을 적절하게 개방한다.						
개인적인 경험을 적절하게 개방한다.						
자기개방을 할 때 상담 주제와 일치하는 내용이다.						
자기개방을 할 때 수준이 적당하다.						
자기개방을 할 때 시간 길이가 적당하다.						
자기개방을 할 때 내담자에 초점을 맞춘다.						
자기개방을 할 때 자신의 내용을 정직하게 개방한다.						

☑ 지금까지의 자기개방하기 기술 학습과정을 마무리하면서 알게 된 점과 변화한 점, 상담 장면에서의 효과적 적용을 위한 계획 등을 정리해 봅시다.

- 알게 된 점:

- 변화한 점:

- 적용 계획:

2. 즉시성

1) 정의와 효과

즉시성은 내담자의 행동에 대한 반응으로, 상담자가 인식한 것을 내담자에게 드러내는 상담 기술이다.

맑은 공기와 잔잔한 새소리가 들리는 한적한 숲길을 소중한 사람과 함께 거닐고 있다고 상상해 보라. 서로에게 다음과 같은 질문을 할 수 있을 것이다. "지금 여기 나와 함께 있는 이 순간의 기분이 어때?" 이때 우리는 과거나 미래가 아니라 지금 여기에서의 느낌과 감정을 생각할 것이다. 상담과정에서 상담자가 내담자에게 지금-여기의 감정이나 느낌을 전할 수 있는 기술이 즉시성이다.

즉시성이란 내담자의 행동에 대한 반응으로 상담자가 인식한 것을 내담자에게 드러내는 기술이다. 즉, 상담자가 내담자와의 관계에서 느끼는 감정이나 경험을 진술하는 것이다. 상담과정에서 즉시성을 사용할 때 상담자는 전문가 입장을 취하기보다 그대로의 자신을 나타내며, 개방적이고 정직하게 표현하도록 한다(천성문 외, 2015b: 211).

즉시성은 자기개방과 비교해서 생각해 볼 수 있다. 자기개방은 상담자 자신의 경험이나 생각과 느낌 등 상담자 자신의 삶에 대한 개방인 반면, 즉시성은 내담자에 중점을 둔다. 예를 들면, 자기개방의 경우에는 "나도 예전에 당신처럼 ~한 적이 있어요."와 같이 주로 과거형으로 제시가 된다. 즉시성의 경우에는 "당신은 지금 ~한 것처럼 보이군요."와 같이 현재형으로 제시가 된다.

즉시성은

- 내담자와의 의사소통을 명확하게 할 수 있다.
- 내담자의 즉각적인 순간의 감정을 파악하여 관계적 갈등을 해결하는 데 도움을 줄 수 있다.
- 내담자로 하여금 대인관계 방식에 대해 자각하고 이해하도록 도울 수 있다.

상담과정에서 즉시성은 내담자로 하여금 상담자에 대한 신뢰감을 높이는 데 필요한 기술이다(천성문 외, 2015b: 212). 즉시성은 다음과 같은 효과가 있다.

첫째, 의사소통을 명확하게 하고 치료관계의 질을 높일 수 있다. 내담자들은 상담을 통해 자신의 어려움을 해결하고자 함과 동시에 자신을 드러내는 것에 대한 불안감, 수심 혹은 두려움을 느끼게 된다. 이로 인해 직접적인 표현을 피하거나 비언어적인 방식으로 표현하는 경우가 많다. 즉시성은 직접적인 표현을 통해 명확하게 드러내고 불필요한 오해를 줄일 수 있다.

둘째, 상담과정에서 발생하는 대인관계 측면의 갈등을 해결할 수 있는 기회를 제공할 수 있다. 상담 중 내담자의 저항으로 인해 생길 수 있는 감정에 대해 즉시성을 시도할 수 있다. 즉시성을 통해 내담자의 저항을 비난하지 않으면서 공개적이고 조심스럽게 다룰 수 있다.

셋째, 즉시성을 통해 내담자는 자신의 대인관계 방식에 대한 이해를 높일 수 있다. 내담자는 즉시성을 통한 상담자와의 상호작용 속에서 자신의 대인관계 방식에 대해 경험하게 되며, 이는 자신의 문제를 통찰하고 변화하는 수단이 될 수 있다.

2) 방법

상담과정에서 언제 즉시성 기술을 사용하는 것이 효과적인가? 내담자가 반복하는 대인관계 패턴을 알아차리고 통찰할 수 있도록 돕고자 할 때, 내담자의 억압된 감정을 표현하도록 돕고자 할 때, 내담자와 상담자 간 의사소통을 촉진하여 갈등 상황을 해결하고자 할 때, 상담자가 내담자에게 가지는 감정을 개방하여 내담자로 하여금 자신의 문제에 대해 깊이 탐색할 수 있도록 돕고자 할 때 즉시성 기술을 활용할 수 있다(이수현, 최인화, 2020: 300).

즉시성 기술을 활용하기 위해서 상담자는 자기 자신에 대한 신뢰와 자기이해가 되어야 하며, 다음과 같은 단계로 적용할 수 있다(천성문 외, 2015b: 214).

첫째, 내담자에게 집중한다. 상담자는 자신도 모르게 반응하는 무의식적 반응을 멈추고 내담자의 행동이나 반응에 대해 왜 그렇게 행동하는지 주의를 기울인다.

둘째, 의도를 파악한다. 상담자는 내담자의 행동에 대한 정보를 충분히 파악하고, 어떠한 문제에 의해 감정이 촉발되었는지를 스스로 평가하도록 한다.

셋째, 즉시성을 사용한다. 상담자는 내담자의 진술에 너무 빨리 반응하지 않도록 유의한다. 쉴 새 없이 대화를 주고받게 되면 내용이나 감정에 집중하지 못하게 되어 결국 의도에 벗어날 수 있다.

넷째, 상호작용을 처리한다. 내담자에게 즉시성 반응을 하고 난 후 내담자의 반응을 확인한다. 특히 전이에 의해서 왜곡될 수 있으므로 내담자의 반응이 순수한 피드백 반응인지 혹은 전이에 의한 반응인지 파악하도록 한다.

효과적으로 즉시성 기술을 사용하기 위해서는 다음과 같은 팁을 활용할 수 있다(천성문 외, 2015b: 216).

첫째, 상담자는 자신의 내면에 일어나는 감정과 생각을 평소 생활 속에서도 확실하게 자각하도록 연습한다.

둘째, 자신이 자각한 것을 솔직하게 개방하는 것이 상담에 도움이 되는지를 판단해 본다.

셋째, 상담과정에 도움이 되는 즉시성 반응이라면, 표현을 회피하지 말고 개방적이고 솔직하게 표현한다.

넷째, 전형적인 자신의 역할은 피하고, 건설적인 방법으로 감정과 생각을 개방한다.

다섯째, 상담과정에서 통제되지 않은 우연한 행동은 하지 않는다.

여섯째, 자신의 가치와 행동, 생각과 느낌, 말하는 것이 일치하도록 한다.

3) 자기 이해(자기 진단) 척도

실제 상담 경험이 있다면 그 경험을 떠올려 보자. 그렇지 않다면 평소 타인과의 대화에서 자신의 모습이 어떠한지 생각하면서 다음의 '즉시성'을 얼마나 사용하는지 떠올려 보자.

☑ 다음의 즉시성 기술을 사용한 적이 있는지, 사용하였다면 얼마나 자주 사용하였는지에 대해 ✓표해 봅시다.

즉시성	사용 여부 (O/X)	적음 ← 사용 빈도 → 많음				
		1	2	3	4	5
지금-여기에서 일어나는 일에 초점을 두는 편이다.						
내담자에게 집중하여 경청하는 편이다.						
내담자의 행동에 대한 정보를 충분히 파악하는 편이다.						

자신이 자각한 것을 솔직하게 개방하는 것이 상담에 도움이 되는지 판단하는 편이다.						
표현을 회피하지 않고 개방적이고 솔직하게 표현하는 편이다.						
전형적인 자신의 역할은 피하고, 건설적인 방법으로 감정과 생각을 개방하는 편이다.						
상담과정에서 통제되지 않은 우연한 행동은 하지 않았다.						
자신의 가치와 행동, 생각과 느낌, 말하는 것이 일치하는 편이다.						

※ 1(매우 그렇지 않다), 2(그렇지 않다), 3(보통이다), 4(그렇다), 5(매우 그렇다)
(점수가 높을수록 효과적임을 의미함)

4) 사례

사례를 통해 상담자의 즉시성이 내담자에게 어떻게 전달될 수 있는지를 살펴보자.

- 아르바이트를 하면서 매니저와 갈등을 겪고 있는 대학교 2학년 남학생 내담자에 대한 상담자의 즉시성 반응

상담자: 이번 달부터 계속 상담 일정을 바꾸고 지각도 하고 있네요. 알고 있나요?

내담자: 네, 자꾸 갑자기 일이 생기기도 했고, 또 밤에 늦게 자서 일찍 못 일어났어요.

상담자: 처음 상담을 할 때에는 지각도 하지 않고 일정 변경도 하지 않았는데, 요즘은 좀 달라진 것 같아서 OO 씨의 생각이 궁금해요. 나와 함께하는 상담이 어떤지 OO 씨의 마음을 솔직하게 말해 주면 좋겠어요.

내담자: 사실 음……. (8초 침묵) 상담을 받아도 별로 달라진 게 없는 것 같아요. 계속 똑같은 상황이 이어지니 답답해요. 지난주에도 아르바이트하는 중에 그 매니저님과 똑같은 갈등이 있어서 싸움이 있었거든요. 과연 상담이 효과가 있는지 모르겠다는 생각도 들고, 계속 상담을 하는 게 맞는지 고민이 들었어요.

상담자: 그런 중요한 생각을 말하지 않고 혼자만 생각하고 있었다니 좀 서운하네요. 지난주 매니저와 싸운 이야기는 하지 않은 것 같은데, OO 씨는 나를 신뢰하지 않는다는 생각도 드네요. OO 씨는 이 점에 대해서 어떻게 생각해요?

내담자: 똑같은 문제로 또 매니저와 싸웠다는 걸 이야기하기가 창피했어요. 선생님 탓이라고는 생각하지 않았어요.

5) 연습 문제

앞에서 살펴본 유의점과 사례를 활용하여 다음에 제시된 내담자의 반응에 대해 상담자가 어떻게 즉시성 기술을 사용하는 것이 적절할지 적어 보자.

(1) 연습 문제 1

다음에 제시된 내담자의 상황이나 반응에 대해 즉시성 기술을 적용해 보자.

내담자: 선생님은 상담 공부도 많이 하고 전문가이신 것 같지만 결혼은 하지 않은 것 같고 아이도 키워 보지 않은 것 같은데, 엄마인 제 마음을 아실지 모르게겠어요.

즉시성 반응: ______________________________

____

____

이렇게 반응할 수 있어요

상담자: 상담자인 나를 신뢰하지 않고 불안한 마음을 가지고 있는 것 같네요. 엄마로서 경험이 없다는 것이 도움이 되지 않을 거라고 생각하나요?

(2) 연습 문제 2

다음에 제시된 내담자의 상황이나 반응에 대해 즉시성 기술을 적용해 보자.

내담자: 갑자기 기운이 확 빠지네요. 모든 게 귀찮고 아무 말도 하고 싶지 않아졌어요.

즉시성 반응: ______________________________

____

____

이렇게 반응할 수 있어요

상담자: 말해 봐야 아무 소용없다는 생각을 느낀 것 같네요. 혹시 이 상담이 당신에게 그런 마음이 들도록 한 것은 아닌지 궁금하네요.

6) 기술 훈련

다음의 진행 방법을 통해 즉시성 기술을 실습해 보자. 진행 방법에 따라 역할 연습을 해 보고, 실습 관찰지의 주요 내용을 작성한 다음 의견을 나누어 보자.

(1) 진행 방법

촬영/녹음된 대화 장면과 즉시성 기술 실습 관찰지를 활용하여 즉시성이 상담 장면에서 어떻게 적용되고, 어떤 의미를 갖는지 의견을 나누어 보자.

4명이 한 팀이 되어 상담자 1명, 내담자 1명, 관찰자 2명의 역할을 번갈아 가며 맡는다. 다음과 같은 순서로 활동을 진행한다.

역할 정하기 → 제시된 상황 숙지하기 → 기술 연습하기 → 연습 후 토의하기

- 상담자 역할: 즉시성은 내담자로 하여금 상담자에 대한 신뢰감을 높이는 데 필요함을 기억하며 기술 연습하기
- 내담자 역할: 일상적 주제로 자신의 감정이나 생각을 떠올리며 육하원칙에 따라 간단히 개요 작성 후 이야기하기
- 관찰자 역할: 휴대전화 등을 활용하여 촬영/녹음하기. 관찰자 중 1명은 상담자 역할을 중심으로 관찰하고 기록하기. 다른 1명은 내담자의 역할을 중심으로 관찰하고 기록하기
- 토의하기: 모든 참여자는 촬영/녹음된 상담 장면과 실습 관찰지를 활용하여 질문에 대해 기술하고 의견 나누기

역할 연습을 위한 사례

사례 1: 20대 초반의 여자 대학생 내담자. 평소 관심이 있는 동아리에 가입을 했는데 동아리 친구들과 친해지지 못하고 계속 겉돌고 있어서 우울해한다.

사례 2: 20대 중반의 남자 대학생 내담자. 부모님이 자신의 미래를 전혀 생각해 주지 않아서 진로가 너무 걱정이 되어 우울해한다. 자신은 집안을 위해 희생하고 있는 것 같다고 느끼며, 앞날과 미래에 대해 불안해한다.

사례 3: 40대 초반의 여성 내담자. 내담자가 상담의 성과가 나지 않는 것 같아 불만을 표현한다. 상담자와 상담과정에 대해 트집을 잡는다.

☑ 사례에 제시된 내담자에 따라 즉시성 기술이 적절하게 적용되었는지 토의해 봅시다.

즉시성 기술 실습 관찰지

소속: ____________ 이름: ____________

• 관찰자는 상담 실습 장면을 관찰하여 다음의 점검표를 작성해 봅시다.

1. 다음 영역에 대한 상담자의 반응 점수에 ✓표해 봅시다.
(점수가 높을수록 효과적임을 의미함)

상담자 반응		1	2	3	4	5
즉시성의 적절성	지금-여기에서 일어나는 일에 초점을 둔다.					
	내담자에게 집중하여 경청한다.					
	내담자의 행동에 대한 정보를 충분히 파악한다.					
	표현을 회피하지 않고 개방적이고 솔직하게 표현한다.					
	전형적인 자신의 역할은 피하고, 건설적인 방법으로 감정과 생각을 개방한다.					
	상담과정에서 통제되지 않은 우연한 행동은 하지 않는다.					
	상담자의 생각이나 느낌이 말하는 것과 일치한다.					
비언어적 반응의 적절성						
다른 상담 반응의 적절성						

2. 상담자 반응으로 관찰된 주요 내용을 기술해 봅시다.

상담자 반응	분/초	관찰된 내용	강점/개선점
지금-여기에서 일어나는 일에 초점을 두기	• •	• •	• •
내담자에게 집중하여 경청하기	• •	• •	• •
내담자의 행동에 대한 정보를 충분히 파악하기	• •	• •	• •
표현을 회피하지 않고 개방적이고 솔직하게 표현하기	• •	• •	• •
전형적인 자신의 역할은 피하고, 건설적인 방법으로 감정과 생각을 개방하기	• •	• •	• •

상담과정에서 통제되지 않은 우연한 행동 하지 않기	• •	• •	• •
상담자의 생각이나 느낌과 말하는 것의 일치성	• •	• •	• •
비언어적 반응의 적절성	• •	• •	• •
다른 상담 반응의 적절성	• •	• •	• •

7) 자기 진단(사후 진단) 척도

지금까지 즉시성 기술을 연습해 보았다. 앞으로 즉시성 기술을 효과적으로 잘 활용할 수 있을지 점검해 보자.

☑ 다음의 즉시성 기술을 이해하고 적용할 수 있는지 ✓표해 봅시다.

즉시성	사용 여부 (O/X)	적음 ← 사용 빈도 → 많음				
		1	2	3	4	5
지금-여기에서 일어나는 일에 초점을 둔다.						
내담자에게 집중하여 경청한다.						
내담자의 행동에 대한 정보를 충분히 파악한다.						
자신이 자각한 것을 솔직하게 개방하는 것이 상담에 도움이 되는지 판단한다.						
표현을 회피하지 않고 개방적이며 솔직하게 표현한다.						
전형적인 자신의 역할은 피하고, 건설적인 방법으로 감정과 생각을 개방한다.						
상담과정에서 통제되지 않은 우연한 행동은 하지 않는다.						

☑ 지금까지의 즉시성 기술 학습과정을 마무리하면서 알게 된 점과 변화한 점, 상담 장면에서의 효과적 적용을 위한 계획 등을 정리해 봅시다.

- 알게 된 점:

- 변화한 점:

- 적용 계획:

제5장

질문하기, 지지하기

1. 질문하기

1) 정의와 효과

질문하기는 내담자는 단순한 정보제공에서부터 내면의 감정까지 내담자에게 알고 싶은 내용에 대해 묻는 상담 기술이다.

오늘 하루 동안 주변 사람에게 몇 번의 질문을 했는가? 혹은 몇 번의 질문을 받았는가? "어제 그 방송 봤어?" "아쉽게 난 과제하느라 못 봤어. 너는 봤니?" 혹은 "주말에 주문했던 도시락은 맛이 어땠어?" "리포트 주제에 대해 어떻게 생각해?" 이처럼 생각나는 질문 목록들을 적어 보면 매우 다양하다. 우리는 일상생활에서 인식하지 못한 채 무수히 많은 질문을 주고받으며 의사소통하고 있다. 이는 숨을 쉬는 것처럼 당연하기 때문에 새롭거나 놀라운 일이 아니다.

이처럼 익숙한 '질문하기'는 상담의 여러 이론에서도 광범위하게 사용되고 있다. 상담과정에서 상담자와 내담자의 의사소통과 상호작용이 끊임없이 이루어지기 때문에 당연한 사실이라 할 수 있다. 질문의 사전적 의미는 '알고자 하는 바를 얻기 위해 묻는 행위'를 뜻한다. 상담에서도 같은 맥락으로, 질문은 내담자에게 알고 싶은 내용을 묻는 것을 말한다. 내담자가 상담을 신청하게 된 경위에서부터 상담의 성과에 이르기까지 상담의 전반적인 과정 속에서 이루어진다.

질문하기는

- 내담자가 자신의 문제에 초점을 맞추어 깊이 탐색할 수 있다.
- 내담자가 설명하는 모호한 내용을 명확하게 해 줄 수 있다.
- 내담자의 감정과 생각을 명료히 표현하게 해 줄 수 있다.

상담 기술로서의 질문하기는 상담자가 주도적으로 진행하는 특징이 있다(강진령, 2016: 195). 질문으로 인해 내담자가 주도적으로 행동하거나 이야기하지 못하게 할 수도 있다. 하지만 질문을 받은 내담자는 자신의 감정, 느낌, 생각 등에 대해 깊이 있게 탐색하게 된다. 또한 내담자가 가지고 있는 현재 문제, 가족관계, 친구관계, 대인관계 패턴 등을 이야기하기도 하며, 나아가 느낌이나 생각 등의 구체적이고 미묘한 정보를 제공하기도 한다. 이처럼 질문을 통해 내담자는 단순한 정보제공에서부터 내면의 감정까지 드러낼 수 있다.

2) 방법

상담과정에서 활용하는 질문의 방법은 일반적으로 폐쇄형 질문과 개방형 질문으로 구분할 수 있다. 상담과정에서는 상황과 필요에 따라 사용해야 한다. 폐쇄형 질문은 내담자에게 "네." "아니요." 혹은 사실적 정보나 특정한 정보에 대한 답변을 요하는 형태의 질문을 말한다. 반면, 개방형 질문은 내담자가 상황이나 감정 등 느낌 상태에 대해 구체적으로 탐색하고, 세세한 답변을 요하는 형태의 질문을 말한다(천성문 외, 2015b: 45). 상담자는 질문을 하는 목적을 명확하게 가지고 활용해야 한다. 또한 특징과 효과를 이해하고 상담과정에서 적합한 질문을 사용할 수 있어야 한다.

- **개방형 질문**: 개방형 질문은 상담과정의 여러 측면에서 도움이 된다. 첫째, 상담자

는 내담자의 다양한 정보를 수집할 수 있다. 예를 들어, 어떤 대상에 대한 감정이 궁금하다면, "어머니를 생각하면 어떤 감정이 드나요?"라고 질문할 수 있다. 이때 내담자는 어머니에 대한 느낌이나 감정 이외에도 떠오른 상황이나 경험 등에 대해서도 이야기할 수 있다. 둘째, 내담자에게 더 많은 자신의 이야기를 할 수 있는 기회를 제공한다. 상담을 시작할 때 효과적으로 활용할 수 있다. 예를 들면, "오늘 어떤 이야기를 나누고 싶은가요?" 혹은 "지난번에 우리가 이야기 나눈 후에 어머니와는 어떠했나요?"라는 질문으로 상담을 시작할 수 있다. 셋째, 내담자가 말할 때 전달하는 의미를 더 잘 이해할 수 있다. 예를 들면, "기분이 우울할 때 주로 무엇을 하나요?" 혹은 "그 친구는 좀 가식적이라고 했는데 무슨 의미죠?"라는 질문을 통해 내담자는 추가적인 내용을 이야기할 수 있다. 넷째, 내담자가 특정 문제나 상황에 대해 더 깊이 탐색할 수 있다. 즉, 어떤 특정 문제나 상황에 대해 깊은 탐색이 필요한 경우에 활용할 수 있다. 예를 들면, "당신의 친구관계에 대해 좀 더 이야기해 줄 수 있나요?" 혹은 "그 일이 발생했을 때 어떤 감정이나 기분을 느꼈는지 좀 더 이야기해 주실 수 있나요?"라는 질문을 통해 내담자가 상황과 감정을 구체화할 수 있다.

- **폐쇄형 질문**: 폐쇄형 질문도 상담과정의 여러 상황에서 효과적으로 사용할 수 있다. 첫째, 상담자가 원하는 특정 정보나 자료를 얻을 때 유용하다. 폐쇄형 질문은 한두 마디의 대답으로 상담자가 원하는 정보나 자료를 얻기에 효과적이다. 예를 들면, "이전에 상담을 받은 경험이 있나요?" 혹은 "지금 가장 고민인 게 친구관계인가요?"라는 질문을 할 수 있다. 둘째, 상담자가 내담자의 말을 이해했는지 확인하거나 동의를 구할 때 활용할 수 있다. 예를 들면, "우선, 자살하지 않겠다고 약속해 줄 수 있나요?" 혹은 "지금 제가 제대로 이해한 것이 맞나요?"라고 질문하여 확인할 수 있다. 셋째, 위기 상황에 처했을 때도 활용할 수 있다. 예를 들면, 내담자가 자살 시도를 했거나 잠재적으로 위험한 상황에 놓였을 때 "실제로 자살을 시도해 보았나요?" 혹은 "근래에 자살을 하고 싶다고 생각한 적이 있나요?"라는 질문을 통해 내담자에게 무슨 일이 일어났는지 직접 물어보고 확인할 수 있다.

3) 유의점

질문을 활용하는 것이 모든 상황에서 반드시 긍정적인 효과로 나타나지 않을 수 있다. 상담자는 더 많은 정보를 얻기 위해서 질문했지만 내담자는 오히려 응답하지 않을 수도 있다. 특히 조언, 판단, 추궁, 공격의 의도가 있는 질문은 내담자로 하여금 심리적인 압박을 느끼게 만들어 결과적으로 상담에 부정적인 영향을 줄 수 있다(천성문 외, 2015b: 49). 또는 상담자의 개인적인 호기심으로 인해 내담자가 가지고 있는 문제를 벗어난 질문을 할 경우에도 상담에 부정적 영향을 줄 수 있다. 상담에 질문을 효과적으로 활용하기 위해서는 다음과 같은 유의점을 잘 알고 활용해야 한다.

첫째, 내담자에게 무엇인가를 제안하는 형태의 질문은 삼가도록 한다. 예를 들면, "친구에게 먼저 만나자고 이야기를 해 보았나요?"라는 제안 형태의 질문은 내담자로 하여금 조언하는 것으로 느끼게 하여 반발심이 생길 수 있다.

둘째, 상담자의 추측이 포함된 질문은 삼가는 것이 좋다. 예를 들면, "그 이후로는 만나기가 좀 편해졌죠. 그렇죠?" 혹은 "먼저 제안을 해 보니 그 모임이 한결 기분이 좋아졌죠?"라는 형태로 상담자의 추측을 포함할 경우에 내담자는 진실하지 못한 대답을 할 수도 있다.

셋째, 상담자의 개인적인 호기심에 의한 질문은 삼가도록 한다. 예를 들면, "새로 오픈한 카페에서 만났군요. 그 카페가 어땠나요?"라는 질문은 내담자의 사고나 감정의 흐름을 끊을 뿐 아니라 내담자 문제의 초점을 흐리게 할 수 있다.

넷째, '왜'라는 질문을 사용하는 것을 유의해야 한다. 예를 들면, "왜 그 친구가 싫은가요?" 혹은 "왜 공부하기 싫어요?"라는 질문은 내담자가 스스로 자신을 비난하거나 잘못한 것처럼 느끼게 할 수 있다. '왜'라는 질문을 활용하여 내담자의 감정이나 정서의 원인을 파악하는 데 도움을 얻을 수 있지만 자칫 내담자의 마음을 닫게 만들 수도 있다.

다섯째, 한 번에 여러 개의 질문을 동시에 하는 것을 삼가도록 한다. 내담자와 대화를 주고받을 때 질문할 적절한 기회를 놓치게 되는 경우가 있다. 특히 초심상담자는 내담자가 계속 이야기를 이어갈 때 궁금한 점이 생겨도 기다리는 경우가 있다. 어느 시점에 질문을 하는 것이 적절한지 판단이 서지 않는 경우도 발생한다. 혹은 뒤늦게 질문이 생각난 경우에 몇 가지 질문을 한꺼번에 하게 된다. 이때 내담자는 응답에 앞서 당혹감을 느낄 수도 있다.

여섯째, 질문에 지나치게 의존하지 않도록 유의한다. 예를 들면, 친구관계에 어려움을 겪고 있는 내담자에게 "친구에게 함께 공부하자고 해 봤어요?" "곧 기말고사인데 함께 도서관에 가자고 해 봤어요?"라고 계속해서 질문하면 심리적으로 부담을 주고 방어적으로 만들 가능성이 높다.

4) 자기 이해(자기 진단) 척도

실제 상담 경험이 있다면 그 경험을 떠올려 보자. 그렇지 않다면 평소 타인과의 대화에서 자신의 모습이 어떠한지 생각해 보면서 다음의 '질문하기'를 얼마나 사용하는지 떠올려 보자.

☑ 다음의 영역에 대한 상담자 자기 이해 정도에 대하여 ✓표해 봅시다.

질문하기	1	2	3	4	5
무엇인가를 제안하는 형태의 질문을 하는 편이다.					
추측이 포함된 질문을 하는 편이다.					
개인적인 호기심에 의한 질문을 하는 편이다.					
'왜'라는 질문을 사용하는 편이다.					
한 번에 여러 개의 질문을 동시에 하는 편이다.					
질문에 지나치게 의존하는 편이다.					

※ 1(매우 그렇지 않다), 2(그렇지 않다), 3(보통이다), 4(그렇다), 5(매우 그렇다)
(점수가 낮을수록 효과적임을 의미함)

☑ 다음의 영역에 대한 상담자 자기 이해 정도에 대하여 ✓표해 봅시다.

상담자 반응	1	2	3	4	5
논의의 초점이 내담자에 머무는 편이다.					
개방형 질문의 적절하게 사용하는 편이다.					
폐쇄형 질문의 적절하게 사용하는 편이다.					
구체적 탐색 질문을 적절하게 사용하는 편이다.					

※ 1(매우 그렇지 않다), 2(그렇지 않다), 3(보통이다), 4(그렇다), 5(매우 그렇다)
(점수가 높을수록 효과적임을 의미함)

5) 사례

사례를 통해 상담자의 질문하기가 내담자에게 어떻게 전달될 수 있는지를 살펴보자.

- 내담자와의 첫 면담에서 문제를 탐색할 때에 대한 상담자의 질문하기 반응

상담자: 상담을 통해 해결하고 싶은 것이 무엇인가요?
내담자: 요즘 부모님과 갈등이 있어서 힘들어요.
상담자: 어떤 갈등이 있는지 말씀해 주실 수 있나요?

내담자: 기숙사 룸메이트와 친하게 지내고 싶은데 친해지지 않아서 고민이에요.
상담자: 기숙사 룸메이트와의 관계가 고민이군요. 더 말씀해 주실 수 있나요?
내담자: 네. 제 룸메이트는 다른 친구들과는 친하게 지내는 거 같아요.

- 내담자가 자신의 감정을 살펴보고 탐색하고자 할 때에 대한 상담자의 질문하기 반응

내담자: 갑자기 친구들 앞에서 저에게 큰소리로 화를 냈어요. 저는 잘못한 것이 없는데…….
상담자: 그때 느낌이 어땠나요?

- 어떤 상황에 대해 내담자의 감정을 파악하고자 할 때에 대한 상담자의 질문하기 반응

내담자: 지난주에 갑자기 아르바이트 사장님이 그만 나오라고 했어요.
상담자: 네……. 갑자기 아르바이트에서 해고된 것에 대해 어떻게 느끼나요?
내담자: 기분이 너무 나빠요.

- 대화의 초점을 내담자에게 집중하고자 할 때에 대한 상담자의 질문하기 반응

내담자: 부모님께서는 저에게 공무원이라는 직업이 가장 좋겠다고 생각하세요.
상담자: 부모님의 그런 생각에 어떤 느낌이 드나요?

6) 연습 문제

앞에서 살펴본 유의점과 사례를 활용하여 다음에 제시된 내담자의 반응에 대해 상담자가 어떻게 질문하기 기술을 사용하는 것이 적절할지 적어 보자.

(1) 연습 문제 1

다음에 제시된 내담자의 상황이나 반응에 대해 질문하기 기술을 적용해 보자.

내담자: 지난주 상담을 하고 가서 여러 가지 생각을 했어요. 국비지원 프로그램도 합격해서 다음 주부터 교육을 받게 되기도 했고……. 주말에는 뭔가 설레고 기대감이 생기기도 했어요. 그런데 어제 속상한 일이 있었어요. 오늘 상담 선생님 만나니까 별일 아니다 싶기도 한데……. 몇 달 뒤 졸업하고 나서 이런 상황이 생기면 어떻게 해야 할지 걱정이 되기도 하고……. 저 잘할 수 있겠죠?

질문하기 반응: ______________________________

____

____

이렇게 반응할 수 있어요

상담자: 지난 상담 후에 여러 가지 일도 생기고 많은 생각을 한 것 같네요. 어제 어떤 일로 속상했는지 이야기해 줄 수 있나요?

상담자: 주말에 설레고 기대감이 생겼다고 했는데, 어떤 기대감인지 구체적으로 이야기해 줄 수 있나요?

상담자: 몇 달 뒤 졸업하고 나서 이런 상황이 생기면 어떻게 해야 할지 걱정이 된다고 했는데, 어떤 걱정을 의미하는 것인가요?

(2) 연습 문제 2

다음에 제시된 내담자의 상황이나 반응에 대해 질문하기 기술을 적용해 보자.

내담자: 대학교 2학년이 되니까 수업 생각을 하면 가슴이 좀 답답해져요. 그런데 ○○ 과목 팀플에서 그 친구는 늘 요리조리 피하고 자기가 할 역할을 하지 않아요. 맡은 부분을 해 달라고 하면 알겠다고 하고 카톡을 읽고는 답도 없고 잠수를 타요.

질문하기 반응: ______________________________

____

____

이렇게 반응할 수 있어요

상담자: 수업 생각을 하면 가슴이 답답해진다고 했는데, 좀 더 구체적으로 말해 줄 수 있나요?

상담자: 그 친구가 잠수를 타면 어떤 생각이 드나요?

상담자: 친구가 늘 요리조리 피하고 자기가 할 역할을 하지 않을 때 어떤 마음이 드나요?

7) 기술 훈련

다음의 진행 방법을 통해 질문하기 기술을 실습해 보자. 진행 방법에 따라 역할 연습을 해 보고, 실습 관찰지의 주요 내용을 작성한 다음 의견을 나누어 보자.

(1) 진행 방법

촬영/녹음된 대화 장면과 질문하기 기술 실습 관찰지를 활용하여 질문하기가 상담 장면에서 어떻게 적용되고, 어떤 의미를 갖는지 의견을 나누어 보자.

4명이 한 팀이 되어 상담자 1명, 내담자 1명, 관찰자 2명의 역할을 번갈아 가며 맡는다. 다음과 같은 순서로 활동을 진행한다.

역할 정하기 → 제시된 상황 숙지하기 → 기술 연습하기 → 연습 후 토의하기

- 상담자 역할: 질문하기는 내담자에 관한 정보 수집 및 사고, 감정, 행동, 경험 등을 탐색하는 데 중요함을 기억하며 기술 연습하기
- 내담자 역할: 일상적 주제로 자신의 감정이나 생각을 떠올리며 육하원칙에 따라 간단히 개요 작성 후 이야기하기
- 관찰자 역할: 휴대전화 등을 활용하여 촬영/녹음하기. 관찰자 중 1명은 상담자 역할을 중심으로 관찰하고 기록하기. 다른 1명은 내담자의 역할을 중심으로 관찰하고 기록하기
- 토의하기: 모든 참여자는 촬영/녹음된 상담 장면과 실습 관찰지를 활용하여 질문에 대해 기술하고 의견 나누기

역할 연습을 위한 사례

사례 1: 대학교 1학년 남학생 내담자. 대학생이 되었는데 많은 친구를 사귀고 싶지만 친구를 사귀는 것이 쉽지 않다. 기숙사 룸메이트에게 영화를 함께 보러 가자고 제안했지만 룸메이트가 거절했다.

사례 2: 편의점에서 아르바이트를 하고 있는 20대 중반의 여성 내담자. 동료와 업무 충돌로 다툼이 있었는데, 그 동료가 얼마 전 취업을 하게 되어 아르바이트를 그만두게 되었다는 소식을 들었다.

사례 3: 대학 졸업반 여학생 내담자. 졸업반인데 딱히 무엇을 해야 할지 모르겠다. 친척들이 졸업 후에 무엇을 할 건지 물어본다. 잘하는 것도 모르겠고, 하고 싶은 것도 잘 모르겠다.

☑ 사례에 제시된 내담자에 따라 질문하기 기술이 적절하게 적용되었는지 토의해 봅시다.

질문하기 기술 실습 관찰지

소속: ____________ 이름: ____________

• 관찰자는 상담 실습 장면을 관찰하여 다음의 점검표를 작성해 봅시다.

1. 다음 영역에 대한 상담자의 반응 점수에 ✓표해 봅시다.
   (점수가 높을수록 효과적임을 의미함)

상담자 반응	1	2	3	4	5
논의의 초점이 내담자에 머물러 있다.					
개방형 질문을 적절하게 사용한다.					
폐쇄형 질문을 적절하게 사용한다.					
구체적 탐색을 모색한다.					

2. 상담자 반응으로 관찰된 주요 내용을 기술해 봅시다.

상담자 반응	분/초	관찰된 내용	강점/개선점
논의의 초점이 내담자에 머묾	• •	• •	• •
개방형 질문의 적절성	• •	• •	• •
폐쇄형 질문의 적절성	• •	• •	• •
구체적 탐색의 모색	• •	• •	• •

8) 자기 진단(사후 진단) 척도

지금까지 질문하기 기술을 연습해 보았다. 앞으로 질문하기 기술을 효과적으로 잘 활용할 수 있을지 점검해 보자.

☑ 다음의 영역에 대한 상담자 자기 반응 정도에 대하여 ✓표해 봅시다.

질문하기	1	2	3	4	5
무엇인가를 제안하는 형태의 질문을 한다.					
추측이 포함된 질문을 한다.					
개인적인 호기심에 의한 질문을 한다.					
'왜'라는 질문을 사용한다.					
한 번에 여러 개의 질문을 동시에 한다.					
질문에 지나치게 의존한다.					

☑ 다음의 영역에 대한 상담자 자기 반응 정도에 대하여 ✓표해 봅시다.

상담자 반응	1	2	3	4	5
논의의 초점이 내담자에 머문다.					
개방형 질문의 적절하게 사용한다.					
폐쇄형 질문의 적절하게 사용한다.					
구체적 탐색 질문을 적절하게 사용한다.					

☑ 지금까지의 질문하기 기술 학습과정을 마무리하면서 알게 된 점과 변화한 점, 상담 장면에서의 효과적 적용을 위한 계획 등을 정리해 봅시다.

- 알게 된 점:

- 변화한 점:

- 적용 계획:

2. 지지하기

1) 정의와 효과

지지하기는 상담자가 내담자의 느낌과 생각, 행동에 대한 인정을 표현하는 것으로, 내담자의 말을 판단하거나 평가하지 않으면서 외현적으로 표현된 것뿐만 아니라 내포된 의미까지 듣고 이해하는 상담 기술이다.

지지하기는 상담자가 내담자의 느낌, 생각, 행동에 대한 인정을 표현하는 것으로, 내담자 자체와 그 가치를 긍정해 주는 진술이다. 내담자의 가치를 존중하면서 내담자가 현재까지 선택한 방법, 감정, 상황에 대해 수용하고 승인해 주는 것으로, 상담자가 내담자를 지지한다는 것은 상담자가 내담자의 변화 가능성을 믿고 신뢰하는 것, 내담자의 변화 의지를 격려하는 것, 내담자가 행동 변화를 지속할 수 있다고 믿고 내담자에 대한 믿음과 희망을 전달하는 것을 포함한다(이규미, 2017; 이수현, 최인화, 2020).

내담자는 혼자 힘으로 변화를 시도해 봤지만, 노력에 비해 만족할 만한 결과를 얻지 못한 실패의 경험 때문에 사기가 저하되어 있는 경우가 많다. 내담자가 실제로 변화할 수 있다는 희망과 믿음을 가질 수 있도록 돕는 것이 상담자의 역할이다. 자신의 문제 행동에 대해 내담자가 언급할 때 상담자는 내담자가 자신의 강점과 자원에 주목할 수 있도록 지지할 수 있다.

상담자가 진솔한 태도로 내담자를 인정받을 만하고 대처 능력이 있는 사람이라고 지지하고 격려하면서 기다려 준다면, 내담자는 자신이 이해받고 있다고 느낄 것이다. 상담자의 지지를 통해 내담자는 자신의 선택에 그럴 만한 이유가 있었다는 자기수용의 기회를 갖고 자존감을 회복하거나 유지하면서 힘을 얻게 된다. 지지받은 경험은 내담자가 안정감을 느끼게 하고, 자신의 변화 가능성에 대한 기대감을 가지게 할 것이다. 안정감과 기대감은 내담자로 하여금 자신이 선택한 삶의 부정적인 측면, 즉 변화가 필요한 부분을 보게 하며, 변화에 수반되는 고통을 견뎌 내게 하고, 변화를 위해 필요한 행동을 지속할 수 있는 힘을 갖게 할 것이다(이규미, 2017; 이수현, 최인화, 2020).

지지하기는

- 상담 초기 상담자와 내담자의 신뢰로운 관계 형성에 도움을 줄 수 있다.
- 상담 중기 내담자가 변화를 시도하고 행동할 수 있도록 힘을 줄 수 있다.
- 상담 종결기 내담자의 변화를 공고히 하는 데 도움이 될 수 있다.

내담자가 변화할 수 있는 힘을 주는 지지하기는 상담을 촉진하고 변화를 이끄는 데 있어 중요하며, 상담의 각 단계에서 다음과 같은 효과가 있다(이수현, 최인화, 2020).

첫째, 상담 초기의 지지하기는 상담자와 내담자의 라포 형성에 도움이 된다. 특히 상담 초기에는 상담자와 내담자의 신뢰로운 관계에 기반하여 내담자가 상담에 대한 기대를 가지고 변화에 대한 동기를 형성하도록 도와야 한다. 상담에 대한 기대와 동기는 내담자 스스로가 자신에게 변화를 이끌 수 있는 능력이 있음을 믿는 것에서 시작된다. 상담자는 내담자의 긍정적인 자원을 찾고 지지함으로써 내담자가 문제를 해결할 수 있는 힘이 자신에게 있다는 것을 받아들일 수 있도록 돕는다. 이와 같이 상담 초기의 지지하기는 내담자의 상담자에 대한 신뢰와 스스로에 대한 신뢰를 이끌어 상담을 지속할 수 있도록 돕는다.

둘째, 상담 중기에 상담자는 내담자가 변화를 시도하기로 한 결정과 의지를 지지함으로써 행동할 수 있도록 힘을 줄 수 있다. 상담자의 지지하기는 내담자가 반복해 왔던 부적응적인 행동, 감정, 생각을 인정하고 새로운 방식으로 시도하려는 내담자를 격려할 수 있다. 또한 누구나 어려움을 해결해 가는 과정을 거친다는 보편성에 대해 확인해 주는 것으로, 내담자에게 안정감을 주고 스스로를 신뢰하게 하는 효과가 있다. 지지하기가 효과적일 때 내담자는 자신의 문제에 직면하여 해결하기 위한 노력을 하게 된다.

셋째, 상담 종결기에 상담자는 내담자와 함께 상담 목표의 달성 정도와 변화에 대해 평가한다. 이때 상담자는 상담의 성과 요인에서 내담자 요인을 찾아 지지함으로써 내담자의 변화를 공고히 할 수 있다. 내담자의 긍정적 자원에 대한 지지는 내담자에게 자신을 믿고 지속적인 변화를 위해 노력할 수 있는 힘을 줄 뿐만 아니라, 상담을 의미 있게 할 수 있다.

2) 방법

상담자는 언어적 · 비언어적 방법으로 지지하기를 표현할 수 있다. 지지와 격려는 시선 접촉, 얼굴 표정, 미소, 자세, 신체 접촉, 어조, 고개 끄덕이기, 표정으로 더 이야기하도록 격려하기, 내담자와 같은 표정 짓기 등을 통해 비언어적으로 전달될 수 있다. 또한 “좋은 시도네요.” “포기하지 않고 계속 노력하는 모습을 보니 대단하다는 생각이 듭니다.” 등의 구체적인 언어 표현을 통해서도 전달될 수 있다(이수현, 최인화, 2020).

지지하기는 현재 내담자의 모습에 대한 존중과 긍정을 전달하는 것이다. 상담자는 지지하기가 내담자의 변화에 도움이 되어야 함을 기억하며 다음과 같이 지지할 수 있다.

- 내담자의 태도, 결심, 목표보다는 구체적인 행동에 초점을 맞추어 지지하기
- 평가가 아닌 설명에 초점을 두어 지지하기
- 문제 영역보다는 문제가 되지 않은 영역에 주의를 기울이며 지지하기
- 내담자의 잘못된 인생관 대신 자신감을 가질 수 있도록 지지하기

3) 유의점

지지하기는 내담자에게 변화할 수 있는 힘을 줄 수 있기 때문에 상담과정을 촉진하고 변화를 이끄는 기초적인 작업이라 할 수 있다. 그러므로 상담자가 내담자를 신뢰하고 내담자가 변화될 수 있다는 믿음을 가지고 있음이 제대로 전달되어야 한다. 즉, 지지의 표현이 형식적으로 이루어지지 않도록 내담자를 안심시키기 위해 남발하거나, 현재의 상태에 머물러도 된다고 합리화하거나, 상담자의 판단에 근거하여 해석하는 방식으로 사용하는 것에 주의해야 한다.

또한 지지하기가 누구에게나, 언제나 효과적인 것은 아니므로 상담자는 조심스럽게 사용해야 한다. 상담자는 내담자에게 변화 동기를 유지시키려는 목적으로 지지의 말을 하며 과제를 제시할 수도 있다. 그러나 지지하기를 통해 내담자의 변화를 도우려는 상담자의 의도와는 다르게, 변화를 위한 준비가 되기 전의 내담자는 이러한 지지가 부담스럽다는 인상을 가질 수 있다. 그러므로 상담자는 내담자의 상태와 변화를 위한 준비 정도를 잘 관찰한 후 지지하기를 사용해야 한다. 상담자가 언어적 · 비언어적 방법으로 지지하기를 표현할 때 다음을 유의해야 한다(이규미, 2017; 이수현, 최인화, 2020).

첫째, 상담자는 내담자의 특정 생각, 태도, 행동을 판단하기보다는 내담자를 온전한 한 인간으로서 긍정해야 한다. 상담자가 내담자의 특정 측면에 대해서만 긍정하는 반응을 보이면 내담자에게서 어떤 부분이 좋고 나쁜지, 어떤 부분이 옳고 그른지 판단하는 위험이 따르게 된다. 내담자는 평가받거나 무시당한다고 느끼면 부정적으로 반응하기 때문에 지지하기 기술을 사용하는 것은 결코 쉽지 않다.

둘째, 지지하기는 긍정적인 방향으로 진술해야 한다. 즉, 결핍이 아닌 긍정적인 부분에 초점을 맞추어야 한다. 또한 지지하는 표현이라 하더라도 내담자가 수용하기 어려운 과장된 표현이나 성급한 지지는 오히려 내담자에게 부담감을 줄 수 있다. 상담자는 과도한 칭찬과 지지하기를 구별하여 지지받을 상황일 때 내담자가 수용할 수 있을 만큼 구체적으로 표현해야 한다.

셋째, 칭찬이나 지지하기는 긍정적인 자극으로서의 기능과 상담자의 진정성을 전달하는 역할도 있음을 기억하며 너무 빈번하게 사용하지 않도록 유의한다.

4) 자기 이해(자기 진단) 척도

실제 상담 경험이 있다면 그 경험을 떠올려 보자. 그렇지 않다면 평소 타인과의 대화에서 자신의 모습이 어떠한지 생각하면서 다음의 '지지하기'를 얼마나 사용하는지 떠올려 보자.

☑ 다음의 영역에 대한 상담자 자기 이해 정도에 대하여 ✓표해 봅시다.

지지하기	1	2	3	4	5
대화할 때 내담자를 신뢰하고 있음을 잘 전달하는 편이다.					
대화할 때 내담자의 말에 고개 끄덕이기, 내담자와 같은 표정 짓기, 따뜻한 표정 짓기 등의 비언어적 메시지를 자주 사용하는 편이다.					
대화할 때 내담자의 강점과 장점을 잘 파악하고 피드백하는 편이다.					
대화할 때 내담자의 감정에 주의를 기울이며 내담자의 입장을 인정하고, 진솔하게 내 감정을 표현하는 편이다.					

※ 1(매우 그렇지 않다), 2(그렇지 않다), 3(보통이다), 4(그렇다), 5(매우 그렇다)
(점수가 높을수록 효과적임을 의미함)

5) 사례

사례를 통해 상담자의 지지하기가 내담자에게 어떻게 전달될 수 있는지를 살펴보자.

• 종결을 앞둔 내담자에 대한 상담자의 지지하기 반응

내담자: 오늘이 마지막 상담이라고 생각하니 기분이 이상해요. 꽤 오랜 시간 매주 상담하러 왔는데. 다음 주부터 안 오면 좀 허전할 것 같아요.

상담자: OO 씨가 상담을 종결하는 게 허전하다고 하니 좋은 시간이 되었다는 생각이 드네요. 상담을 통해 변화가 있었다면 그 변화를 가져온 계기는 무엇이라고 생각되나요?

내담자: 생각만큼 되지는 않았지만 계속 잊지 않고 노력했어요. 저는 변화를 위해 정말 노력해 왔어요. 그래서 결국 어느 정도는 극복한 것 같기도 해요.

상담자: <u>나는 OO 씨가 할 수 있을 거라고 생각했어요. 그 점에 대해서 정말 믿어 의심치 않았어요.</u>

내담자: 다른 사람들이 제가 생각한 것만큼 저를 형편없게 생각하지는 않았던 것 같아요. 제가 변화를 위해 시도한 것들을 잘 받아 주고, 도와주기도 하고.

상담자: <u>해 보지 않았던 시도를 해 보기로 결정하고 실제로 행동으로 옮긴 사람은 OO 씨 자신이라고 생각해요. 어떤가요?</u>

내담자: 용기를 낼 수 있었어요. 다행히 사람들이 잘 받아 줬고, 도움도 주고. 선생님이 함께 도와주셔서 여기까지 올 수 있었던 것 같아요.

6) 연습 문제

앞에서 살펴본 유의점과 사례를 활용하여 다음에 제시된 내담자의 반응에 대해 상담자가 어떻게 지지하기 기술을 사용하는 것이 적절할지 적어 보자.

(1) 연습 문제 1

다음에 제시된 내담자의 상황이나 반응에 대해 지지하기 기술을 적용해 보자.

내담자: 짜증이 나 죽겠어요. 엄마는 제 말을 들으려고도 하지 않는 것 같아요. 동생과 싸우면 엄마는 항상 저를 더 많이 혼내요. 어제도 게임 때문에 싸웠는데 엄마가 나한테만 뭐라고 했어요. 형이 잘해야 된다고. 동생 앞에서 게임이나 하고 있으니 형한테서 동생이 뭘 배우겠냐고 하면서…….

지지하기 반응: ______________________________

____

____

이렇게 반응할 수 있어요

상담자: 다른 사람도 그렇게 느끼고 생각할 거예요. 다른 사람들도 ○○와 같이 생각할 거라는 말을 들으니 어떤가요?

상담자: ○○가 자기 감정을 잘 느끼고 이해하고 있네요. 그 상황에서 ○○가 느낀 감정은 자연스러운 것 같아요.

(2) 연습 문제 2

다음에 제시된 내담자의 상황이나 반응에 대해 지지하기 기술을 적용해 보자.

내담자: 병원에 가는 건 부모님이 반대하고, 주변 사람들이 저를 어떻게 생각할까 걱정이 돼서 안 갔어요. 그런데 불안감이 점점 심해지니까 병원에 가서 확인하고 약을 먹으면서 불안을 다스려야 할 것 같아요.

지지하기 반응: ______________________________

____

____

이렇게 반응할 수 있어요

상담자: 좋은 시도네요. 쉽지 않은 일인데 참 잘 해냈네요.
상담자: 정말 어렵고 힘든 일이었을 텐데, 피하지 않고 직면할 수 있었네요.

7) 기술 훈련

다음의 진행 방법을 통해 지지하기 기술을 실습해 보자. 진행 방법에 따라 역할 연습을 해 보고, 실습 관찰지의 주요 내용을 작성한 다음 의견을 나누어 보자.

(1) 진행 방법

촬영/녹음된 대화 장면과 지지하기 기술 실습 관찰지를 활용하여 지지하기가 상담 장면에서 어떻게 적용되고, 어떤 의미를 갖는지 의견을 나누어 보자.

4명이 한 팀이 되어 상담자 1명, 내담자 1명, 관찰자 2명의 역할을 번갈아 가며 맡는다. 다음과 같은 순서로 활동을 진행한다.

역할 정하기 → 제시된 상황 숙지하기 → 기술 연습하기 → 연습 후 토의하기

- 상담자 역할: 지지하기는 신뢰로운 관계를 형성하고 상담을 촉진하는 데 중요함을 기억하며 기술 연습하기
- 내담자 역할: 일상적 주제로 자신의 감정이나 생각을 떠올리며 육하원칙에 따라 간단히 개요 작성 후 이야기하기
- 관찰자 역할: 휴대전화 등을 활용하여 촬영/녹음하기. 관찰자 중 1명은 상담자 역할을 중심으로 관찰하고 기록하기. 다른 1명은 내담자의 역할을 중심으로 관찰하고 기록하기
- 토의하기: 모든 참여자는 촬영/녹음된 상담 장면과 실습 관찰지를 활용하여 질문에 대해 기술하고 의견 나누기

역할 연습을 위한 사례

- 상대방과 함께 최근에 어려움을 겪었던 주제에 대해 5분 정도 함께 이야기를 나누어 봅시다. 주어진 시간이 지나면 그때까지 이야기했던 내용에 대해 서로 피드백해 봅시다.

☑ 사례에 제시된 내용에 대해 지지하기 기술이 적절하게 적용되었는지 토의해 봅시다.

(2) 실습 관찰지

지지하기 기술 실습 관찰지

소속: ____________ 이름: ____________

• 관찰자는 상담 실습 장면을 관찰하여 다음의 점검표를 작성해 봅시다.

1. 다음 영역에 대한 상담자의 반응 점수에 ✓표해 봅시다.
(점수가 높을수록 효과적임을 의미함)

상담자 반응	1	2	3	4	5
언어적 지지 반응					
시선 접촉, 얼굴 표정, 미소, 자세, 신체 접촉, 어조, 고개 끄덕이기 등의 비언어적 지지 반응					
내담자의 강점과 자원에 대한 구체적인 피드백					

2. 상담자 반응으로 관찰된 주요 내용을 기술해 봅시다.

상담자 반응	분/초	관찰된 내용	강점/개선점
언어적 지지 반응	• •	• •	• •
비언어적 지지 반응	• •	• •	• •
강점과 자원에 대한 피드백	• •	• •	• •

8) 자기 진단(사후 진단) 척도

지금까지 지지하기 기술을 연습해 보았다. 앞으로 지지하기 기술을 효과적으로 잘 활용할 수 있을지 점검해 보자.

☑ 다음의 지지하기 기술을 이해하고 적용할 수 있는지 ✓표해 봅시다.

지지하기	사용 여부 (O/X)	적음 ← 사용 빈도 → 많음				
		1	2	3	4	5
내담자의 현재 상태와 변화를 위한 준비 정도를 확인한다.						
내담자의 변화 가능성에 대한 믿음을 언어적 · 비언어적 메시지로 전달한다.						
변화를 시도한 내담자의 결정과 의지에 대해 언어적 · 비언어적 메시지로 격려한다.						
내담자가 수용할 수 있는 수준의 구제적인 언어적 · 비언어적 메시지로 지지한다.						

☑ 지금까지의 지지하기 기술 학습과정을 마무리하면서 알게 된 점과 변화한 점, 상담 장면에서의 효과적 적용을 위한 계획 등을 정리해 봅시다.

- 알게 된 점:

- 변화한 점:

- 적용 계획:

제6장

직면하기, 해석하기

1. 직면하기

1) 정의와 효과

직면하기는 내담자가 의식적 혹은 무의식적으로 피하고 있는 사실이나 일치하지 않는 언행을 의도적으로 표현함으로써 내담자가 알게 하는 상담 기술이다.

어떤 일이나 상황에 처하거나 현상에 마주했을 때 우리는 "～에 직면했다."라는 말을 종종 사용한다. 직면은 사전적 의미로 어떤 상황에 맞닥뜨리는 것을 의미한다. 상담과정에서 직면하기는 내담자로 하여금 자신의 말이나 행동 혹은 태도에 대해 스스로 바라볼 수 있도록 도와주는 기술이다. 즉, 내담자가 모순적인 모습을 보일 때 확인하기 위한 중요한 기술로 활용된다.

직면하기는 내담자가 의식적 혹은 무의식적으로 피하고 있는 사실이나 일치하지 않는 언행을 의도적으로 표현함으로써 내담자가 알게 하는 기술이다(천성문 외, 2015b: 123). 이때 내담자는 자신의 모순점이나 불일치점을 명료화함으로써 내담자의 자기이해와 변화 동기를 높이는 데 긍정적 영향을 줄 수 있다. 하지만 내담자는 상담자가 자신을 부정적으로 지적하거나 비난한다는 느낌으로 받아들일 수 있다. 따라서 상담과정에서 활용할 경우에는 내담자가 상담자를 깊은 신뢰감을 형성한 후에 사용해야 한다.

직면하기는 내담자를 탐색하거나 통찰할 때, 또는 변화를 시도하는 과정에 다각도로 영향을 미칠 수 있다. 상담과정에서 직면하기를 활용하여 긍정적인 변화를 가져오기 위해서는 내담자가 자신을 충분히 이해하는 것이 필요하다. 내담자가 자신의 행동과 선택이 어떤 결과로 이어지는지에 대해 이해해야 한다. 이럴 때 내담자는 자신이 방어하고 부정하고 있는 자신의 모습에 주목할 수 있다.

직면하기는
- 내담자가 자신의 모순점이나 불일치점을 명료화할 수 있다.
- 내담자의 자기이해와 변화 동기를 높이는 데 긍정적 영향을 줄 수 있다.
- 내담자 자신의 사고, 감정, 행동이 다른 사람에게 어떤 영향을 주는지를 깨닫는 데 도움을 줄 수 있다.

직면하기로 인해 내담자가 상처받거나 관계가 불편해질 것을 두려워해서 상담에서 활용하는 것을 피한다면 상담이 활성화되기 어려울 수 있다. 상담자가 내담자를 존중하면서 직면하기를 적절한 시기에 사용하기 위해서는 충분한 준비와 더불어 주의가 필요하다(천성문 외, 2015b: 123).

상담과정에서 내담자는 다음과 같은 장면에서 직면하기를 사용할 수 있다.

- 내담자가 이전에 했던 말과 지금 하고 있는 말이 일치하지 않을 때
- 말과 행동이 불일치할 때
- 내담자가 스스로 인식하는 것과 다른 사람이 인식하는 것이 일치하지 않을 때
- 내담자의 말과 정서적 반응이 불일치할 때
- 내담자의 말 내용과 상담자가 그에 대해서 느끼는 느낌이 다를 때

불일치의 유형별로 직면하기의 예시는 〈표 6-1〉과 같다(Hill, 2012; 천성문 외, 2015b: 125 재인용).

표 6-1 불일치 유형별 직면하기의 예시

불일치의 유형	직면하기의 예시
언어적 진술 간의 불일치	"당신은 좀 전에는 아무 상관없다고 말했는데, 지금은 화가 난다고 말하는군요."
말과 행동 간의 불일치	"요즘 행복하다고 하시는데, 한숨을 쉬는군요."
두 가지 행동 간의 불일치	"당신은 지금 웃고 있지만, 눈가가 붉어졌군요."
두 가지 느낌 간의 불일치	"당신은 언니가 싫다고 말하지만, 친구들이 언니를 칭찬하면 흐뭇해하는군요."
행동과 가치 간의 불일치	"다른 사람의 의견을 존중해야 한다고 말하지만, 딸이 편입하는 것을 인정해 주지 않는군요."
자신의 인식과 경험 간의 불일치	"친구들이 모두 당신을 싫어한다고 말하지만, 친구가 같이 방탈출 게임하러 가자고 했다고 하지 않았나요?"
이상적 자아와 실제적 자아 간의 불일치	"당신은 공모전에 수상하기를 원한다고 말하면서도 탈락할 거라고 말하고 있군요."
상담자와 내담자의 생각 간의 불일치	"당신은 불친절한 사람이라고 말하지만, 저는 당신이 친절하다고 생각해요."

2) 방법

직면하기는 내담자가 스스로 자신의 말과 행동의 모순되는 부분에 대해 주의를 기울일 수 있게 만드는 높은 수준의 기술이다. 직면하기 기술을 효과적으로 활용하기 위해서는 구체적인 실시 방법을 익히는 것이 필요하다.

먼저, 직면하기를 사용할 때 모순되거나 불일치한 양면을 가설적으로 제시하는 표현 방식을 갖출 필요가 있다. 내담자에게 직면시킬 때 모순이나 불일치한 양면을 제시한다. 이때 내담자는 비교·대조하기 쉬워진다. 이를 통해 내담자는 자신이 그동안 깨닫지 못했던 일관성, 부조화 등을 스스로 확인할 수 있는 기회가 된다. 이러한 과정에서 내담자는 자기이해와 문제해결의 의지를 높일 수 있다.

또한 내담자에게 직면시킬 때 "~일까요?" "~일 것 같아요."와 같은 가설적인 표현을 사용하면 효과적이다. 이때 내담자는 자신을 더 깊이 탐색할 수 있도록 비판적이지 않고 협력적이어야 한다(Hill, 2012).

다음으로, 직면을 효과적으로 사용하기 위해서는 일련의 단계로 진행되어야 한다.

자신의 모순점이나 불일치한 부분에 대해 지적하는 '직면하기'는 내담자로 하여금 저항을 불러일으킬 수 있다. 내담자가 보이는 불일치는 그럴 만한 사유가 있어서 발달했으며, 어느 한 시점에서 특정 목적을 수행하는 역할을 했기 때문에 그 불일치를 포기하는 것은 내담자에게 상처로 느껴질 수 있다.

직면하기는 이해의 관점에서 시작하여 점차 변화를 위해 도전할 수 있게 나아가 진행되어야 한다. 직면하기가 거쳐야 할 네 가지 단계는 다음과 같다(Christiane, 2005).

표 6-2 직면하기의 4단계

단계	내용
1단계	내담자의 불일치를 도전적으로 지적하기보다, 직설적 · 양육적 · 공감적인 지적의 방법으로 표현한다.
2단계	내담자와 함께 불일치에 대해 탐색하고, 내담자가 스스로 불일치를 인식하고 수용할 수 있도록 돕는다.
3단계	내담자의 불일치가 발달하게 된 원인과 방식, 그 발달상에서의 목적, 내담자의 현재 삶에 미치고 있는 영향 등에 대해 탐색하도록 돕는다.
4단계	내담자의 불일치 의미와 영향을 인식하고 자신의 삶에서 불일치를 유지하도록 둘 것인지의 여부에 대해 의도적으로 선택하도록 한다.

3) 유의점

직면하기를 활용할 때 유의점은 다음과 같다(천성문 외, 2015b: 128).

첫째, 내담자의 변화를 위해 필요하고 치료적일 때만 사용한다.

둘째, 내담자가 가지고 있는 특성에 따라 유연하게 사용한다.

셋째, 상담과정 전반 및 상담회기에 적절하게 사용한다.

넷째, 추측한 정보가 아니라 내담자가 실제로 한 말이나 행동에 근거해서 사용한다.

다섯째, 예의 바르고 공감적이고 신중하며 가설적으로 사용한다.

여섯째, 내담자가 비난이나 평가받는 기분이 들지 않도록 하며, 상담자가 생각하는 해결방안을 일방적으로 제시하지 않도록 유의해서 사용한다.

일곱째, 직면 후에 경청을 통해 내담자의 언어적 · 비언어적 반응을 주의 깊게 관찰한다.

4) 자기 이해(자기 진단) 척도

실제 상담 경험이 있다면 그 경험을 떠올려 보자. 그렇지 않다면 평소 타인과의 대화에서 자신의 모습이 어떠한지 생각하면서 다음의 '직면하기'를 얼마나 사용하는지 떠올려 보자.

☑ 다음의 직면하기 기술을 사용한 적이 있는지, 사용하였다면 얼마나 자주 사용하였는지에 대해 ✓표해 봅시다.

직면하기	사용 여부 (O/X)	적음 ← 사용 빈도 → 많음				
		1	2	3	4	5
내담자의 불일치를 도전적으로 지적하기보다 직설적 · 양육적 · 공감적인 지적의 방법으로 표현한 적이 있다.						
내담자와 함께 불일치에 대해 탐색하고, 내담자가 스스로 불일치를 인식하고 수용할 수 있도록 한 적이 있다.						
내담자의 불일치가 발달하게 된 원인과 방식, 그 발달상에서의 목적, 내담자의 현재 삶에 미치고 있는 영향 등에 대해 탐색하도록 한 적이 있다.						
내담자의 불일치 의미와 영향을 인식하고 자신의 삶에서 불일치를 유지하도록 둘 것인지의 여부에 대해 의도적으로 선택하도록 한 적이 있다.						

※ 1(매우 그렇지 않다), 2(그렇지 않다), 3(보통이다), 4(그렇다), 5(매우 그렇다)
(점수가 높을수록 효과적임을 의미함)

5) 사례

사례를 통해 상담자의 직면하기가 내담자에게 어떻게 전달될 수 있는지를 살펴보자.

- 대학생활 적응에 어려움을 겪고 있는 대학교 1학년 여학생 내담자에 대한 상담자의 직면하기 반응

상담자: 요즘 학교생활은 좀 어떤가요?
내담자: 특별한 건 없어요. 늘 비슷해요. ○○랑은 인사도 했어요.
상담자: ○○와 사이가 좋아졌다는 이야기인가요?
내담자: 지난번 그 사건 이전처럼 좋아진 것 같아요. 공강 시간에 도서관에 가서 과제도 같이 했으니까요. 이렇게 이야기도 나누고 과제도 같이 하니까 학교 오는 것이 재밌어요.
상담자: 함께 도서관도 같이 가는 친구가 생겨서 행복해 보이네요.
내담자: 근데 ○○가 같이 가자고 해서 도서관을 간 거였어요. 제가 먼저 뭔가 하자고 하는 건 좀 겁이 나고 힘들어요.
상담자: ○○와 그 사건 이전만큼 좋아졌다고 들었는데, 지금은 먼저 제안하는 것은 겁이 나고 힘든 것처럼 보이네요?
내담자: 네, 좀 그런 것 같아요. 그 사건 이전으로 완전히 돌아가기는 어려운 것 같아요.

6) 연습 문제

앞에서 살펴본 유의점과 사례를 활용하여 다음에 제시된 내담자의 반응에 대해 상담자가 어떻게 직면하기 기술을 사용하는 것이 적절할지 적어 보자.

(1) 연습 문제 1

다음에 제시된 친구관계의 어려움을 겪고 있는 내담자와의 상담 장면에 대해 직면하기 기술을 적용해 보자.

내담자: 친구들과 만나는 건 별로 재미도 없고 관심 없어요. 혼자 지내는 것이 더 편해요.
상담자: 그렇군요. 혼자 지내는 것이 편하시군요.
내담자: 그런데 다음 주 친구들과 모임이 있는데 입고 갈 옷이 마땅하지 않아요. 무엇을 입고 가야 할지 고민이에요.

직면하기 반응: ____________________

____

이렇게 반응할 수 있어요

상담자: 좀 혼란스럽네요. 좀 전에는 친구들과 만나는 것이 재미없고 관심이 없다고 하시더니, 지금은 모임에 입고 갈 옷에 대해 고민을 하시네요?

(2) 연습 문제 2

다음에 제시된 성적이 우수한 내담자와의 상담 장면에 대해 직면하기 기술을 적용해 보자.

상담자: 성적 고민을 많이 했는데 이번에 성적은 어땠나요?
내담자: 전 과목 모두 A학점 이상이에요. 그래도 제 자신이 많이 부족하다고 느끼고 더 잘하지 못한 제 자신이 너무 싫어요.

직면하기 반응: ______________________

이렇게 반응할 수 있어요

상담자: 부족하다고 느끼고 있는데, 내가 보기에는 A학점 이상이면 아주 잘하고 있다고 생각되거든요. 어떻게 이런 다른 차이가 있는지 설명해 볼 수 있을까요?

7) 기술 훈련

다음의 진행 방법을 통해 직면하기 기술을 실습해 보자. 진행 방법에 따라 역할 연습을 해 보고, 실습 관찰지의 주요 내용을 작성한 다음 의견을 나누어 보자.

(1) 진행 방법

촬영/녹음된 대화 장면과 직면하기 기술 실습 관찰지를 활용하여 직면하기가 상담 장면에서 어떻게 적용되고, 어떤 의미를 갖는지 의견을 나누어 보자.

4명이 한 팀이 되어 상담자 1명, 내담자 1명, 관찰자 2명의 역할을 번갈아 가며 맡는다. 다음과 같은 순서로 활동을 진행한다.

역할 정하기 → 제시된 상황 숙지하기 → 기술 연습하기 → 연습 후 토의하기

- 상담자 역할: 직면하기는 내담자 스스로 자신의 모순적인 모습에 주의를 기울이게 함에 중요함을 기억하며 기술 연습하기
- 내담자 역할: 일상적 주제로 자신의 감정이나 생각을 떠올리며 육하원칙에 따라 간단히 개요 작성 후 이야기하기
- 관찰자 역할: 휴대전화 등을 활용하여 촬영/녹음하기. 관찰자 중 1명은 상담자 역할을 중심으로 관찰하고 기록하기. 다른 1명은 내담자의 역할을 중심으로 관찰하고 기록하기
- 토의하기: 모든 참여자는 촬영/녹음된 상담 장면과 실습 관찰지를 활용하여 질문에 대해 기술하고 의견 나누기

역할 연습을 위한 사례

사례 1: 자신을 친절하고 수용적인 사람이라고 생각하는 28세 직장인 여성 내담자. 하지만 직장 동료들은 내담자에 대해 독단적이고 화를 잘 내는 사람이라고 생각한다.

사례 2: 학교에서 성적도 우수하고 친구들과의 관계도 좋은 대학생 내담자. 하지만 내담자 스스로는 친구들이 자신을 나쁘게 생각할지 모른다는 불안감과 의심으로 스트레스를 많이 받아 불면증에 시달리고 있다.

사례 3: 부모의 간섭이 싫어서 부모의 반대에도 불구하고 독립을 한 성인 내담자. 하지만 부모의 경제적 지원과 관심이 줄어든 것 같아 서운하고 분노심이 생긴다.

☑ 사례에 제시된 내담자에 따라 직면하기 기술이 적절하게 적용되었는지 토의해 봅시다.

____

____

직면하기 기술 실습 관찰지

소속: ____________ 이름: ____________

• 관찰자는 상담 실습 장면을 관찰하여 다음의 점검표를 작성해 봅시다.

1. 다음 영역에 대한 상담자의 반응 점수에 ✓표해 봅시다.
(점수가 높을수록 효과적임을 의미함)

상담자 반응		1	2	3	4	5
직면 반응의 적절성	직설적 · 양육적 · 공감적으로 지적한다.					
	내담자와 함께 불일치에 대해 탐색한다.					
	내담자 스스로 불일치에 대해 탐색하도록 한다.					
	내담자가 자신의 불일치 유지 여부에 대해 선택하도록 한다.					
공감, 반영, 질문 등 다른 상담 반응의 적절성						
비언어적 반응의 적절성						

2. 상담자 반응으로 관찰된 주요 내용을 기술해 봅시다.

상담자 반응	분/초	관찰된 내용	강점/개선점
직설적 · 양육적 · 공감적으로 지적함	• •	• •	• •
내담자와 함께 불일치에 대해 탐색함	• •	• •	• •
내담자 스스로 불일치에 대해 탐색하도록 함	• •	• •	• •
내담자가 자신의 불일치 유지 여부에 대해 선택하도록 함	• •	• •	• •
공감, 반영, 질문 등 다른 상담 반응의 적절성	• •	• •	• •
비언어적 반응의 적절성	• •	• •	• •

8) 자기 진단(사후 진단) 척도

지금까지 직면하기 기술을 연습해 보았다. 앞으로 직면하기 기술을 효과적으로 잘 활용할 수 있는지 점검해 보자.

☑ 다음의 직면하기 기술을 이해하고 적용할 수 있는지 ✓표해 봅시다.

직면하기	1	2	3	4	5
내담자의 불일치를 도전적으로 지적하기보다 직설적 · 양육적 · 공감적인 지적의 방법으로 표현할 수 있다.					
내담자와 함께 불일치에 대해 탐색하고, 내담자가 스스로 불일치를 인식하고 수용할 수 있도록 할 수 있다.					
내담자의 불일치가 발달하게 된 원인과 방식, 그 발달상에서의 목적, 내담자의 현재 삶에 미치고 있는 영향 등에 대해 탐색하도록 할 수 있다.					
내담자의 불일치 의미와 영향을 인식하고 자신의 삶에서 불일치를 유지하도록 둘 것인지의 여부에 대해 의도적으로 선택하도록 할 수 있다.					

☑ 지금까지의 직면하기 기술 학습과정을 마무리하면서 알게 된 점과 변화한 점, 상담 장면에서의 효과적 적용을 위한 계획 등을 정리해 봅시다.

- 알게 된 점:

- 변화한 점:

- 적용 계획:

2. 해석하기

1) 정의와 효과

해석하기는 내담자가 명확하게 의식하지 못하는 것을 일깨워, 내담자로 하여금 새로운 관점에서 자신을 이해하고 문제를 해결할 수 있도록 돕는 상담 기술이다.

학창 시절 학습을 한 경험이 있는 사람이면 누구나 '해석'이라는 용어가 낯설지 않을 것이다. 학습과정에서 풀지 못한 문제는 해석집이나 해설서를 활용하여 해결한다. 상담과정에서 '해석'은 어떤 의미일까 생각해 보자. 내담자가 이해하지 못하거나 의식하지 못한 어떠한 것에 대해 설명하는 것을 의미하는가? 물론 틀린 의미라고 볼 수는 없다. 하지만 상담에서 해석은 좀 더 심층적인 내용까지 포함한다.

해석하기는 내담자가 명확하게 의식하지 못하는 것을 일깨워 주는 상담 기술이다. 내담자의 말에 담겨 있는 숨겨진 의미, 다른 관점에서 자신을 바라보게 함으로써 자신의 경험, 행동, 감정, 생각 등에 대한 원인을 생각해 볼 수 있는 기회를 제공한다. 또한 내담자로 하여금 새로운 관점에서 자신을 이해하고 문제를 해결할 수 있도록 돕는 핵심적 상담 기술이라 할 수 있다(천성문 외, 2015b: 153).

내담자는 자신이 직면해 있는 문제를 해결하고 싶어 한다. 하지만 그 근원적인 문제의 원인과 연관 짓지 못함으로써 문제가 반복되거나 지속적인 심리적 어려움을 겪기도 한다. 상담과정에서 해석하기 기술을 활용하는 목적은 내담자에게 현재의 증상이나 감정, 사고, 행동 등에 대해 명료하게 설명하기 위함이다. 또한 이러한 현재 증상이 과거의 중요한 경험에 대해 심층적으로 이해하고 새로운 관점에서 바라볼 수 있도록

해석하기는
- 내담자의 부정적 자아상, 비현실적 사고방식 등에서 비롯된 부적응적 증상을 해결하는 데 도움을 줄 수 있다.
- 내담자로 하여금 자신의 행동과 감정, 태도에 대해 달리 생각해 볼 수 있다.
- 내담자로 하여금 자신의 행동에 대해 통찰하는 데 도움을 줄 수 있다.

해 주기 위함이다.

해석하기의 목적은 다음과 같다(강진령, 2016: 238-239).

첫째, 내담자 스스로 자신의 행동에 대한 통찰을 높이기 위함이다.

둘째, 내담자가 보이는 암묵적인 메시지와 행동 사이의 인과관계를 찾아내기 위함이다.

셋째, 내담자 스스로 다른 체계에서 자신의 행동을 검토해 보게 함으로써 문제의 이해를 촉진하기 위함이다.

넷째, 내담자 스스로 자신의 비효과적인 행동을 보다 기능적으로 대체할 수 있도록 동기를 높이기 위함이다.

다섯째, 내담자가 자기개방을 강화하고 상담자와의 신뢰를 높이고 관계의 발달에 기여하기 위함이다.

상담자의 해석하기가 갖는 효과는 다음과 같다.

첫째, 내담자는 해석을 통해 자신을 긍정적으로 바라보는 것을 배우게 되며 나아가 현재 자신의 반응이나 경험을 수용할 수 있게 된다.

둘째, 절박한 문제에 답을 줌으로써 자신이나 자신의 반응에 불안감을 덜 느끼게 된다.

셋째, 자신의 반응이 발달한 방식을 이해하게 된다.

이를 통해 내담자의 무의식적 부분에 대한 이해를 돕게 되며 부정적 자아상과 비현실적 사고방식 등 부적응적 증상 해결에 도움이 될 수 있다.

2) 방법

해석하기의 실시과정은 〈표 6-3〉과 같이 제시할 수 있다(천성문 외, 2015b: 156-157).

표 6-3 해석하기의 실시과정

단계	내용
해석을 위한 기반 마련하기	해석을 효과적으로 활용하기 위해서는 상담자와 내담자 간 친밀한 관계 형성이 이루어져야 한다. 문제해결에 대한 의지, 정서적 요인 등 내담자의 특성을 충분히 파악해야 한다.
명료화 질문하기	명료화 질문을 통해 내담자에 대해 풍부하고 정확한 정보를 얻게 된다.

경청을 통해 해석을 위한 단서 수집하기	내담자의 이야기 속에는 함축된 내용, 이야기 중에 중지된 내용, 여러 내용이 섞여 있는 경우가 있다. 이러한 내담자의 이야기에 경청하고 관찰하면 해석으로 발전시킬 수 있다.
해석 제공하기	신뢰관계를 바탕으로 질문을 통해 알게 된 단서를 활용하여 해석한다. 상담자의 일방적인 해석이 아니라 내담자의 인지적 수준을 고려하고 서로 협력하여 해석을 제공한다.
내담자의 해석 부인에 대처하기	내담자가 해석을 받아들이지 않거나 부정적 반응을 보일 경우 해석이 정확한지 다시 검토한다. 해석이 옳은 경우 해석의 기회가 주어지기를 기다린다. 해석이 틀린 경우 다시 내담자 이해를 위한 탐색을 해야 한다.
해석 확장하기	내담자가 자신에 대해 더 깊이 이해할 수 있도록 해석을 다양한 상황으로 확장하여 적용한다.

3) 유의점

해석하기를 사용할 때 유의할 점은 다음과 같다.

첫째, 상담자와 내담자 간 서로 충분히 인정하고 신뢰가 형성된 후에 해석하기가 이루어져야 한다.

둘째, 상담의 중기나 종결 때 해석하기를 활용하는 것이 효과적이다. 이는 내담자가 자신에 대한 이해와 통찰이 어느 정도 이루어진 후에 해야 하기 때문이다.

셋째, 구체적인 정보를 근거로 내담자의 전체에 대해 이루어져야 한다.

넷째, 내담자의 인지적 · 성격적 특성을 고려한 후 현재의 욕구를 존중하며 이루어져야 한다.

다섯째, 한 회기에 해석하기가 과도하게 실시되지 않도록 적절히 사용한다.

여섯째, 내담자가 이해하기 쉽도록 내담자의 언어로 쉽게 활용하고 가설적으로 표현하도록 한다.

일곱째, 상담자는 공손하고 조심스러운 태도를 가지고 활용해야 한다.

4) 자기 이해(자기 진단) 척도

실제 상담 경험이 있다면 그 경험을 떠올려 보자. 그렇지 않다면 평소 타인과의 대화에서 자신의 모습이 어떠한지 생각하면서 다음의 '해석하기'를 얼마나 사용하는지 떠올려 보자.

☑ 다음의 해석하기 기술을 사용한 적이 있는지, 사용하였다면 얼마나 자주 사용하였는지에 대해 ✓표해 봅시다.

해석하기	사용 여부 (O/X)	적음 ← 사용 빈도 → 많음				
		1	2	3	4	5
내담자와 서로 충분히 인정하고 신뢰를 형성하는 편이다.						
내담자의 자각 수준에 대해 충분히 고려하는 편이다.						
해석 내용을 논의할 충분한 시간이 남아 있는 편이다.						
일부분에 치우치지 않고 내담자 전체를 보고 해석하는 편이다.						
내담자의 욕구나 속도 등 특성에 맞게 해석하는 편이다.						
내담자를 비난하거나, 공격하거나, 비웃지 않는 편이다.						
내담자가 이해할 수 있는 일반적 용어를 사용하는 편이다.						
단정적이지 않고 가설적으로 표현하는 편이다.						
공손하고 조심스러운 태도를 보이는 편이다.						

※ 1(매우 그렇지 않다), 2(그렇지 않다), 3(보통이다), 4(그렇다), 5(매우 그렇다)
(점수가 높을수록 효과적임을 의미함)

5) 사례

사례를 통해 상담자의 해석하기가 내담자에게 어떻게 전달될 수 있는지를 살펴보자.

• 서로 분리된 진술, 문제, 사건 간의 연결을 형성하는 상담자의 해석하기 반응

내담자: 지난주에 오랜만에 동아리 모임에 갔는데 다들 좋아 보이고 행복해 보였어요. 저만 기분이 가라앉고 위축되어서 이야기에 동참하지도 못하고 불편하게 앉아 있다가 왔어요. 다들 제가 왔었는지도 모를 거예요. 저에겐 관심도 없는 것 같아요.

상담자: 지난주 동아리 모임에서 느꼈던 감정과 평소 친구들에게 느끼는 감정이 서로 관련이 있나요?

• 내담자의 행동이나 감정에서 드러나는 주제나 패턴을 지적하는 상담자의 해석하기 반응

내담자: 너무 여유가 없어요. 일을 해도 해도 끝이 없어요. 너무 지쳤어요. 그런데 친구들이나 주변에서 도와 달라고 했을 때 거절을 못하고 있어요. 거절하면 제가 인정이 없는 사람 같아 보여요. 그래서 누군가 시간이 되냐고 물어보기만 해도 가슴이 두근거리고 우울해져요.

상담자: 당신이 열심히 하지 않거나 좋은 성과가 나지 않으면 친구들이나 주변 사람들이 당신을 좋아하지 않을까 봐 두려운 건 아닌가요?

• 방어, 저항, 전이에 대한 상담자의 해석하기 반응

내담자: 선생님은 이제 제가 별로 좋지 않으신가 봐요. 제가 들어와도 웃지도 않으시네요.

상담자: 아, 저는 방금 급한 전화가 와서 전화를 하고 방금 막 끊었어요. 혹시 당신이 그렇게 느끼는 것은 당신의 언니에 대한 감정 때문은 아닐까요?

6) 연습 문제

앞에서 살펴본 유의점과 사례를 활용하여 다음에 제시된 내담자의 반응에 대해 상담자가 어떻게 해석하기 기술을 사용하는 것이 적절할지 적어 보자.

(1) 연습 문제 1

다음에 제시된 내담자의 상황이나 반응에 대해 해석하기 기술을 적용해 보자.

내담자: 이번 학기에는 정말 열심히 하고 싶은데 너무 지쳤어요. 아르바이트에 시간을 너무 많이 빼앗겨서 수업에 집중하기가 어려워요. 아르바이트는 3년째 하고 있어서 완전 인정받고 있고, 제가 빠지면 우리 지점은 정말 큰일 나요.

해석하기 반응: ____

이렇게 반응할 수 있어요

상담자: 현재 아르바이트가 학업보다 더 중요하고 우선순위에 있다고 말하는 것처럼 느껴지네요. 학업 관리에 대해 좀 더 알게 되면 변화하는 데 도움이 될 듯해요.

(2) 연습 문제 2

다음에 제시된 내담자의 상황이나 반응에 대해 해석하기 기술을 적용해 보자.

내담자: 학교가 재미가 없어요. 친구도 많이 사귀고 싶었는데 거의 사귀지 못했어요. 늦게까지 게임하고 늦잠을 자는 바람에 수업도 몇 번 결석했더니 과제가 무엇인지도 모르겠어요. 과제 안내도 친구들이 해 주지 않았어요.

해석하기 반응: ____

이렇게 반응할 수 있어요

상담자: 자신의 행동에 대해 스스로 책임을 져야 한다는 생각을 아직 못해 본 것 같아요.

7) 기술 훈련

다음의 진행 방법을 통해 해석하기 기술을 실습해 보자. 진행 방법에 따라 역할 연습을 해 보고, 실습 관찰지의 주요 내용을 작성한 다음 의견을 나누어 보자.

(1) 진행 방법

촬영/녹음된 대화 장면과 해석하기 기술 실습 관찰지를 활용하여 해석하기가 상담 장면에서 어떻게 적용되고, 어떤 의미를 갖는지 의견을 나누어 보자.

4명이 한 팀이 되어 상담자 1명, 내담자 1명, 관찰자 2명의 역할을 번갈아 가며 맡는다. 다음과 같은 순서로 활동을 진행한다.

역할 정하기 → 제시된 상황 숙지하기 → 기술 연습하기 → 연습 후 토의하기

- 상담자 역할: 해석하기는 내담자 이야기의 의미와 동기를 이해하고 소통함에 있어 중요함을 기억하며 기술 연습하기
- 내담자 역할: 일상적 주제로 자신의 감정이나 생각을 떠올리며 육하원칙에 따라 간단히 개요 작성 후 이야기하기
- 관찰자 역할: 휴대전화 등을 활용하여 촬영/녹음하기. 관찰자 중 1명은 상담자 역할을 중심으로 관찰하고 기록하기. 다른 1명은 내담자의 역할을 중심으로 관찰하고 기록하기
- 토의하기: 모든 참여자는 촬영/녹음된 상담 장면과 실습 관찰지를 활용하여 질문에 대해 기술하고 의견 나누기

역할 연습을 위한 사례

사례 1: 폭력적인 가정에서 자란 대학교 1학년 여학생 내담자. 이성 친구를 사귀는 어려움에 대해 이야기하고 있다.

사례 2: 군대 제대 후 복학하여 현재 대학교 3학년 남학생 내담자. 진로를 정하지 못하고 무엇을 해야 할지 몰라서 막막해하고 있다.

사례 3: 학교에서 친구들에게 따돌림을 당하고 친구가 없는 고등학교 2학년 여학생 내담자. 집 밖으로 나가지 않고 혼자서 방에서만 지내려고 한다.

☑ 사례에 제시된 내담자에 따라 해석하기 기술이 적절하게 적용되었는지 토의해 봅시다.

해석하기 기술 실습 관찰지

소속: ____________ 이름: ____________

• 관찰자는 상담 실습 장면을 관찰하여 다음의 점검표를 작성해 봅시다.

1. 다음 영역에 대한 상담자의 반응 점수에 ✓표해 봅시다.
(점수가 높을수록 효과적임을 의미함)

상담자 반응		1	2	3	4	5
해석의 적절성	상담자/내담자가 충분히 신뢰가 형성된다.					
	내담자의 자각 수준에 대해 충분히 고려한다.					
	해석 내용을 논의할 충분한 시간이 남아 있었다.					
	일부분에 치우치지 않고 내담자 전체를 보고 해석한다.					
	내담자의 욕구나 속도 등 특성에 맞게 실시한다.					
	내담자를 비난, 공격하거나 비웃지 않는다.					
	내담자가 이해할 수 있는 일반적 용어를 사용한다.					
	단정적이지 않고 가설적으로 표현한다.					
	공손하고 조심스러운 태도로 한다.					
공감, 반영, 질문 등 다른 상담 반응의 적절성						
비언어적 반응의 적절성						

2. 상담자 반응으로 관찰된 주요 내용을 기술해 봅시다.

상담자 반응	분/초	관찰된 내용	강점/개선점
상담자/내담자가 충분히 신뢰가 형성됨	• •	• •	• •
내담자의 자각 수준에 대해 충분히 고려함	• •	• •	• •
해석 내용을 논의할 충분한 시간이 남아 있었음	• •	• •	• •
일부분에 치우치지 않고 내담자 전체를 보고 해석함	• •	• •	• •
내담자의 욕구나 속도 등 특성에 맞게 실시함	• •	• •	• •

내담자를 비난, 공격하거나 비웃지 않음	• •	• •	• •
내담자가 이해할 수 있는 일반적 용어를 사용함	• •	• •	• •
단정적이지 않고 가설적으로 표현함	• •	• •	• •
공손하고 조심스러운 태도로 함	• •	• •	• •
공감, 반영, 질문 등 다른 상담 반응의 적절성	• •	• •	• •
비언어적 반응의 적절성	• •	• •	• •

8) 자기 진단(사후 진단) 척도

지금까지 해석하기 기술을 연습해 보았다. 앞으로 해석하기 기술을 효과적으로 잘 활용할 수 있을지 점검해 생각해 보자.

☑ 다음의 해석하기 기술을 연습하면서 얼마나 자주 사용하였는지에 대해 ✓표해 봅시다.

해석하기	사용 여부 (O/X)	적음 ← 사용 빈도 → 많음				
		1	2	3	4	5
내담자와 서로 충분히 인정하고 신뢰를 형성하는 편이다.						
내담자의 자각 수준에 대해 충분히 고려하는 편이다.						
해석 내용을 논의할 충분한 시간이 남아 있는 편이다.						
일부분에 치우치지 않고 내담자 전체를 보고 해석하는 편이다.						
내담자의 욕구나 속도 등 특성에 맞게 해석하는 편이다.						
내담자를 비난하거나, 공격하거나, 비웃지 않는 편이다.						
내담자가 이해할 수 있는 일반적 용어를 사용하는 편이다.						
단정적이지 않고 가설적으로 표현하는 편이다.						
공손하고 조심스러운 태도를 보이는 편이다.						

☑ 지금까지의 해석하기 기술 학습과정을 마무리하면서 알게 된 점과 변화한 점, 상담 장면에서의 효과적 적용을 위한 계획 등을 정리해 봅시다.

- 알게 된 점:

- 변화한 점:

- 적용 계획:

제7장

요약하기, 정보제공하기

1. 요약하기

1) 정의와 효과

요약하기는 내담자가 진술 중 서로 관련 있는 내용을 체계적으로 묶어 표현하는 상담 기술로, 내담자의 경험을 조직화하여 더 깊은 자기 이해를 하도록 돕는다.

요약하기는 내담자가 말한 둘 이상의 언어적 표현을 간추려서 상담자의 말로 정리하여 내담자에게 정확히 되돌려 주는 것이며, 상담과정 중에 어떤 일이 일어났는지, 달성된 것은 무엇인지, 아직 달성되지 않은 채로 남아 있는 것은 무엇인지 등에 관한 주요 사항들을 종합하는 것이다(강진령, 2016; 노안영, 송현종, 2006).

상담자는 요약하기를 통해 내담자의 정리되지 않은 상황을 새로운 관점으로 큰 그림을 그려 줌으로써 내담자가 자신의 상황과 자원을 명확하게 보도록 하거나, 상담과정에 초점을 맞추어 방향을 제시하기 위해 주로 사용한다. 즉, 상담자는 요약하기를 통해 내담자의 이야기에 담겨 있는 여러 요소를 간결하게 정리하고, 서로 연관성이 있고 의미 있는 내용의 요점을 체계적이고 일목요연하게 엮어서 정리함으로써 상담의 효율성을 높일 수 있다. 상담자는 핵심을 뚜렷이 부각하는 요약하기를 통해 내담자가 진술한 여러 주제를 연결하여 내담자의 생각과 감정을 정리하고, 내담자가 미처 의식하지 못했던 부분을 확인하게 하며, 내담자의 생각과 감정을 초점화하면서 문제해결 과정을 탐색하도록 도울 수 있다. 또한 요약하기를 통해 내담자의 말에 주목하고 그를 이해하고 있음을 확신시키면서, 다음 대화를 이끌어 나갈 수 있게 내담자를 준비시키거나, 새로운 주제로 나아가거나, 내담자가 스스로 한 말의 전체적인 면을 올바로 지각하고 있는가를 검토할 수 있다(강진령, 2016; 이규미, 2017).

상담과정 중에 일어났던 일이나 논의되고 있는 내용을 내담자가 직접 요약해 보도록 하는 것도 효과적이다. 이렇게 함으로써 상담자는 내담자의 관점을 더 잘 이해할 수 있고, 내담자도 상담과정에서 어떤 진전이 이루어졌는가를 알게 된다. 요약하기를 효과적으로 하기 위해서는 내담자의 언어적 · 비언어적 메시지에 대한 주의집중이 선행되어야 한다(강진령, 2016).

요약하기는

- 상담자가 내담자를 이해하고 있다는 확신을 전달할 수 있다.
- 상담 진행의 출발 지점을 알려줄 수 있다.
- 내담자에게 책임감 있게 앞으로 나아가도록 도움을 줄 수 있다.

상담자의 요약하기가 갖는 효과는 다음과 같다(강진령, 2016; 이규미, 2017).

첫째, 상담자가 내담자의 이야기를 주의 깊게 경청했고, 핵심 내용을 잘 기억하고 있으며, 상담을 마친 후에도 그 문제에 대해 지속적으로 관심을 가지고 있음을 내담자에게 전달해 준다. 또한 요약하기를 통해 상담자와 내담자 간 인식 및 의미 부여의 차이를 감지하고 이해할 수 있는 기회를 가질 수 있다.

둘째, 상담이 출발할 지점을 알려 준다. 상담을 어떻게 진행시켜 나가야 할지 모를 때 요약하기를 사용하면 상담의 초점을 찾을 수 있고, 이전 회기에 이어 이야기의 출발점을 알려 줄 수 있으며, 내담자가 같은 말을 반복하며 제자리를 맴돌도록 하지 않으면서 자기 이야기에 더 깊이 파고들도록 돕거나, 앞으로 나아갈 방향을 찾도록 도움을 준다.

셋째, 내담자가 자신의 상황과 자원을 명확하게 보도록 도움을 줄 수 있다. 요약하기는 상담이 잘 진척되지 않을 경우에 상담의 초점을 찾게 하거나 나아갈 방향을 제시해 준다. 내담자가 같은 내용의 이야기를 되풀이하거나, 산만하게 이야기하거나, 특정 주제에 관한 이야기를 모두 한 것처럼 보일 때 상담자는 요약하기를 통해 내담자가 어떤 방향으로 나아가고 싶은지를 탐색하게 하여 상담을 진척시킬 책임을 부여하는 효과가 있다.

2) 방법

상담자는 내담자에 관한 정보를 경청하고 이해하고 있다는 점을 내담자에게 확인시켜 주기 위해, 또한 내담자에 대한 중요 정보들을 기억하기 위해 요약하기를 이용한다. 상담자는 내담자의 대화에 주목하고 내담자의 대화 내용을 간결하면서도 선택적으로 요약해야 한다. 그리고 내담자에게 상담자의 요약하기가 정확하게 되었는지를 물어보아야 한다. 요약의 대표적인 방법은 다음과 같다.

- **수집요약**(collecting summary): 내담자와 관련된 정보를 모으고, 그것을 다시 내담자에게 되돌려 주면서 대화를 진전시키기 위한 목적으로 사용한다.
- **연결요약**(linking summary): 현 시점에서 들은 내담자와 관련된 정보를 이전에 들었던 정보와 비교하여 두 정보 사이의 불일치성이나 관계성을 부각시키기 위한 목적으로 사용한다. 상담자는 내담자의 불일치되는 생각들을 평가하지 않고 균형 잡힌 입장을 취하면서 내담자 스스로가 사고를 평가하도록 이끌어야 한다.
- **전환요약**(transitional summary): 상담자가 해당 회기 내에서 대화의 방향을 선택하거나 변화시키기 위한 목적으로 사용한다.

상담자는 어떤 요약 방법을 사용할 것인지에 대해 생각할 시간을 갖지 않는 경우가 있다. 요약의 방법에 따라 요약의 목적이 다르다는 것을 고려하여 효과적인 요약 방법을 선택할 필요가 있다. 현재의 대화 내용을 계속 진행시키고 싶은지, 내담자가 언급한 생각들의 불일치를 탐색하고 싶은지, 상담의 방향을 바꾸거나 종결하고 싶은지 등을 생각하고 요약 방법을 선택할 수 있다. 상담자는 요약하기 과정에서 언급되는 정보 중 무엇을 포함시키고 제외시킬 것인지, 그 정보를 어떻게 표현할 것인지에 대해서 스스로 결정하여 내담자로 하여금 자기 문제에 초점을 맞추고 도전하게 하는 기술로 사용할 수 있다.

3) 유의점

요약하기는 내담자가 스스로의 생각과 감정을 정리할 수 있도록 도움을 주면서, 상담과정에 초점을 맞추고 방향을 제시하기 위해 언제든지 사용할 수 있다. 내담자가 상담과정에서 다루고 있는 문제 상황을 더욱 초점화하고 구체적으로 탐색할 수 있도록 상담자는 다음을 유의해야 한다.

첫째, 상담자는 내담자의 이야기를 이해하지 못하거나 정리하지 못해서 초점을 맞추거나 방향을 제시하는 시점을 놓치게 되면 당황하거나 내담자의 이야기에 집중을 못할 수 있다. 이럴 경우 내담자에게 다시 한번 이야기해 달라고 요청할 수 있다. 상담자가 내담자의 이야기를 정확히 이해하지 못해서 핵심을 놓치고 지나가는 것은 내담자에게 전혀 도움이 되지 않는다. 상담자가 잘 듣지 못해서 제대로 반응하지 못했다면 솔직하게 다시 한번 이야기해 달라고 말한 후 확실히 이해하고 반응하는 것이 촉진적 관계 형성에 도움이 될 것이다.

둘째, 상담자가 내담자의 모든 이야기를 듣고 기억하여 내용을 요약하여 이야기하려고 하면, 내담자는 이미 다른 이야기를 시작하고 있어서 이전 이야기에 반응도 하지 못하고 현재 이야기에 경청할 수도 없게 된다. 상담자는 아무리 집중해서 듣더라도 내담자의 모든 이야기를 기억할 수 없다는 것을 인정해야 한다. 따라서 상담자는 내담자의 모든 말에 반응하려 하지 말고, 맥락을 따라가며 중요한 이야기를 메모하면서 핵심내용에 피드백할 수 있다. 또는 피드백할 시점이 모호하다면, 내담자의 이야기에서 초점이 달라지거나 다른 이야기로 전환될 때 잠깐 이야기를 멈추게 하고 이전의 이야기를 요약할 수도 있다. 내담자의 말이 너무 길어 이해가 안 되고 요약도 할 수 없을 때 상담자는 내담자에게 요약하도록 정중하게 요청할 수도 있다.

4) 자기 이해(자기 진단) 척도

실제 상담 경험이 있다면 그 경험을 떠올려 보자. 그렇지 않다면 평소 타인과의 대화에서 자신의 모습이 어떠한지 생각하면서 다음의 '요약하기'를 얼마나 사용하는지 떠올려 보자.

☑ 다음의 영역에 대한 상담자 자기 이해 정도에 대하여 ✓표해 봅시다.

요약하기	1	2	3	4	5
생각을 잘 정리해서 내담자의 눈높이에 맞추어 잘 알아들을 수 있도록 말하는 편이다.					
내담자의 이야기를 경청하고 핵심 내용을 잘 파악하는 편이다.					
내담자의 이야기를 간결하고 의미 있게 재구성하여 정리할 수 있는 편이다.					
내담자의 이야기를 왜곡하지 않고 이해하는 편이다.					
내담자 이야기의 핵심 내용에 대해 피드백할 수 있는 편이다.					

※ 1(매우 그렇지 않다), 2(그렇지 않다), 3(보통이다), 4(그렇다), 5(매우 그렇다)
(점수가 높을수록 효과적임을 의미함)

5) 사례

사례를 통해 상담자의 요약하기가 내담자에게 어떻게 전달될 수 있는지를 살펴보자.

• 대인관계에서의 어려움을 호소하는 성인 남성의 이야기에 대한 상담자의 요약하기 반응

내담자: 저는 다른 사람들과 있으면 더 외롭고 힘듭니다. 혼자 있는 게 편해요. 회사에서는 마치 혼자인 것 같고, 다른 사람들은 서로 잘 지내는 것 같은데, 저만 떼 놓고 보면 별 문제가 없는 것 같은데 다른 사람들과 함께 있는 저를 보면 제가 아닌 것 같아요. 심지어 일대일의 상황에서도 괜히 긴장되고 눈치 보게 되고. 그런데 사회생활 하면서 혼자 지낼 수는 없잖아요. 저도 다른 사람들과 있을 때 좀 편하게 지내고 싶은데 마음과 달리 그 상황이 되면 뭘 어떻게 해야 할지. 생각이 없어진다고 해야 하나? 여튼 모르겠어요.

상담자: 지금까지 이야기했던 것을 종합해 볼까요? 한편으로 ○○ 씨는 고립된 느낌을 갖고 있어요. 특히 많은 사람과 함께 있을 때 더 그렇죠. ○○ 씨는 다른 사람과 일대일로 만나는 상황에서도 긴장되어 힘들다고 말하고 있어요. 그래서 다른 사람들과 좋은 관계로 지내고 싶으면서도 어떻게 시작해야 좋을지 잘 모르겠다고 했어요. 그런가요?

6) 연습 문제

앞에서 살펴본 유의점과 사례를 활용하여 다음에 제시된 내담자의 반응에 대해 상담자가 어떻게 요약하기 기술을 사용하는 것이 적절할지 적어 보자.

(1) 연습 문제 1

다음에 제시된 내담자의 상황이나 반응에 대해 요약하기 기술을 적용해 보자.

> 내담자: 부모님이 사사건건 참견을 하시니까요. 그러나 이번에는 일단 고함을 치지 않았어요. 참았죠. 그렇지만 부모님이 저를 보면서 무슨 생각을 하실지 아니까. 저도 힘들어요. 저라고 취직하고 싶지 않겠어요. 저라고 이렇게나 많이 구직에 실패하게 될지 알았겠냐고요. 부모님이 저만큼 답답하고 힘들겠어요? 힘들고 답답하고 암담하지만 아직 포기할 생각은 없어요.

요약하기 반응: ____________________

____

____

> **이렇게 반응할 수 있어요**
>
> 상담자: 지금까지 우리의 계획이 별로 효과가 없었지만 한 가지 효과를 본 것은 ○○ 씨가 부모님과 말다툼하지 않고 이야기할 수 있었다는 것입니다.
>
> 상담자: 이번 상담 시간에는 ○○ 씨가 부모님께 화내지 않고 이야기할 수 있었던 것을 말하면서 부모님에 대한 ○○ 씨의 감정을 알아보았습니다.

(2) 연습 문제 2

다음에 제시된 내담자의 상황이나 반응에 대해 요약하기 기술을 적용해 보자.

내담자: 제가 이번 직장으로 옮기기 전까지는 나름대로 제 주관을 가지고 책임감 있게 잘 살아왔다고 생각해요. 제가 자라면서 부모님이나 선생님 혹은 상사가 하라는 것은 따르면서 살았지만, 제 나름의 기준이 있고, 제 고집대로 살아왔고, 그래야 할 것 같았어요. 결국 제 삶이니까. 내가 강해져야 하고. 특히 남들에게는 너그러워도 제 자신에게는 잣대가 좀 엄격하고. 그런데 요즘은 점점 약해지는 것 같아요.

요약하기 반응: ______________________________

____

____

이렇게 반응할 수 있어요

상담자: 순종적으로 보이기는 해도 나름대로의 주관을 가지고 책임감 있게 살아왔다고 했어요. 특히 타인에게는 너그럽고 자신에게는 엄격한 잣대를 가지며 자신의 삶을 관리했다고 생각하고요. 그런데 이직하면서 그렇지 않다는 느낌을 갖게 되었다는 거죠?

7) 기술 훈련

다음의 진행 방법을 통해 요약하기 기술을 실습해 보자. 진행 방법에 따라 역할 연습을 해 보고, 실습 관찰지의 주요 내용을 작성한 다음 의견을 나누어 보자.

(1) 진행 방법

촬영/녹음된 대화 장면과 요약하기 기술 실습 관찰지를 활용하여 요약하기가 상담 장면에서 어떻게 적용되고, 어떤 의미를 갖는지 의견을 나누어 보자.

4명이 한 팀이 되어 상담자 1명, 내담자 1명, 관찰자 2명의 역할을 번갈아 가며 맡는다. 다음과 같은 순서로 활동을 진행한다.

역할 정하기 → 제시된 상황 숙지하기 → 기술 연습하기 → 연습 후 토의하기

- 상담자 역할: 요약하기는 내담자의 메시지에 대해 요점을 되돌려 주고자 할 때 주요 사용됨을 기억하며 기술 연습하기
- 내담자 역할: 일상적 주제로 자신의 감정이나 생각을 떠올리며 육하원칙에 따라 간단히 개요 작성 후 이야기하기
- 관찰자 역할: 휴대전화 등을 활용하여 촬영/녹음하기. 관찰자 중 1명은 상담자 역할을 중심으로 관찰하고 기록하기. 다른 1명은 내담자의 역할을 중심으로 관찰하고 기록하기
- 토의하기: 모든 참여자는 촬영/녹음된 상담 장면과 실습 관찰지를 활용하여 질문에 대해 기술하고 의견 나누기

역할 연습을 위한 사례

- 내담자는 3~5분 동안 즐거웠던 자신의 최근 경험을 이야기한다. 당시의 기분이나 생각 혹은 현재의 기분이나 생각을 중심으로 자기개방한다. 상담자는 내담자의 이야기를 들으면서 상대방의 생각이나 기분을 간략하게 요약하여 피드백한다. 상담자는 자신이 요약, 전달한 내용이 내담자가 이야기한 내용과 어느 정도 일치하는지 내담자에게 확인해 본다.

☑ 사례에 제시된 내용에 대해 요약하기 기술이 적절하게 적용되었는지 토의해 봅시다.

(2) 실습 관찰지

요약하기 기술 실습 관찰지

소속: ____________ 이름: ____________

• 관찰자는 상담 실습 장면을 관찰하여 다음의 점검표를 작성해 봅시다.

1. 다음 영역에 대한 상담자의 반응 점수에 ✓표해 봅시다.
(점수가 높을수록 효과적임을 의미함)

상담자 반응	1	2	3	4	5
내담자가 전달한 핵심 내용을 파악한다.					
내담자의 이야기를 상담자 언어로 이해, 요약한다.					
구체적이고 분명한 피드백을 한다.					

2. 상담자 반응으로 관찰된 주요 내용을 기술해 봅시다.

상담자 반응	분/초	관찰된 내용	강점/개선점
핵심 내용 파악	• •	• •	• •
상담자 언어로 이해, 요약	• •	• •	• •
구체적이고 분명한 피드백	• •	• •	• •

8) 자기 진단(사후 진단) 척도

지금까지 요약하기 기술을 연습해 보았다. 앞으로 요약하기 기술을 효과적으로 잘 활용할 수 있을지 점검해 보자.

☑ 다음의 요약하기 기술을 이해하고 적용할 수 있는지 ✓표해 봅시다.

요약하기	사용 여부 (O/X)	적음 ← 사용 빈도 → 많음				
		1	2	3	4	5
내담자 메시지의 핵심 내용은 무엇이고 감정 상태는 어떠한지를 확인한다.						
내담자가 반복하는 메시지의 주제나 패턴을 파악한다.						
내담자 이야기의 주제를 함축적으로 나타낼 수 있는 요약하기 반응을 언어적으로 전달한다.						
내담자에게 의미 있었던 내용을 정리하거나 상담에서 나눈 논의의 핵심을 요약해 보게 한다.						

☑ 지금까지의 요약하기 기술 학습과정을 마무리하면서 알게 된 점과 변화한 점, 상담 장면에의 효과적 적용을 위한 계획 등을 정리해 봅시다.

- 알게 된 점:

- 변화한 점:

- 적용 계획:

2. 정보제공하기

1) 정의와 효과

정보제공하기는 상담자가 내담자에게 사람, 활동, 행사, 자원, 대안, 결과나 절차에 관한 자료 또는 사실을 말로 전달해 주는 것뿐 아니라 잘못된 정보를 수정하고 상담 절차나 내담자 행동의 이유를 설명하는 것을 포함한다.

상담이 진행되는 동안 내담자에게 사실적인 정보가 필요한 경우가 있다. 정보제공하기는 교육적 직면 또는 심리교육이라고도 하는데, 내담자에게 경험, 사건, 대안 등에 대한 특정 자료, 사실, 자원, 질문에 대한 대답, 의견을 제공하는 것이다. 이와 같은 정보제공하기는 내담자에게 문제 상황에 대한 새로운 조망을 발달시키고, 의사결정을 위한 대안을 제공하며, 사고 또는 행동 변화의 계기를 마련해 준다. 상담자가 제공하는 정보는 내담자가 경험하고 있는 문제를 효율적으로 해결·관리할 수 있고, 내담자가 자신의 행동, 사고, 감정, 경험을 되돌아볼 수 있게 한다(강진령, 2016; Hill, 2004).

대부분의 내담자는 자신의 문제를 자각하고 불편함을 느낄 때 자신의 문제가 해결되기를 원한다. 그러나 내담자가 자신의 문제를 알아차렸다고 해서 그것이 바로 행동 변화로 이어지는 것은 아니다. 통찰이 이루어졌지만 오랜 습관으로 인해 자발적인 행동 변화가 쉽지 않거나, 새로운 것을 시도하는 것에 대한 두려움이 있거나, 변화에 대한 동기가 약하거나, 정보가 없기 때문에 문제를 충분히 탐색하지 못하고 행동으로 옮기지 못하는 경우도 있다.

상담자는 내담자에게 어떤 정보를 어떤 방법으로 제공해야 할지를 선별할 수 있어야 한다. 상담자가 정보를 제공한다고 해서 내담자가 항상 그것을 받아들일 수 있는 것은 아니다. 내담자가 특별한 상황에서 자신이 필요하다고 생각하는 정보를 제공받았을 때는 이해가 증진되지만, 특별한 정보라도 내담자가 중요하지 않게 여기거나 거절할 때는 의사소통에 방해가 된다(Christiane, 2005). 따라서 내담자에게 필요한 정보를 적절한 시점에 말해 주는 것이 매우 중요하다. 또한 상담자는 내담자가 원하는 모든 정보를 알 수 있는 것은 아니므로 내담자 스스로 정보를 찾을 수 있는 방법을 알려 주어야 한다.

상담과정에서 정보를 나누는 것은 정보를 제공하는 것과 잘못된 정보를 수정하는 것 모두를 의미한다. 정보제공하기는 상담과정의 어느 단계에서나 사용할 수 있다. 초기 단계에서는 내담자가 자기 혼자만 특정 문제로 힘들어하는 것이 아니라는 사실만 알아도 도움이 된다. 이후 정보를 제공함으로써 내담자 자신의 문제를 새로운 시각으로 보게 하고 어떻게 행동해야 하는지를 보여 줌으로써 내담자가 목표를 설정하는 데 필요한 새로운 통찰력을 형성하도록 도울 수 있게 된다.

정보제공하기는 내담자의 현재 욕구와 목표에 맞고, 내담자가 가장 잘 받아들일 시점에 사용하는 것이 효과적이다. 즉, 정보의 내용도 중요하지만 필요한 시점에 적절한 방법으로 정보를 제공하는 것이 중요하다. 정보의 부족이 문제 상황의 주요 원인이거나 문제를 더 악화시키는 경우, 또는 문제에 대처하기 위하여 정보를 필요로 하는 경우에 정보제공하기는 특히 유용하다.

정보제공하기는

- 내담자가 문제를 해결하고 결정을 내릴 수 있도록 도울 수 있을 뿐만 아니라 내담자의 행동, 사고, 감정의 변화에 긍정적인 영향을 줄 수 있다.
- 효과적인 정보는 내담자 스스로 필요한 정보를 찾고 활용하는 과정을 통해 자신의 삶에 대한 책임감과 자신감을 가질 수 있도록 도움을 줄 수 있다.

적절한 시점에서 내담자의 문제해결에 도움이 되는 정보를 제공하는 것이 갖는 효과는 다음과 같다(Egan, 1999).

첫째, 상담자는 내담자의 이야기를 이해하면서 듣는 과정을 통해 내담자에게 필요한 정보가 무엇인지, 내담자가 정보를 활용할 준비가 되었는지를 파악할 수 있다. 정보제공하기가 필요하다고 판단될 때 주어지는 정확한 정보는 내담자가 문제를 해결하고 결정을 내릴 수 있도록 도울 수 있을 뿐만 아니라 내담자의 행동, 사고, 감정의 변화에 긍정적인 영향을 줄 수 있다.

둘째, 상담자가 제공하는 효과적인 정보는 내담자 스스로 필요한 정보를 찾고 활용하는 과정을 통해 자신의 삶에 대한 책임감과 자신감을 가질 수 있도록 한다. 내담자가 정보를 요청할 때마다 상담자가 정보를 제공하는 것은 내담자의 효능감을 낮추고 의존성을 강화할 수도 있다는 것을 유념해야 한다.

2) 방법

정보제공하기는 내담자와 상담자가 같이 이야기할 수 있는 주제에 관해 탐색할 수 있는 방법으로 이루어지는 것이 좋다. 그렇게 될 때 내담자는 상담자가 강의하거나 강요하는 것으로 생각하지 않게 된다. 정보를 제공하기 전에 상담자는 내담자가 어떤 정보를 필요로 할 것이라고 추측하기보다는 내담자가 어떤 정보 또는 어떤 잘못된 정보를 가지고 있는지를 확인하는 것이 유용하다. 또한 내담자가 자신의 문제와 관련된 실질적인 정보를 원한다면, 관련 정보를 분명하고 간결하게 제공해 주는 것이 좋다.

효과적인 정보제공하기를 위해서는 적절하게 시선을 마주치고, 신체언어 및 언어적 반응을 지속적으로 사용하는 것이 필요하다. 그리고 그 정보가 내담자에게 도움이 되려면 내담자의 능력에 맞게 정보를 제공하는 것이 중요하기 때문에, 유능한 상담자는 정보를 한꺼번에 주지 않고 내담자의 능력에 따라 부분으로 나누어 제공하기도 한다.

정보제공하기를 하고 나면 내담자가 그 정보를 얼마나 이해하고 있는지를 간단한 말로 확인해 볼 필요가 있다. 예를 들면, 내담자에게 들은 정보를 말해 보게 하거나 정보에 따라 행동해 보게 할 수도 있는데, 이는 정보 활용을 극대화하기 위한 것이다.

상담자는 내담자에게 다음과 같은 방법으로 정보를 제공할 수 있다(천성문 외, 2015b: 242-244).

- **정보적 답변(심리적 교육)**: 정보제공하기의 가장 일반적인 형태이다. 상담자는 내담자가 모르고 있는 정보를 알려 주거나 상담자가 잘 모르는 경우에 정보의 출처를 찾아가게 한다. 즉, 상담자는 내담자가 필요로 하는 것과 그것을 얻을 수 있는 방법에 대한 정보적 답변을 요약해 주어야 한다. 이 과정을 통해 내담자는 기존에 가지고 있던 근거 없는 정보를 바로잡을 수 있게 된다. 이때 주의할 점은 상담자의 가치판단이나 의견을 제시하는 것이 아니라 객관적 정보를 제시해야 한다는 것이다.
- **정상화**: 비슷한 상황에서 내담자의 반응이 다른 사람과 비교하여 보편적이라고 알려 주는 것으로, 내담자가 문제 상황에 빠지지 않도록 도와준다. 이는 상담자가 내담자의 반응을 건전하다고 인식할 때 사용할 수 있으며, 내담자가 원한다고 해서 전형적이지 않은 반응을 보편화해서는 안 된다.
- **대안적 관점**: 재구성이라고도 하며, 이는 상황이나 행동에 대한 내담자의 생각을 재조직하거나 새 의미를 줄 수 있는 다른 관점을 내담자에게 제공하는 것이다. 내

담자의 방어적 반응을 줄이면서 문제를 직시하게 하여 새로운 방식으로 행동할 수 있게 해 준다.

3) 유의점

내담자가 알고 있던 것과 다르거나 새로운 정보를 전달할 때 상담자는 다음과 같은 점에 유의할 필요가 있다(강진령, 2016; Egan, 1999: 256; Rosengren, 2012: 293-297).

첫째, 내담자를 정보로 압도하지 말아야 한다. 상담자가 제공하는 정보가 분명한 것인지, 그리고 내담자의 문제 상황에 적절한 것인지를 확인해야 한다. 내담자가 정보를 잘못 이해한 채로 돌아가게 해서는 안 된다. 정보가 도전이 되거나 심지어 충격을 주게 될 때 상담자는 정보를 능숙하게 제공해야 하고, 내담자가 새로운 소식을 접하면서 갖게 될 혼란에 대처할 수 있는 방법들을 알고 있어야 한다.

둘째, 정보를 제공하기 전 내담자가 그 정보를 원하는지를 확인할 필요가 있다. 내담자가 상담자의 의견을 묻는 경우 응답하기 전 내담자에게 그 정보를 원하는지, 내담자가 상담자의 의견을 듣는 것에 대해 어떻게 생각하는지 확인할 필요가 있다.

같은 맥락에서, 내담자가 정보를 요청하지 않는다면 정보를 제공해도 될지에 대한 내담자 의견을 물어볼 필요가 있다. 상담자의 입장에서는 내담자가 처한 다양한 상황에서 도움이 될 것이라 생각되는 정보가 있다. 그러나 그와 같은 정보는 내담자가 원할 때만 도움이 된다. 정보를 제공하기 전 내담자의 의견을 물어볼 수 있다. 내담자가 정보를 원하지 않는다면 그의 생각을 존중해야 하는데, 이는 자율성을 존중받지 못했다고 느낀 내담자의 저항을 유발할 수 있기 때문이다. 다만, 내담자가 타인에게 위해를 끼칠 위험이 있는 상황이나 내담자가 정보제공에 이미 동의한 상태라면 내담자의 허락 없이 정보를 제공할 수 있다.

셋째, 정보를 제공하되 강요하지 않는다. 상담자는 정보를 주는 것과 충고하는 것을 혼동해서는 안 되며, 내담자가 정보를 분석할 수 있도록 도와야 한다. 중요한 결정을 내려야 할 때 상담자는 자신이 가진 가치를 강요해서는 안 되며, 도움을 줄 수 없는 분야라면 그 사실을 분명히 알려 줄 필요가 있다.

넷째, 정보제공이 이루어진 이후에는 반드시 내담자의 반응을 탐색한다. 정보를 제대로 이해했는지, 혹은 정보가 내담자에게 미칠 수 있는 정서적 영향 등을 탐색하고 논의할 필요가 있다.

4) 자기 이해(자기 진단) 척도

실제 상담 경험이 있다면 그 경험을 떠올려 보자. 그렇지 않다면 평소 타인과의 대화에서 자신의 모습이 어떠한지 생각하면서 다음의 '정보제공하기'를 얼마나 사용하는지 떠올려 보자.

☑ 다음의 영역에 대한 상담자 자기 이해 정도에 대하여 ✓표해 봅시다.

정보제공하기	1	2	3	4	5
대화할 때 지시하기, 설득하기를 많이 사용하는 편이다.					
대화할 때 해당 주제에 대해 상대방이 관심이 있는지 확인하는 편이다.					
솔직하고 간명하게 이야기하는 편이다.					
문제 상황에서 선택 가능한 다양한 대안적 아이디어를 많이 제시하는 편이다.					
대화할 때 상대방의 생각을 묻거나 이끌어 내는 편이다.					

※ 1(매우 그렇지 않다), 2(그렇지 않다), 3(보통이다), 4(그렇다), 5(매우 그렇다)
(점수가 높을수록 효과적임을 의미함)

5) 사례

사례를 통해 상담자의 정보제공하기가 내담자에게 어떻게 전달될 수 있는지를 살펴보자.

• 대학교 4학년 남학생의 진로 상담에 있어서 상담자의 정보제공하기 반응

내담자: 고등학교 때부터 상담에 관심이 있었어요. 저도 학교 상담 선생님께 많은 도움을 받았고요. 그래서 상담자가 되어서 저와 같은 어려움을 가지고 있는 친구들을 도와주고 싶었어요.

상담자: 네. 꽤 오랜 시간 상담에 관심이 있었네요.

내담자: 그런데 관련 학과만 나오면 되는 게 아닌가요? 저는 중·고등학교에서 상담 선생님이 되고 싶어요.

상담자: 상담 교사가 되려면 관련 학과에서 교직과정을 이수한 후 자격증을 취득하고 임용시험을 거쳐야 해요. ○○ 씨가 전문 상담 교사가 되기를 원한다면 학과와 학교 홈페이

지에 들어가 보세요. 교직 이수와 관련된 내용이 나와 있어요. 확인해 보고 모르는 것이 있으면 물어보세요.
내담자: 네.
상담자: 혹은 교육대학원 진학을 통해서도 상담 교사 자격증을 취득할 수 있어요. 교육대학원 홈페이지에 들어가서 입학 요건, 자격취득요건 등을 확인해 보세요.

6) 연습 문제

앞에서 살펴본 유의점과 사례를 활용하여 다음에 제시된 내담자의 반응에 대해 상담자가 어떻게 정보제공하기 기술을 사용하는 것이 적절할지 적어 보자.

(1) 연습 문제 1

다음에 제시된 내담자의 상황이나 반응에 대해 정보제공하기 기술을 적용해 보자.

내담자: ○○학과에 진학하고 싶어요. 최근에 ○○에 관심이 생겼거든요. 그런데 가면 뭘 배우게 되는지, 졸업하면 어떤 직업을 가질 수 있는지 궁금해요. 제가 ○○에 관심만 가지고 있지, 사실 아는 건 없어서 뭘 준비해야 할지, 제 실력으로 ○○학과에 갈 수 있을지도 잘 모르겠어요. 좀 막막해요.

정보제공하기 반응: ____________________

____

이렇게 반응할 수 있어요

상담자: ○○학과에서는 △△, □□ 등에 대해 공부하게 되는데, 졸업하면 일반적으로 ☆☆과 같은 직업을 가질 수 있어요. 좀 더 자세한 내용은 같이 한번 살펴볼까요?
상담자: 커리어넷, 워크넷 등에서 제공하는 학과 정보나 직업 정보를 찾아보면 ○○ 씨가 원하는 자세한 내용을 확인할 수 있을 거예요. 한번 찾아볼까요? 저도 자료를 더 찾아보고 좀 더 이야기 나누도록 해요.

(2) 연습 문제 2

다음에 제시된 내담자의 상황이나 반응에 대해 정보제공하기 기술을 적용해 보자.

내담자: 저는 좋은 학교 가는 건 포기했어요. 그냥 내버려 두세요. 아무 대학이나 가면 되죠, 뭐. 제 성적으로 뭘 바라겠어요. 지금 성적으로는 대학 가는 것도 어렵다는 거 알아요. 하지만 불안하고, 그래서 더 공부도 안 되는 것 같아요.

정보제공하기 반응: ________________________________

____

____

이렇게 반응할 수 있어요

상담자: 가고 싶은 학교에 맞는 성적이 안 나오고 있으니 많이 불안할 거예요. 꼭 그 학교에 가야겠다는 생각보다는 최종 선택을 해야 하는 순간까지 ○○이 가고 싶은 학과가 있는 학교를 좀 더 찾아보는 것도 대안이 될 수 있을 것 같네요.

상담자: 벌써 포기했다는 말이 안타깝게 들리네요. 진학에 실패하는 건 누구에게나 두려운 일이죠. 시간은 주어져 있으니, 그래도 혹시 알아요? 더 나은 대안이 있는지 찾아보고 끝까지 노력해 보면 기대하지도 못했던 결과가 있을지도. 선생님이랑 ○○에게 맞는 학교를 함께 찾아봐요. 힘을 내 봐요.

7) 기술 훈련

다음의 진행 방법을 통해 정보제공하기 기술을 실습해 보자. 진행 방법에 따라 역할 연습을 해 보고, 실습 관찰지의 주요 내용을 작성한 다음 의견을 나누어 보자.

(1) 진행 방법

촬영/녹음된 대화 장면과 정보제공하기 기술 실습 관찰지를 활용하여 정보제공이 상담 장면에서 어떻게 적용되고, 어떤 의미를 갖는지 의견을 나누어 보자.

4명이 한 팀이 되어 상담자 1명, 내담자 1명, 관찰자 2명의 역할을 번갈아 가며 맡는다. 다음과 같은 순서로 활동을 진행한다.

역할 정하기 → 제시된 상황 숙지하기 → 기술 연습하기 → 연습 후 토의하기

- 상담자 역할: 정보제공하기는 내담자의 행동, 사고, 감정, 경험에 대한 사고를 변화시키는 계기가 됨을 기억하며 기술 연습하기
- 내담자 역할: 일상적 주제로 자신의 감정이나 생각을 떠올리며 육하원칙에 따라 간단히 개요 작성 후 이야기하기
- 관찰자 역할: 휴대전화 등을 활용하여 촬영/녹음하기. 관찰자 중 1명은 상담자 역할을 중심으로 관찰하고 기록하기. 다른 1명은 내담자의 역할을 중심으로 관찰하고 기록하기
- 토의하기: 모든 참여자는 촬영/녹음된 상담 장면과 실습 관찰지를 활용하여 질문에 대해 기술하고 의견 나누기

역할 연습을 위한 사례

사례 1: 발표할 때 너무 떨려요. 떨리지 않았으면 좋겠어요. 내가 떠는 모습을 보면 애들이 저를 뭐라고 생각할지. 너무 창피하고 너무 신경 쓰여요.

사례 2: 저는 제가 뭘 좋아하는지 모르겠어요. 전공을 어떻게 정해야 할지 모르겠고, 대학에 합격하지 못하면 어쩌나 하는 생각도 들고. 그냥 제가 어떤 학과를 가는 게 좋을지 부모님이나 선생님이 정해 주면 좋겠어요.

☑ 사례에 제시된 내담자에 따라 정보제공하기 기술이 적절하게 적용되었는지 토의해 봅시다.

____

____

(2) 실습 관찰지

정보제공하기 기술 실습 관찰지

소속: ___________ 이름: ___________

• 관찰자는 상담 실습 장면을 관찰하여 다음의 점검표를 작성해 봅시다.

1. 다음 영역에 대한 상담자의 반응 점수에 ✓표해 봅시다.
(점수가 높을수록 효과적임을 의미함)

상담자 반응	1	2	3	4	5
내담자가 요청한 정보에 대한 객관적인 사실을 분명하고 간결하게 제공한다.					
내담자에게 정보를 제공할 때 공감적 · 협력적인 태도를 지닌다.					
내담자가 정보를 잘 이해하고 받아들이고 있는지 확인한다.					

2. 상담자 반응으로 관찰된 주요 내용을 기술해 봅시다.

상담자 반응	분/초	관찰된 내용	강점/개선점
분명하고 간결한 객관적 사실 제공	• •	• •	• •
공감적 · 협력적 태도	• •	• •	• •
내담자의 정보 이해 정도에 대한 확인	• •	• •	• •

8) 자기 진단(사후 진단) 척도

지금까지 정보제공하기 기술을 연습해 보았다. 앞으로 정보제공하기 기술을 효과적으로 잘 활용할 수 있을지 점검해 보자.

☑ 다음의 정보제공하기 기술을 이해하고 적용할 수 있는지 ✓표해 봅시다.

정보제공하기	사용 여부 (O/X)	적음 ← 사용 빈도 → 많음				
		1	2	3	4	5
내담자가 받아들일 준비가 되어 있는지 확인한다.						
내담자에게 유용한 정보가 무엇인지, 정확하고 신뢰할 수 있는 정보인지 확인한다.						
제공하는 정보의 양이 내담자에게 부담스럽지 않을 정도로 제한하여 중요한 정보부터 순차적으로 제공한다.						
전문용어를 피하고 간결하게 전달하여 내담자의 이해를 높인다.						
내담자에게 정보의 요점을 말해 보게 함으로써 반응을 확인한다.						

☑ 지금까지의 정보제공하기 기술 학습과정을 마무리하면서 알게 된 점과 변화한 점, 상담 장면에서의 효과적 적용을 위한 계획 등을 정리해 봅시다.

- 알게 된 점:

- 변화한 점:

- 적용 계획:

제2부

이론별 상담 기술

제2부에서는 주요 상담 이론을 개관하고, 각 이론의 대표적인 상담 기술을 실습해 보는 것에 초점을 두었다. 상담 이론에서 널리 사용되고 있는 대표적인 상담 기술을 소개하고, 실제 상담 장면에 있거나 상담 공부를 하는 대학생 등이 상담 기술을 이해하고, 이를 활용해 볼 수 있도록 실습하는 과정으로 내용을 구성하였다.

먼저, 전체 6개의 상담 이론—정신분석상담, 행동주의상담, 합리정서행동상담, 게슈탈트상담, 현실치료, 해결중심상담—을 소개했다. 다음으로, 각 상담 이론의 상담 목표, 주요 개념, 상담 기술 등을 설명하였다. 특히 각 상담 기술의 정의, 기술을 사용하는 상황, 기술 사용 시 주의점, 기술 활용 방법을 살펴본 후, 실제 기술을 실습해 보는 순서로 구성하였다.

이론별 상담 기술은 상담 이론을 배우는 데 치중하여 실제 상담 기술을 익히는 데 소홀해진 문제를 보완하고자 마련하였다. 주요 상담 기술을 실습하는 과정에서 상담 기술의 특징과 차이를 이해하고, 상담자로서 적절한 상담 전략을 세우는 데 도움을 얻을 것이다.

학습 목표

1. 주요 상담 이론과 상담 기술의 핵심 내용을 이해할 수 있다.
2. 상담 이론별 상담 기술의 특성을 비교하여 설명할 수 있다.
3. 상담 기술을 실습하고, 상담 기술의 활용 방법을 제시할 수 있다.

제8장

정신분석상담

정신분석상담은 지그문트 프로이트(Sigmund Freud)에 의해 시작되었다. 프로이트가 처음 사용한 정신분석 'Psychoanalysis'는 'Psych(마음)'와 'Analyse(분해하다)'의 복합어이다. 어원에서 살펴볼 수 있듯이, 정신분석은 인간의 깊은 마음을 복합적이고 통합적으로 이해하려는 학문에서 출발하였다. 또한 정신분석상담에서는 인간을 생물학적 · 결정적 존재로 보았다. 인간의 모든 행동 · 사고 · 감정은 생물학적인 본능으로 지배를 받고, 인간의 마음 안에 일어나는 것은 그 무엇이라도 우연히 일어나는 것이 없으며, 반드시 원인이 있다는 것이다. 그리고 프로이트는 현재가 과거의 영향을 받기에 그 사람의 행동을 이해하기 위해서는 그 행동의 역사적 발달을 알 필요가 있다고 하였다. 특히 인간의 기본적 성격 구조가 초기 아동기(생후 6세 이전) 경험에 의해 형성되므로 아동기 경험이 매우 중요하다고 본다.

1. 상담의 목표

정신분석상담의 주요 과제는 인간이 본능의 충동에 따르지 않고 현실에 맞게끔 행동하도록 하는 것과 개인의 기본적 성격 구조를 변화시키는 것이다. 즉, 정신분석상담의 주요 목표는 무의식을 의식화함으로써 성격 구조의 수정과 자아를 더욱 강화하는 것이다. 요컨대, 정신분석상담은 무의식의 의식화를 통해 자기에 대한 이해와 성장을 촉진하고, 건강한 자기개념을 형성할 수 있도록 도와야 한다. 이에 상담자는 먼저 내담자가 마음속에 떠오르는 생각 · 감정 · 느낌을 표현하도록 조력해야 한다. 내담자의 자유로운 표현 속에서 상담자는 내담자의 성격 구조와 역동관계 등을 이해하게 되고, 내담자의 심리적 문제의 윤곽을 파악할 수 있기 때문이다. 즉, 상담자는 상담과정 중에 내담자의 생각 · 감정 등을 자유롭게 표현할 수 있도록 자유연상, 꿈의 분석, 전이 등의 기술을 적시에 활용할 수 있어야 한다.

2. 주요 개념

1) 본능 이론

본능은 성격의 기본 요소로서 행동을 추진하고 방향을 결정짓는 동기이다. 프로이트는 본능을 에너지 형태로 보았으며, 본능이 신체적 욕구와 정신적 소망을 연결한다고 하였다. 이러한 본능은 성적 본능(libido, 삶의 본능)과 공격적 본능(thanatos, 죽음의 본능)으로 구분된다. 성적 본능(삶의 본능)은 개인과 인간에게 생존의 목적을 제공하며, 성장과 발달 그리고 창조를 향해 나아가게 한다. 또한 공격적 본능(죽음의 본능)은 자신이나 타인을 죽이거나 해치려는 무의식적 소망을 행동으로 나타나게 한다. 프로이트는 사람들의 행동을 움직이게 하는 강력한 결정 요인을 성적 본능이나 공격적 본능이라고 보았다.

2) 의식 구조

프로이트는 의식의 수준을 의식(conscious), 전의식(preconscious), 무의식(unconscious)으로 구분하였다. 의식이란 한 개인이 각성하고 있는 순간의 기억, 감정, 공상, 경험 등을 아는 것을 말한다. 프로이트는 정신생활의 극히 일부분만이 의식의 범위 안에 포함된다고 하였으며, 이를 빙산의 일각으로 비유하였다. 전의식이란 특정한 순간에는 인식하지 못하지만, 조금만 주의를 집중하면 의식 속으로 끌어올릴 수 있는 기억을 말한다. 예를 들면, 주민등록번호나 전화번호 등 처음에는 순간적으로 기억을 하지 못하나 조금만 주의를 기울이면 생각해 낼 수 있는 것을 들 수 있다. 무의식은 인간 정신의 심층에 잠재해 있는 것으로, 가장 큰 비중을 차지한다. 전의식과는 달리 무의식은 거의 의식되지 않는 것을 말하며, 무의식 속에는 지나간 일이나 감정이 억압된 상태로 저장되어 있다. 정신분석상담에서는 성격의 무의식적 측면을 강조하고, 이 무의식적인 내용을 의식 수준으로 끌어올리는 것을 가장 중요한 상담과정으로 본다.

3) 성격 구조

인간의 성격 구조는 원초아(id), 자아(ego), 초자아(superego)로 구성되어 있다. 이 구성 요소는 개별적으로 작동하는 것이 아니라 원초아는 생물학적 구성 요소로, 자아는 심리적 구성 요소로, 초자아는 사회적 구성 요소로 전체적으로 기능한다. 원초아는 본능의 욕구를 충족시키기 위하여 비논리적이고 맹목적으로 작용하며, '쾌락의 원리'를 따른다. 자아는 현실과 환경을 고려한다는 '현실의 원리'를 따라 기능한다. 그리고 현실을 이해하고 판단하며 미래에 대한 계획을 세우고 논리적인 사고를 하며, 원초아와 초자아 그리고 환경 간에 균형을 유지하기 위해 노력한다. 초자아는 쾌락보다는 완전함을 추구하는 기능으로 '도덕의 원리'를 따른다. 또한 원초아의 충동을 억제하고, 자아가 도덕적 · 규범적인 기준에 맞추어 살아가도록 유도한다.

4) 성격 발달

프로이트는 성격 발달을 성적 에너지 또는 리비도가 집중되는 신체 부위에 따라 구강기, 항문기, 남근기, 잠복기, 성기기의 5단계로 발달한다고 하였다. 각 발달 단계마다 그 단계에서의 욕구가 적절히 충족되어야 한다. 그리고 프로이트는 생후 초기 6년 동안의 경험을 매우 중요시하였다. 즉, 아동기에 일어나는 일들이 성인기의 성격 형성을 돕는다고 본 것이다. 이때 특정한 단계의 심리 성적 갈등이 성공적으로 해결되지 못하거나 심하게 박탈 또는 과하게 충족되면 어떤 한 단계에 고착되었다고 한다. 고착(fixation)이란 어떤 한 단계에서 미해결된 문제를 경험함으로써 야기되는 성격 발달의 정지를 말한다. 또한 자신의 갈등을 성공적으로 해결하였더라도 이후의 생활에서 심한 어려움을 겪게 되면 퇴행하게 된다. 퇴행(regression)이란 원만한 욕구 충족이 이루어지던 이전 발달 단계의 감정이나 행동을 보이는 것을 말한다.

3. 상담 기술

정신분석상담은 심리적 문제를 만들어 낸 원인에 관심을 둔다. 삶의 초기에 형성된 원인을 찾아 제거하는 데 초점을 두는 것이다. 이러한 원인을 찾기 위해 정신분석상담에서는 자유연상, 꿈의 분석, 전이의 분석과 해석, 저항, 훈습 등의 상담 기술을 사용한다. 이 절에서는 정신분석상담에서 널리 사용하고 있는 주요 상담 기술에 대해 살펴보고자 한다.

1) 자유연상

(1) 정의

자유연상(free association)은 자신의 마음속에 떠오르는 것을 검열 없이 있는 그대로 말하는 것을 의미한다. 이러한 자유연상 기술은 정신분석상담의 핵심 기술이다. 상담자는 내담자가 아무리 사소한 것일지라도 거르지 않고 표현할 수 있도록 도와야 한다. 이러한 과정을 통해 내담자는 자신의 억압된 기억과 감정을 떠올리고 통찰할 수 있게 된다.

자유연상의 예시

상담자: 마음속에 떠오르는 것이 있다면 무엇이든지 편히 말해 보세요. 사소하거나 말하기 꺼려지는 어떤 부분이라도 다 이야기해도 괜찮습니다.

(2) 사용 상황

정신분석상담에서 내담자가 호소하는 문제는 내재되어 있던 어린 시절의 억압된 감정 및 갈등 등이 현실의 유사한 상황에 직면하게 되면서 되살아난 것이다. 내담자의 해결되지 못한 감정 및 갈등 등은 무의식에 잠재되어 있다. 그러므로 상담자는 내담자가 무의식의 감정 등을 거침없이 표현하는 과정에서 '의식화'할 수 있도록 도울 필요가 있다. 즉, 상담자는 내담자의 무의식에 있는 다양한 감정 및 생각 등을 의식 수준으로 표출할 수 있도록 자유연상 기술을 적절히 활용해야 한다.

(3) 사용 시 주의점

상담자는 내담자의 생각과 감정, 말을 통해 알게 된 관계 및 의미 등을 명확히 이해해야 한다. 특히 상담자는 자유연상을 할 때 내담자가 말한 것을 정확히 해석하기 위해 내담자의 감정과 말 이면에 주의를 기울이고 몸짓, 어투까지도 주목해야 한다. 내담자가 말하지 않은 부분도 그들이 말하는 부분만큼이나 중요하기 때문이다.

(4) 활용 방법

자유연상 기술은 편안히 누운 상태에서 마음속에 떠오르는 생각이나 감정, 어떤 대상과 관련된 기억 등을 자유롭게 이야기하는 것이다. 즉, 마음속에 떠오르는 것이면 어떤 것이든 상관없이, 수정을 가하지 않고 있는 그대로 말하도록 하는 것이다. 상담자는 이러한 자유연상 과정을 통하여 내담자의 내재된 심리적 문제에 대한 무의식적 동기나 원인이 되는 단서를 얻을 수 있다.

2) 꿈의 분석

(1) 정의

꿈의 분석(dream analysis)은 무의식의 내용에 접근할 수 있는 방법 중 하나이다. 프로이트는 꿈을 '무의식으로 가는 왕도'라고 했다. 잠자는 중에는 방어기제가 낮아 억압된 감정, 바람, 욕구, 두려움 등이 잘 표현되기 때문이다. 상담자는 이러한 꿈의 특징을 이용하여 내담자 꿈의 내용을 분석하고 해석해 볼 수 있다. 상담자는 꿈의 분석을 통해 내담자가 자신의 심리적 문제를 통찰하도록 도울 수 있다.

꿈의 분석의 예시

내담자: 지난 일요일에 꿈을 꾸었어요. 제가 버스를 타고 터널 안을 지나가고 있었는데 버스가 터널 중간에서 멈춰 버렸어요. 갑자기 너무 어두웠어요. 잠시 후 수리가 끝나고, 주변이 밝아지면서 다시 버스가 움직이기 시작했어요.

상담자: 꿈에서 당신은 어떤 기분이 들었나요?

내담자: 처음에 너무 무서웠어요. 그런데 불이 켜지고 다시 버스가 움직이자 기뻤어요.

상담자: 저는 당신이 버스처럼 느껴지네요. 버스가 어두운 터널 속에서 수리 후에 다시 움직인 것처럼 당신도 현재 슬픔과 무기력감에서 벗어나 점차 힘을 내고 있는 건 아닐까요?

(2) 사용 상황

꿈의 분석은 내담자가 의식하지 못하고, 해결되지 않은 문제의 영역을 탐색하고자 할 때 사용된다. 꿈의 내용이 갖는 상징들을 탐구하고, 숨겨져 있는 꿈의 의미를 해석하는 것은 문제 행동의 원인을 파악하는 데 중요한 단서가 되기 때문이다.

(3) 사용 시 주의점

꿈의 내용에는 두 가지가 있다. 꿈을 꾼 사람이 인지하는 방식에 따라 겉으로 드러나는 '발현 내용'과 그 꿈속에서 숨겨진 상징적이고 무의식적인 동기, 욕구, 두려움 등을 의미하는 '잠재적 내용'으로 구분된다. 이때 꿈을 분석하는 사람은 발현 내용에만 머무르지 말고, 숨어 있는 잠재적 내용으로 탐색해 들어가야 한다.

(4) 활용 방법

꿈의 분석 기술은 꿈의 내용이 아니라 꿈에 상징적으로 나타나 있는 동기와 갈등 등에 초점을 맞춘다. 따라서 상담자는 내담자로 하여금 꿈을 말하고, 꿈의 요소에 대해 자유연상을 하도록 독려해야 한다. 그리고 상담자는 꿈의 발현 내용이 상징하는 것을 탐색하고, 꿈 요소의 의미를 분석함으로써 내담자가 그들이 가지고 있는 문제에 대해 새로운 통찰을 얻을 수 있게끔 도와야 한다.

3) 전이의 해석

(1) 정의

전이(transference)란 내담자가 과거의 중요한 타자에게 느꼈던 감정을 현재의 상담자에게 적용하는 것을 말한다. 내담자는 상담자와의 관계를 통해 무의식적으로 억압해 두었던 감정, 신념 등을 발현하게 된다. 상담자는 이러한 전이를 분석 · 해석하여, 지금 내담자가 경험하는 심리적 어려움, 정서적 갈등을 유발하는 문제들을 이해하고 깨달을 수 있도록 조력해야 한다. 이와 같은 전이 감정을 탐색 · 해석하는 과정은 정신분석상담의 핵심이라 할 수 있다.

전이의 해석의 예시

내담자: 선생님을 교실에서 처음 봤을 때부터 이유 없이 불편하고 싫었어요.
상담자: 어떤 점에서 그런 감정을 느꼈니?
내담자: 무뚝뚝한 표정과 비꼬는 말투요.
상담자: 선생님과 닮은 분을 생각하면 누가 떠오를까?
내담자: 엄마요. 어릴 때 엄마가 화났을 때 짓는 표정과 말투랑 닮았어요.
상담자: 음……. 엄마가 화났을 때 느꼈던 표정과 말투를 선생님한테도 느끼고 있구나. 그 불편함과 싫은 감정에 대해 더 이야기 나눠 볼까?

(2) 사용 상황

내담자는 상담과정 중에 어머니에게서 느낀 감정을 상담자에게 느낄 수 있다. 내담자가 어릴 적 어머니에 대해 느꼈던 갈등, 감정 등을 상담자로부터 충족하려는 것이다. 이러한 상황이 될 때 상담자는 내담자가 보이는 전이 감정에 대하여 설명하고 해석해 줌으로써 내담자의 전이 욕구를 치료과정에 활용할 수 있게 된다.

(3) 사용 시 주의점

내담자는 전이의 감정을 상담자로부터 충족하려고 한다. 이때 상담자는 내담자의 이러한 요구에 대해 끈기 있는 태도, 열린 자세, 존중하는 마음 등으로 참고 기다려 줄 수 있어야 한다. 그리고 상담자는 내담자의 욕구에 대해 중립적인 태도를 취할 수 있도록 주의해야 한다.

(4) 활용 방법

전이의 해석은 내담자의 삶을 설명하는 경로이자 이해할 수 있는 방편이 된다. 이러한 해석을 통해 내담자는 어릴 때 중요한 사람과의 관계, 현재 주요한 타자와의 관계에서 반복되는 패턴 등을 인식할 수 있게 된다. 전이의 적절한 해석은 내담자로 하여금 오래 지속되어 온 행동 양식을 인지하고 재조명할 수 있게끔 돕는다. 그러므로 상담자는 치료동맹을 통해 내담자의 무의식적 감정과 생각, 욕망 등을 표현할 수 있도록 조력하고, 이를 적절히 해석하여 현재 기능에 대한 내담자 과거의 영향을 통찰할 수 있도록 해야 한다. 그러면 내담자는 지금 그들을 고착시키고, 정서적 발달을 지연시키는 문제의 원인을 이해할 수 있을 것이다.

4. 상담 기술 실습

지금부터 정신분석상담에서 사용되는 '자유연상' '꿈의 분석' '전이의 해석' 기술을 실습해 보자.

■ 활동 목표

- 자유연상이 무엇인지 알고, 자신의 어린 시절의 기억과 감정을 떠올릴 수 있다.
- 어린 시절의 주요한 감정, 생각, 욕구를 탐색할 수 있다.
- 꿈의 분석이 무엇인지 알고, 꿈의 내용이 주는 의미를 확인할 수 있다.
- 전이의 해석이 무엇인지 알고, 전이 해석의 내용이 주는 의미를 이해할 수 있다.

■ 준비물

이름표, 활동지, 어린 시절의 사진이나 물건

■ 진행과정

자유연상

활동

참여자에게 갑자기 어린 시절을 떠올려 보라고 하면 활동 자체를 낯설어하거나 기억을 떠올리기 힘들어할 수 있습니다. 사전에 참여자들에게 어린 시절 본인의 사진이나 기억에 남는 물건을 가져오라고 하세요. 그리고 도입 활동 전에 가져온 사진과 물건이 무엇이며, 어떤 의미를 가지고 있는지 공유하세요. 이는 자유연상 활동을 하는 데 도움이 될 수 있습니다.

도입

자유연상이란 자신의 마음속에 떠오르는 것을 있는 그대로 말하는 것입니다. 이 활동은 개인의 억압된 감정과 기억을 자유롭게 떠올리는 데 도움이 됩니다. 오늘의 주제는 '나의 어린 시절'입니다. 눈을 감습니다. 나의 어린 시절을 떠올려 봅니다. 잠시 그 기억에 머무릅니다. 이제 눈을 떠봅니다.

🎙 활동

공간이 된다면 누워서 활동해 보세요.
조용한 음악이나 자연의 소리를 활용하면 집중하는 데 도움이 될 수 있어요.

활동 1

자유연상 활동을 시작하겠습니다. 자신의 어린 시절과 관련하여 떠오르는 기억이 있나요? 어떤 것이든 다 좋습니다. 먼저 어린 시절과 관련하여 떠오르는 사건이나 상황이 있는지를 찾아봅시다. 그런 다음 그 기억을 중심으로 현재 계속 떠오르는 이미지나 단어를 계속 이어서 적어 봅니다.

활동 2

이번에는 자유연상한 내용을 토대로 나의 어린 시절의 기억과 현재 경험하는 어려움을 관련지어 살펴보겠습니다. 다음의 질문에 자유롭게 답해 보세요.

1. 당신이 생각해 낼 수 있는 가장 어렸을 때의 기억은 무엇인가요?

2. 그 기억을 떠올리면서 드는 주된 감정은 무엇인가요?

3. 이 주된 감정은 일상에서 언제, 어떤 상황에서 자주 떠오르나요?

4. 당신이 요즘 당면하고 있는 일상에서의 어려움은 무엇인가요?

5. 요즘 자주 드는 감정은 무엇인가요?

6. 어린 시절 느꼈던 감정이 현재의 문제와 어떤 관련성이 있나요?

꿈의 분석

도입

누구나 자는 동안 꿈을 꿉니다. 프로이트는 자신의 무의식에 접근할 수 있는 가장 쉬운 방법으로 꿈이 있으며, 꿈의 내용을 분석하는 과정이 내면의 통찰을 돕는다고 하였습니다. 기억에 남는 꿈이 있나요? 요즘 무슨 꿈을 꾸었나요? 지금부터 꿈이 나에게 주는 의미를 찾아봅시다. 우리의 활동은 꿈을 분석하여 정답을 찾으려는 것이 아닙니다. 내 꿈이 나의 무의식과 연결되어 있다는 점을 알고, 꿈을 통해 자신의 감정과 욕구를 살펴보는 것입니다. 이 점을 유념하여 활동을 시작하겠습니다.

활동

참여자에게 미리 최근 자신이 꾼 꿈이나 기억에 남는 꿈, 어린 시절 자주 꾸었던 꿈을 떠올려 오라고 하세요.

활동

꿈의 분석 활동을 시작하겠습니다. 가장 기억에 남는 꿈이나 최근에 기억에 남는 꿈은 무엇인가요? 어떤 것이든 다 좋습니다. 자신의 꿈을 가능한 한 생생한 이미지처럼 구체적으로 떠올려 보세요. 그런 다음 질문에 자유롭게 답해 보세요.

1. 꿈의 분위기나 장소, 색감은 어땠나요?

2. 꿈에서 느꼈거나 연상되는 이미지는 무엇인가요?

3. 그 꿈을 떠올리면서 느낀 주된 감정은 무엇인가요?

4. 꿈에서 등장한 인물이나 사물 등은 무엇으로 연상되나요?

5. 그 꿈은 과거부터 현재까지 나의 어떤 행동들과 관련되어 있다고 여길 수 있나요?

전이의 해석

도입

전이는 상담 장면에서 내담자가 과거의 중요한 타자에게 느꼈던 감정을 현재의 상담자에게 적용하는 것을 말합니다. 우리의 일상에서도 전이 상황이 나타납니다. 왜냐하면 과거의 주요한 대상으로부터의 경험과 그 대상으로부터 느낀 주된 감정이 현재의 관계에도 영향을 미치기 때문입니다. 다만 우리 스스로 자각하지 못할 뿐입니다. 이번 활동에서는 다음의 사례를 통해 전이를 해석해 보고, 나의 대인관계 속에서 전이가 어떻게 일어나는지 살펴보겠습니다.

활동 1

전이의 해석 활동을 시작하겠습니다. 사례를 읽고 상담 장면에서 지수가 느끼고 있는 전이가 무엇인지 살펴보겠습니다. 다음 질문에 자유롭게 답해 보세요.

사례를 통한 전이의 해석

지수는 올해 고등학교에 입학한 1학년 여학생이다. 지수는 조용한 편이지만, 친구들과 잘 어울렸고 학업 성적도 상위권이다. 지수는 또래처럼 고등학교 생활에 잘 적응한 것처럼 보였다. 한 달 전 아침 일찍 지수의 어머니가 담임교사에게 지수가 아파서 결석한다고 연락하였다. 다음 날 지수가 다시 학교에 왔을 때는 건강해 보였으나, 이후 지수가 아프다고 결석하는 날이 매주 한 번씩 발생하였다. 담임교사는 현재까지 지수가 금요일마다 학교에 네 번이나 빠졌음을 알게 되었고, 지수의 어머니에게 전화하여 지수에게 무슨 일이 있는 건지 물어보았다. 지수의 어머니는 한참을 망설이다가 지수가 체육시간을 너무 싫어하고, 체육시간이 있는 금요일이면 몸이 아팠다고 이야기하였다. 이 얘기를 듣고 담임교사는 체육교사를 만나게 된다.

담임교사가 체육교사에게 지수의 상황을 설명하자, 체육교사는 수업 중에 있었던 일을 이야기하였다. 체육교사는 지수가 첫 체육시간에 자신의 지시에 깜짝 놀랐고 당황하였다고 말하였다. 다음 주 체육시간에 학생들이 줄을 서 있고 체육교사가 오늘 할 활동을 설명하고 있을 때 지수는 식은땀을 흘리고 어지러움을 느껴서 자리에 주저앉았다고 한다. 체육교사는 지수에게 보건실에서 쉬어라고 했으나 지수가 끝까지 수업에 참여하겠다고 말하여 더는 말리지 않았다고 한다. 또한 체육교사는 지수가 한동안 아파서 수업에 빠진 줄 알았다고 하였다. 평소 체육교사는 체격도 좋고, 목소리도 크며, 학생들과 잘 어울리는 편이라 인기가 많았다고 한다. 이러한 문제로 담임교사는 지수를 상담에 의뢰하였다.

상담자: 체육시간에 가장 힘든 게 뭔가요?
내담자: 체육선생님이요.
상담자: 체육선생님을 보면 어떤 기분이 들어요?
내담자: 무서워요. 그냥…….
상담자: 그렇군요. 체육선생님을 보고 무서운 기분이 들었다면 학교에 오기 힘들었겠군요. 체육선생님의 어떤 부분이 무섭나요?
내담자: (아주 작은 목소리로) 목소리…….
상담자: 체육선생님의 목소리를 들으면 누가 떠오르나요?
내담자: (한참 시간이 흐른 후) 아버지요. (눈물을 흘린다.)

1. 지수의 호소 문제는 무엇인가요?

2. 지수에게서 발견되는 전이는 무엇인가요?

활동 2

자신의 대인관계 속에서 나타나는 전이의 상황을 찾아보겠습니다. 다음 질문에 자유롭게 답해 보세요.

〈내 삶을 통한 전이의 해석〉

1. 살아오면서 자신의 아버지나 어머니를 떠올리게 하는 사람이 있었나요?

2. 그 사람을 만났을 때 자신은 어떤 반응을 보였나요? 어떤 감정을 들었나요?

3. 그 사람의 어떤 모습(인상, 말투, 행동 등)이 아버지나 어머니를 떠오르게 했을까요?

〈이상형을 통한 전이의 해석〉

1. 나의 이상형은 어떤 사람인가요? 이상형에게 기대하는 것(성격, 외모, 체형, 직업, 가족관계 등)을 구체적으로 적어 봅시다.

2. 내가 왜 이상형에게 이러한 점들을 기대하는지에 대한 나름의 이유를 성장과정에서 찾아 봅시다.

마무리

지금까지 우리는 정신분석상담의 문을 두드려 보았습니다. 이 경험을 시작으로 자신의 내면과 더 깊이 마주하는 시간을 가지길 바랍니다. 각자 활동을 끝낸 후 알게 된 사실을 정리하고, 이 순간 나에 대해서 새롭게 발견한 점들을 찾아보겠습니다. 더불어 앞으로 변화되길 기대하는 나의 행동을 적고, 변화가 이루어지길 함께 기대해 봅시다.

알게 된 사실	

↓

새롭게 발견한 나의 모습	

↓

기대하는 나의 행동	

활동

마무리 활동을 할 때 짝이나 소집단별로 이야기를 나누거나, 전체 집단원이 돌아가면서 소감을 나누어도 좋습니다.

제9장

행동주의상담

행동주의상담은 내담자가 변화하고자 하는 구체적인 행동에 초점을 둔다. 즉, 행동주의상담은 외현적 행동의 변화를 중시할 뿐만 아니라 현재의 문제 행동에 초점을 두는 것이다. 이러한 행동주의상담의 주요 학자에는 조건반사에 대한 개념을 발전시킨 파블로프(Pavlov)와 스키너 상자를 발명한 스키너(Skinner) 등이 있다. 또한 행동주의상담에서는 인간을 수동적 · 기계론적인 존재로 본다. 행동주의상담에서는 인간의 주체성을 고려하지 않으며, 인간의 모든 행동을 환경과의 상호작용 속에서 학습된 것으로 간주한다.

1. 상담의 목표

행동주의상담의 주요 과제는 부적응 문제 행동을 제거하거나 긍정적인 행동을 학습함으로써 내담자의 적응을 돕는 일이다. 즉, 행동주의상담의 주요 목표는 표적 행동을 객관적으로 이해하고 평가하며, 적응적인 새로운 행동을 습득하도록 하는 것이다. 요컨대, 행동주의상담의 보다 직접적인 목표는 행동수정 계획에 따라 행동을 강화 또는 약화 내지 제거하는 것이다. 이에 상담자는 내담자의 문제를 탐색하여 체계적인 계획

속에서 상담을 진행해야 한다. 이때 상담자는 내담자의 부적응 행동을 진단하고, 그 행동을 적응 행동으로 인도하는 전문가이자 역할 모델이 될 수 있다. 또한 상담자는 내담자의 부적응 행동을 수정하고 새로운 행동을 습득시키기 위해 행동계약, 토큰경제, 타임아웃 등의 기술을 적시에 활용할 수 있어야 한다.

2. 주요 개념

1) 강화와 벌

강화(reinforcement)란 특정 자극을 제공하여 어떤 바람직한 행위의 강도나 빈도를 증가시키는 것을 말한다. 강화는 크게 정적 강화와 부적 강화로 나뉜다. 정적 강화(positive reinforcement)는 학습자가 원하는 자극을 제공함으로써 행위를 강화하고, 행동의 발생 빈도를 증가시키는 것이다. 정적 강화의 예로, 돈, 장난감, 칭찬, 미소 등을 들 수 있다. 이에 비해 부적 강화(negative reinforcement)는 학습자가 원하지 않는 것을 제거해 줌으로써 행동을 강화하고 발생 빈도를 증가시킨다. 부적 강화의 예로, 착한 행동을 한 아이에게 아이가 싫어하는 청소를 면제시켜 주는 것을 들 수 있다.

또한 벌(punishment)은 바람직하지 않은 행동을 제거하거나 행위의 빈도를 감소시키는 것을 말한다. 벌에는 정적 강화물을 제공하지 않거나 혐오스러운 자극을 부과함으로써 바람직하지 않은 행동을 수정하는 것이 있다. 예를 들면, 아이가 좋아하는 TV 시청을 금지하거나 체벌, 고통을 줌으로써 행동을 억제하는 것 등이 있다.

2) 소거, 변별, 일반화

소거(extinction)는 강화에 의해 학습된 행동에 대해 강화를 제공하지 않음으로써 행동이 중단 또는 소멸되는 과정을 말한다. 예를 들어, 수업 시간에 산만한 행동을 하는 아동에게 교사의 지속적인 관심과 주의는 오히려 강화가 될 수 있다. 이때 아이의 산만한 행동에도 불구하고 교사가 관심을 기울이지 않으면 서서히 그 행동이 감소되는데, 이러한 과정이 소거의 예이다.

또한 변별(discrimination)은 제시된 자극조건에 따라 여러 가지 다른 반응을 이끌어

내는 것을 말한다. 즉, 비슷하지만 다른 자극에 대해 다르게 반응하도록 학습하는 것을 일컫는다. 특정한 종소리 후에는 음식물이 제공되지만 다른 종소리에는 음식물을 제공하지 않으면, 개는 곧 음식물이 주어지는 특정한 종소리에만 침을 흘리고 다른 종소리에 침을 흘리는 반응은 중지된다. 개는 이러한 두 자극을 변별하게 되는 것이다.

일반화(generalization)는 특정 장면에서 강화를 통해 학습된 행동이 유사한 장면에서도 나타나는 현상을 말한다. 예를 들면, 흰쥐에 공포반응을 학습한 아동이 흰 털, 흰 수염 등에도 공포반응을 보이는 것이다.

3. 상담 기술

행동주의상담에서는 행동 변화를 위한 다양한 전략 및 기술을 사용한다. 행동주의 상담 기술은 문제 행동의 특성이나 상담 목표에 따라 달리 적용된다. 대표적인 기법으로 혐오기술, 행동계약, 프리맥의 원리, 토큰경제, 타임아웃, 조형기술 등이 있다. 이 절에서는 행동주의상담에서 널리 사용하고 있는 주요 상담 기술들에 대해 살펴보고자 한다.

1) 행동계약

(1) 정의

행동계약(behavior contract)이란 상담자(또는 다른 유의미한 타인)와 내담자 간의 구두나 문서에 의한 합의이다. 이 기술에는 두 사람 혹은 그 이상의 사람이 특정 목표 행동을 하겠다고 구두 또는 서면으로 합의하는 과정이 포함된다.

행동계약의 예시

상황: 중학생 자녀가 자정이 다 된 시간에 귀가해서 부모와 갈등이 아주 큼.

〈행동계약서〉

(자녀) 나는 이번 주에 다음 행동을 실천할 것을 약속한다.

1. 나는 매일 밤 11시까지 집에 들어가겠다.

2. 나는 외출 시 부모님의 연락이 오면 전화를 잘 받겠다.

(부모) 우리(부부)는 이번 주에 다음 행동을 실천할 것에 동의한다.
1. 자녀가 집에서 저녁을 함께 먹는 것을 요구하지 않겠다.
2. 자녀에게 숙제나 공부 등을 하라고 요구하지 않겠다.

(2) 사용 상황

행동계약은 비교적 간편하게 사용할 수 있는 칭찬이나 강화의 효과가 없을 때 사용된다. 즉, 좀 더 강력한 기술이 필요할 때 사용될 수 있다. 그리고 가능하다면 행동계약은 집단상담보다 개인상담에서 사용될 필요가 있다.

(3) 사용 시 주의점

행동계약 사용 시 바람직한 행동의 수행 기준을 정하는 것은 쉽지 않다. 상담자나 유의미한 타자 등이 행동 수준(기초선)을 제대로 알지 못하면 비현실적인 행동을 요구할 수 있기 때문에 주의해야 한다.

(4) 활용 방법

행동계약을 위해 먼저 목표 행동을 선정해야 한다. 목표 행동은 가급적 긍정적인 방식으로 기술하는 것이 좋다. 목표 행동을 긍정적으로 진술할 때 정적 강화를 토대로 개입할 수 있고, 내담자가 목표에 도달했을 때 보상을 제공할 수도 있기 때문이다. 또한 행동계약 작성 시 계약 기간과 목표 행동은 구체화하고, 수행 수준을 명확하게 제시해야 한다. 그리고 내담자가 정해진 준거대로 행동을 수행하면, 약속된 보상을 즉각적으로 지급해야 한다. 보상을 정할 때는 내담자가 원하는 것을 고려해야 하고, 한 번에 큰 보상을 받는 것보다 조금씩 자주 보상하는 것이 좋다.

2) 토큰경제

(1) 정의

토큰경제(token economy)는 내담자가 바람직한 행동을 하면 토큰 또는 교환권을 받는 기술이다. 토큰이 어느 정도 쌓이면, 내담자는 원하는 물건과 토큰을 교환할 수 있다. 이 기법은 정적 강화를 기반으로 하기 때문에 일관성 있는 방식으로 강화를 주어야 한다. 그리고 강화물은 분명하고 의미 있는 것이어야 한다.

토큰경제에 사용되는 토큰의 예시

- 도장, 스티커
- 인쇄된 카드나 쿠폰
- 칠판에 표시하기 등

(2) 사용 상황

내담자의 바람직한 행동을 지속·유지시키고, 행동의 빈도를 증가시키기 위해 강화물을 제공해야 할 때가 있다. 만약 내담자가 강화물로 햄버거를 원한다면, 햄버거가 상담실 내에 구비되어 있어야 한다. 음식물 등을 즉각 제공하는 것이 원활하지 않을 때 토큰을 제공하면 편리하다. 또한 바람직한 행동이 일어난 직후에 토큰을 줄 수 있기에 강화가 지연되지 않을 수 있다. 또한 특정 강화물의 포화 현상으로 강화의 역할을 하지 못할 때 토큰이 유용하게 사용될 수 있다.

(3) 사용 시 주의점

토큰경제를 사용할 때에는 토큰경제에 관여하는 모든 사람이 규칙을 정하고, 서로 합의하여 결정할 수 있도록 유의해야 한다. 목표 행동마다 주는 토큰의 개수, 몇 개의 토큰을 모아야 보상을 받을 수 있는지 등을 명확하게 정할 필요가 있다. 그리고 그 규칙은 참여자들이 잘 알 수 있도록 정확하게 지시하여 참여자의 동기를 높일 필요가 있다. 만약 모아야 하는 토큰이 너무 많다면 내담자의 동기를 저해할 수 있기에 실제로 실행하기 전에 몇 개의 토큰 개수가 적절한지 미리 고려하는 것이 좋다.

(4) 활용 방법

토큰경제 기술은 아동이나 심각한 정서 문제 등을 보이는 사람들에게 비교적 효과가 있다. 특히 아동이 과제를 완수하거나 목표 행동을 성취하였을 때 효율적으로 사용할 수 있다. 토큰경제를 사용하면 수업이나 상담의 흐름을 방해하지 않으며 강화 자극을 분배할 수 있고 수시로 제공할 수 있다.

3) 조형

(1) 정의

조형(shaping) 기술은 '조성' 또는 '행동 조성'이라 불린다. 조형은 바람직한 행동을 막연히 기다리기보다는 목표를 세분화하여 점진적으로 강화해 가는 행동수정 방법이다. 만약 상담자가 내담자에게 변화하기를 바라는 최종 목표가 있다면, 상담자는 목표 행동을 몇 개의 작은 단계로 나눈 후, 바라는 행동에 근접한 행동을 할 때마다 점진적으로 강화해 나감으로써 최종 목표에 도달할 수 있도록 조력할 수 있다.

조형 기술의 예시

상황: 교실에서 5분도 자리에 앉아 있을 수 없는 내담자

상담자: 혹시 오늘 활동에서 이루고 싶은 목표가 있니?
내담자: 제 자리에 앉아서 30분 동안 책 읽기를 해 보고 싶어요.
상담자: 그렇구나, 그럼 우선 5분만 자리에 앉아서 책 읽기를 해 볼까?
내담자: 네, 좋아요.

처음에는 내담자가 5분 동안 앉아 있으면 강화하고, 그다음엔 10분, 다음에는 15분 이런 식으로 점차 강화해 나감으로써 '30분 동안 자리에 앉아서 책 읽기'라는 최종 목표에 도달할 수 있을 것이다.

(2) 사용 상황

부모가 바라는 바람직한 행동을 자녀가 하지 않을 때, 부모는 자녀가 바람직한 행동을 하기를 막연히 기다려야 하는가? 이때 부모는 자녀의 바람직한 모습을 기다리지 않고, 만들어 가는 조형의 방법을 사용할 필요가 있다. 새로운 행동을 좀 더 빨리 습득하게 하고, 바람직하지 않은 행동을 수정하려 할 때 조형 기술을 사용할 수 있다.

(3) 사용 시 주의점

조형 기술을 사용할 때는 너무 광범위한 목표를 세우거나 한 번에 너무 많은 기대를 해서는 안 된다. 목표를 세분화하여 아주 작은 단계로 나누어 점진적으로 진행해야 함을 유념해야 한다.

(4) 활용 방법

조형 기술은 바람직한 행동을 습득하도록 조력하는 데 매우 효과적이다. 예를 들어, 수업 시간에 과잉 행동을 하는 학생을 수업에 집중할 수 있도록 조형할 수 있다. 학생이 교사의 설명에 집중할 때 관심 및 칭찬 등으로 보상해 줌으로써, 학생이 수업에 집중할 수 있도록 유도하는 것이다. 이처럼 조형은 목표 행동에 접근할 때마다 적절한 보상을 제공함으로써 특정 행동을 학습시킬 수 있는 행동수정 기술이다.

4. 상담 기술 실습

지금부터 행동주의상담에서 사용되는 '행동계약' '토큰경제' '조형' 기술을 실습해 보자.

■ 활동 목표

- 행동계약 기술을 활용하여 수업 시간의 규칙을 정한다.
- 토큰경제 기술이 무엇인지 알고, 자신에게 알맞은 강화물을 찾는다.
- 조형 기술이 무엇인지 알고, 새로운 행동 형성을 위한 계획을 세운다.

■ 준비물

이름표, 활동지

■ 진행과정

행동계약 기술

도입

오늘의 활동 주제는 상담 기술 수업 시간에 필요한 규칙을 정하고, 수업에 어떻게 참여할지 자기 다짐을 하는 것입니다. 지금 우리가 참여하고 있는 이 수업에서 무엇을 하나요? 상담 기술에 관한 다양한 이론을 이해하고 연습합니다. 그 과정에서 수강생들과 함께 서로의 이야기를 공유하며 마음을 나누게 됩니다. 그렇다면 수업 시간에 가장 필요한 규칙들은 무엇일까요? 그리고 이 수업을 통해 기대하거나 성장하고 싶은 바가 무엇인가요? 행동계약서를 작성하며 떠오르는 생각을 정리해 봅시다.

활동

이 수업의 행동계약서를 작성하여 수업의 규칙을 정하고 자기 다짐을 하겠습니다. 만약 규칙을 이행하지 않을 경우 어떤 벌칙이 적합한지도 정해 보겠습니다. 다음의 질문에 자유롭게 답해 보세요.

〈행동계약서〉

나는 이 수업에서 다음의 규칙들을 잘 지키겠습니다.

1.
2.
3.
4.

나는 이번 수업에서 다음의 것들을 실천하고자 다짐합니다.

1.
2.
3.
4.

〈벌칙〉

약속을 어길 시 다음의 벌칙을 이행하겠습니다.

1.
2.
3.
4.

날짜: 이름: (인) 집단원: (인)

토큰경제 기술

도입

토큰경제 기술은 내담자가 바람직한 행동을 하면 보상을 주는 기술입니다. 보상으로 내담자에게 의미 있는 강화물을 제공하는 것이 바람직합니다. 이번 활동에서는 자신이 좋아하는 강화물을 찾아보겠습니다. 강화물로 사용할 수 있는 구체적인 활동, 대상, 사건 혹은 사람 등을 찾아보면서 자신이 좋아하는 강화물을 발견해 봅시다. 다음 질문을 읽고 자신에게 맞고 적절하다고 생각되는 것을 자유롭게 적어 보세요.

활동 1

〈나의 강화물 찾기〉

1. 소모 강화물: 어떤 음식을 먹고 마시기를 좋아하나요?

1) 어떤 음식을 가장 먹고 싶은가요?
- 규칙적인 식사 음식:
- 건강식품:
- 과자:
- 간식:

2) 어떤 음료를 가장 마시고 싶은가요?
-
-

2. 활동 강화물: 무엇을 가장 하고 싶은가요?

1) 가정 활동(취미, 공예, 실내장식, 요리, 가사일, 화분 키우기, 책 읽기 등)
-
-

2) 친구와의 활동(수다, 영화 보기, 산책, 식사 등)
-
-

3) 야외 활동(산책, 쇼핑, 시장 구경, 자전거 타기, 드라이브, 헬스, 요가 등)

-
-

4) 수동적인 활동(TV나 유튜브 보기, 라디오 듣기, 음악 감상, 목욕, 앉아 있기, 잡담하기 등)

-
-

3. 조작 강화물: 어떤 게임이나 장난감을 좋아하나요?

-
-

4. 소유 강화물: 무엇을 갖고 싶나요?

-
-

5. 사회적 강화물: 다른 사람(누구인지 구체적으로 기술)으로부터 어떤 언어적 혹은 신체적 자극을 받고 싶은가요?

1) 언어적 자극

-
-
-

2) 신체적 자극

-
-
-

출처: Martin & Pear (2012). p. 70-80에서 발췌하여 정리함.

활동

'나의 강화물 찾기' 활동이 끝난 후에 짝이나 소집단별로 이야기를 나누어서 서로 좋아하는 강화물이 무엇인지 알아보는 시간을 가져 봅시다.

활동 2

어린 시절부터 현재까지 토큰경제 기술을 활용하여 계획을 세우거나 목표를 달성한 적이 있는지 살펴보겠습니다. 이후 자신에게 적합한 강화물을 근거로 계획을 세워 보고자 합니다. 다음 질문에 자유롭게 답해 보세요.

〈어린 시절〉

1. 당신은 누구로부터 토큰(강화물)을 받았었나요?

2. 어떤 행동이 증가하였을 때 토큰을 받았나요? 당시의 구체적인 상황과 감정을 적어 봅시다.

3. 이후 토큰이 지속적으로 나에게 어떤 영향을 미쳤나요?

4. 토큰을 한 번도 받아보지 못했다면, 당신은 어떤 토큰을 기대하였나요?

〈현재〉

1. 성인이 된 현재 토큰을 받아 본 적이 있다면, 그 이유는 무엇인가요?

2. 현재 나의 삶에 영향을 미치는 강력한 토큰은 무엇인가요?

3. 최근 자신에게 토큰을 준 적이 있나요?

조형 기술

도입

조형 기술은 현재 수행되지 않는 행동을 형성하는 데 사용되는 방법입니다. 다음의 사례를 읽고 조형 기술에 따라 태현 씨에게 어떤 도움을 주면 좋을지를 정리해 봅시다. 이후 내가 가지고 싶은 새로운 습관을 만드는 과정을 연습해 보겠습니다.

활동 1

다음에 제시된 사례를 읽고 조형 기술에 따라 구체적인 계획을 세워 봅시다.

〈사례〉

태현 씨는 최근 급격하게 살이 찌고 외모 자신감이 부쩍 줄었다. 한 달 전 음식을 거의 먹지 않고 다이어트를 무리하게 했다. 당시 빈혈이 생겼고, 결국 살도 전혀 빠지지 않았다. 의사는 무리하게 식사량을 줄이지 말고 걸으면서 살을 빼 보라고 조언하였다. 그리하여 태현 씨는 하루에 만 보를 걷기로 하였다. 3일 동안은 만 보에 가깝게 걸었지만, 이후부터 피곤하다는 핑계로 걷지 않고 있다. 우리는 어떻게 태현 씨를 도와줄 수 있을까?

1. 태현 씨의 최종 목표를 무엇으로 설정할까요?

2. 어떻게 시작하는 것이 좋을까요?

3. 행동의 빈도나 양, 지속 기간을 어떻게 할까요?

4. 어떤 강화물을 제시하면 도움이 될까요?

활동 2

여러분은 생활 속에서 필요한 새로운 습관이 있나요? 조형 기술을 활용하여 구체적인 계획을 세워 봅시다.

1. 왜 새롭게 습관을 만들고 싶나요?

2. 나의 최종 목표를 무엇으로 설정할까요?

3. 행동을 형성하기 위해서 어떻게 시작하는 것이 좋을까요?

4. 행동의 빈도나 양, 지속 기간을 어떻게 할까요?

5. 어떤 강화물을 제시하면 나에게 도움이 될까요?

6. 마지막으로 새로운 습관을 만들기를 위한 행동을 실천하겠다고 다짐하는 서약서를 작성해 봅시다.

〈서약서〉

"나는 ______________________________

____

______________________________ 것을 다짐합니다."

날짜: 이름: (인)

마무리

지금까지 우리는 행동주의상담 이론을 배우고, 행동주의상담의 다양한 기술을 연습하였습니다. 각자 활동을 끝낸 후 알게 된 사실을 정리하고, 이 순간 나에 대해서 새롭게 발견한 점들을 찾아보겠습니다. 더불어 앞으로 변화되길 기대하는 나의 행동을 적고, 변화가 이루어지길 함께 기대해 봅시다.

알게 된 사실	

↓

새롭게 발견한 나의 모습	

↓

기대하는 나의 행동	

활동

마무리 활동을 할 때 짝이나 소집단별로 이야기를 나누거나, 전체 집단원이 돌아가면서 소감을 나누어도 좋습니다.

제10장

합리정서행동상담

합리정서행동상담(Rational Emotive Behavior Therapy: REBT)은 인간이 가지는 감정, 사고, 행동 중에서 사고에 초점을 맞춘 이론이다. 인간의 심리적인 문제는 어떤 상황이나 사건을 합리적이지 못한 방식으로 지각하기 때문에 생긴다. 즉, 합리정서행동상담은 어떠한 사건을 비합리적인 방식으로 해석하기에 심리적 · 정서적인 문제를 경험하게 된다는 것이다. 이러한 합리정서행동상담의 대표적인 학자는 앨버트 엘리스(Albert Ellis)이다.

1. 상담의 목표

합리정서행동상담에서 인간은 양면성을 지닌 존재이다. 즉, 인간은 합리적인 사고를 할 수 있는 동시에 비합리적이고 왜곡된 사고도 할 수 있는 존재이다. 그러나 합리정서행동상담에서는 인간을 자신의 사고, 감정, 행동 과정을 변화시킬 수 있는 긍정적인 존재로 보았다. 따라서 합리정서행동상담의 목표는 비합리적인 사고를 수정하여 부적절한 정서 및 부적응적인 행동을 적절한 정서와 적응적인 행동으로 변화시키는데 있다.

이에 상담자는 내담자의 비합리적이고 역기능적인 신념을 찾아 교정할 수 있도록 도와야 한다. 이때 상담자는 적극적이고 지시적인 역할을 수행하게 된다. 따라서 합리정서행동상담에서 내담자는 자신이 세상을 바라보는 관점 및 신념이 잘못되었기에 문제가 나타남을 알게 되고, 새로운 관점 및 신념을 습득하는 방법을 배우게 된다. 또한 내담자는 비합리적이고 역기능적인 신념을 수정하는 과정을 통해 앞으로 새롭게 형성되는 문제를 스스로 해결해 나갈 수 있는 자기 조력의 방법도 배운다. 그럼으로 합리정서행동상담에서 상담자는 내담자의 인지, 감정, 행동 등을 주의 깊게 관찰해야 하고, 그들의 바람직한 변화 및 성장을 위해 인지적 · 정서적 · 행동적 상담 기술을 적시에 활용할 수 있어야 한다.

2. 주요 개념

1) 비합리적인 신념

엘리스는 어떠한 사건을 비합리적인 방식으로 받아들이고 해석하기 때문에 심리적 · 정서적인 문제가 유발된다고 보았다. 사람들은 비합리적인 신념을 스스로 되뇌어 불쾌한 감정을 만들어 낸다는 것이다. 그리고 엘리스(1989)는 사람들이 가지고 있는 열한 가지 비합리적인 신념을 다음과 같이 보고하였다.

- 나는 내가 만나는 모든 사람에게 사랑이나 인정을 받아야 한다고 생각한다.
- 나는 완벽할 정도로 유능하고 합리적이며 가치 있고 성공한 사람으로 인식되어야 한다.
- 어떤 사람들은 나쁘고 사악하고 악랄하기 때문에 비난과 벌을 받아야 한다.
- 내가 원하는 대로 일이 되지 않는 것은 내 인생에서 큰 실패를 의미한다.
- 불행은 내가 통제할 수 없는 상황에 의해 발생한다.
- 위험하거나 두려운 일들이 내게 일어나 큰 해를 끼칠 것이 항상 걱정된다.
- 어떤 난관이나 책임은 부딪혀 해결하려 하기보다 피하는 것이 더 쉽다.
- 나는 다른 사람들에게 어느 정도는 의존해야 하며 나를 돌봐 줄 수 있는 사람들이 주위에 있어야 한다.

• 과거의 영향은 결코 사라지지 않고, 과거의 경험과 사건들은 현재 나의 행동을 결정한다.
• 나는 다른 사람들의 문제나 고통을 나 자신의 일처럼 아파해야 한다.
• 모든 문제에는 완벽한 해결책이 있으므로 그 해결책을 찾아야 한다. 그렇지 않으면 결국 큰 혼란이 생길 것이다.

사람은 누구나 비합리적인 신념을 가지고 있다. 그러나 그것이 본인의 삶 속에서 어떠한 영향을 미치는지 정확히 알고, 변화시켜 보다 합리적인 사고를 할 수 있도록 노력한다면 훨씬 건강한 삶을 살 수 있을 것이다.

2) ABCDE 모형

엘리스의 이론은 ABCDE 모형이라 불린다. A(Activating event)는 선행사건, B(Belief system)는 신념체계, C(Consequence)는 정서적 · 행동적 결과, D(Dispute)는 비합리적인 신념을 논박하는 것을 의미한다. E(Effect)는 논박에 따른 효과이며, 그로 인해 인지적 · 정서적 · 행동적 측면에서 변화가 나타난다.

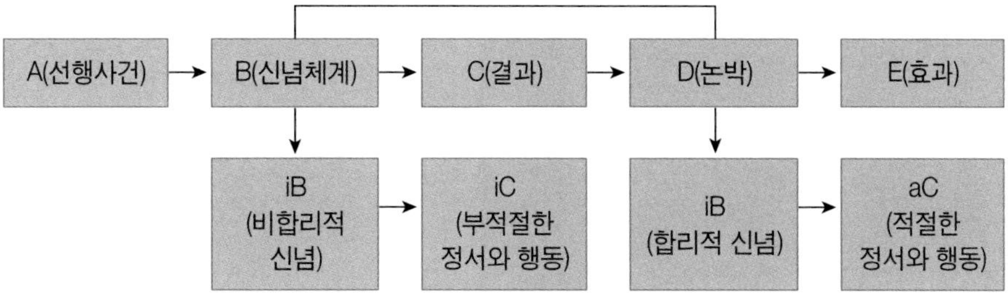

[그림 10-1] **엘리스의 ABCDE 모형**

엘리스가 제시한 ABCDE 모형의 의미를 구체적으로 살펴보면 다음과 같다.

A는 선행사건으로 친구와 다투었거나 부모에게 야단맞은 일과 같이 일반적으로 감정이나 행동에 영향을 줄 수 있는 사건을 말한다.

B는 신념체계로 어떠한 사건과 같은 환경적 자극에 대해 개인이 가지게 되는 사고방식이다. 신경증 환자나 부적응 행동을 보이는 사람들은 보통 합리적인 신념체계 대

신 비합리적인 신념체계나 사고방식을 가질 가능성이 크다.

C는 선행사건을 경험한 후 개인의 신념체계를 통해 생기는 정서적 · 행동적 결과이다. 비합리적인 신념체계로 생길 수 있는 결과에는 우울, 불안, 분노, 죄책감 등이 있다.

D는 내담자의 왜곡된 신념과 사고에 논박하는 것을 말한다. 이때 내담자는 논리적인 원리를 배우고, 비현실적이고 비합리적인 메시지에 의문을 가질 수 있다.

E는 비합리적인 신념이 합리적인 신념으로 대체한 다음에 생기는 효과이다. 내담자는 과거에 부정적인 감정을 느꼈던 사건에 대해 긍정적인 감정을 가지게 되고, 효과적인 행동을 함으로써 내담자의 삶이 적응적으로 변화하게 된다.

3. 상담 기술

합리정서행동상담은 비합리적인 신념, 왜곡된 사고를 변화시켜 긍정적인 감정, 행동, 사고를 할 수 있도록 다양한 상담 기술을 사용한다. 인간의 건강한 성장을 위해 인지적 · 정서적 · 행동적 기술을 다각도로 사용하는 것이다. 이 절에서는 합리정서행동상담에서 널리 사용하고 있는 주요 상담 기술에 대해 살펴보고자 한다.

1) 비합리적인 신념 논박하기

(1) 정의

비합리적인 신념 논박하기는 내담자가 '반드시 해야 한다.' '절대로 하지 않으면 안 된다.' 등과 같은 비합리적 신념을 버리거나 또는 강도가 약화될 때까지 반복적으로 반박하는 것을 말한다. 이때 상담자는 내담자가 겪고 있는 어려움이 외부 사건이나 타인 때문이 아니라 내담자의 자기 신념에서 비롯되는 문제임을 가르칠 필요가 있다.

비합리적인 신념 논박하기의 예시

내담자: 중간고사에서 성적이 떨어졌어요. 나에게 성적이 떨어지는 일은 아주 끔찍하고 절대 일어나서는 안 돼요.

상담자: 왜 성적이 떨어지면 끔찍한가요? 왜 시험성적이 떨어지는 일을 견딜 수 없을까요? 시험성적이 떨어진 것이 어째서 나를 쓸모없는 인간으로 만들까요?

(2) 사용 상황

인간은 누구나 비합리적인 신념을 할 수 있다. 하지만 지나친 비합리적인 신념은 자기 비하 및 자기 패배적인 사고를 유발하여 결국 심리적 · 정서적인 문제를 만든다. 즉, 자기 비하, 우울, 분노 등의 문제를 양산하는 것이다. 이처럼 내담자의 비합리적인 신념이나 사고는 부정적인 정서 · 행동 문제를 유발할 수 있으므로, 상담자는 논박하기 기술을 적극적으로 사용하여 내담자가 합리적인 신념을 가질 수 있도록 도와야 한다.

(3) 사용 시 주의점

비합리적인 신념을 논박하는 것은 감정적인 것이 아니라 체계적이고 과학적인 방법임을 유념해야 한다. 그리고 이러한 비합리적 신념을 논박할 때는 질문 형태가 좋다.

(4) 활용 방법

합리정서행동상담에서 상담자는 "삶이 당신이 원하는 방향으로 가지 않는다고 해서 왜 끔찍하고 무서운가요? 설사 당신의 생각처럼 나쁜 상황이 일어난다 해도 그것이 정말로 파국적인 상황인가요? 사람들이 왜 나에게 정당한 대우를 해야만 하나요?" 등의 질문을 함으로써 내담자의 비합리적인 신념에 즉각적으로 반박할 수 있다. 이러한 반박을 통해 내담자는 어떠한 사건이나 상황이 아니라 자신의 생각과 신념 때문에 심리적 · 정서적 문제가 발생했다는 것을 알게 된다.

2) 합리적 정서 상상

(1) 정의

합리적 정서 상상(Rational Emotive Imagery: REI)은 문제 상황에서 느낄 수 있는 부적절한 정서를 새로운 정서로 형성할 수 있도록 돕는 정신 훈련 방법이다. 합리적 정서 상상은 내담자가 경험할 수 있는 최악의 상황을 상상하도록 하고, 그때 느낀 부정적 감정을 건강한 감정으로 변화시키는 방법을 훈련하여 그 상황에서 보다 바람직한 행동을 선택할 수 있도록 돕는다.

합리적 정서 상상 기술의 예시

- 준비 단계: 눈을 감고 호흡을 편안히 해 보세요.
- 1단계: 가장 최악의 상황을 상상해 보세요.
  "여자 친구가 나랑 헤어지고 내 절친한 친구를 만났습니다."
- 2단계: 그때 당신의 감정은 어떻습니까?
  "너무나 불쾌하고 있을 수 없는 일이 일어났습니다. 죽고 싶습니다."
- 3단계: 당신의 감정을 부정적이지만 건강한 감정으로 바꾸어 보세요.
  "이런 일이 안 생겼으면 좋았겠지만, 조금 속상하고 안타깝습니다."
- 4단계: 부정적이지만 건강한 감정으로 바꾸기 위해 어떤 노력을 했나요?
  "여자 친구가 나랑 헤어지고 내 친구를 만나는 것은 상상하기 어려운 일이지만 있을 수도 있는 일이라 생각했습니다."
- 5단계: 계속해서 그 생각을 유지하도록 어떤 노력을 하겠나요?
  "앞으로 이 생각이 내 마음속에 자리 잡을 때까지 하루에 10번씩 마음속으로 되뇌고 마치 암기하듯이 계속해서 써 보겠습니다."
- 6단계: 당신이 좋아하는 것과 싫어하는 것은 무엇입니까?
  "좋아하는 것은 산책이고, 싫어하는 것은 청소입니다."
- 7단계: 만약 당신이 숙제를 다 하면 산책을 30분 이상씩 하고, 숙제를 못하면 청소를 하루에 2번 이상 하세요.

(2) 사용 상황

합리적 정서 상상 기술은 어떠한 문제를 직접 당면하기 전에 내담자가 느낄 수 있는 고통의 감정을 깨닫고, 이를 적절한 감정으로 변화시켜 긍정적 정서를 경험할 수 있도록 할 수 있다. 이 기술은 문제가 발생할 수 있는 대인관계 및 스트레스 상황 등에서 유용하게 활용할 수 있다.

(3) 사용 시 주의점

합리적 정서 상상 기술은 문제가 될 수 있는 최악의 상황에서 내담자가 느끼는 고통의 감정 및 부정적 감정 등을 명료하게 표현할 수 있도록 촉진해야 한다. 단순한 상상이 아니라 합리적이고 건강한 정서로 변화시키기 위해서는 내담자 감정 상태의 명료화뿐만 아니라 정서 변화를 위해 어떠한 노력을 했는지 등의 대처 방법에 대한 탐색이 구체적으로 이루어져야 한다.

(4) 활용 방법

합리적 정서 상상은 합리정서행동상담에서 대표적으로 사용되는 정서적 기술 중 하나이다. 이 기술은 먼저 내담자에게 일어날 수 있는 최악의 상황 중 하나를 상상하게끔 유도해야 한다. 그리고 당시 내담자가 느낀 감정이 어떠했는지 탐색한 후, 만약 부정적인 감정이라면 긍정적이고 적절한 감정으로 변화시킬 수 있는 방법들을 선택할 수 있도록 도와야 한다. 내담자가 며칠, 몇 주간 반복하여 합리적 정서 상상 기술을 활용한다면, 아마도 부정적인 사건이나 스트레스로 인한 과한 분노 및 부정적 정서를 경감시킬 수 있을 것이다.

3) 역할연기

(1) 정의

역할연기는 특정 상황 속에서 그 행동을 시연해 보는 것을 말한다. 역할연기를 통해 내담자는 바람직한 행동, 자신이 실천할 수 있는 행동 등이 무엇인지 분명하게 깨닫게 된다.

역할연기의 예시

상황: 아버지와 갈등이 있는 내담자

내담자: 아빠 때문에 집에 들어가기 싫어요.
상담자: 어떠한 갈등이 있었는지, 우리 상황을 한번 재연해 볼까?

상담자와 함께 갈등 상황에 대한 기본적인 시나리오를 작성한다.
그 후 서로 역할을 맡아 상황을 재연한다.

(2) 사용 상황

역할연기는 적절한 모델링이 없을 때 사용된다. 좋은 본보기의 행동 및 역할 등을 재현해 봄으로써 바람직한 행동을 익히고 습득할 수 있다. 시나리오를 작성하고 가상의 상황을 연기하면서, 내담자는 상대방의 입장을 이해할 수 있게 된다. 또한 본인에게 필요한 실제 행동을 시연해 볼 수 있는 연습의 장이 되기도 한다.

(3) 사용 시 주의점

역할연기 기술을 사용할 때에는 다음의 사항을 주의해야 한다. 먼저, 습득하고 학습할 목표 행동을 구체적으로 정해야 한다. 또한 특정 상황을 정하고, 쉬운 역할 연습부터 시작해서 점차 어려운 행동을 반복하여 연습해야 한다.

(4) 활용 방법

상담 장면에서 내담자의 심리적 · 정서적인 문제를 알아보기 위해 특정 사건 및 행동을 시연해 볼 수 있다. 이때 상담자가 먼저 내담자의 역할을 한다. 상담자는 내담자가 스트레스 상황에서 느끼는 감정, 말, 행동 등을 표현해 본다. 그런 다음, 역할을 바꾸어 내담자로 하여금 본인의 역할을 말과 행동 등으로 재현해 보게 한다. 상담자는 내담자가 적극적으로 새로운 역할을 연기할 수 있도록 독려해야 한다. 이러한 역할연기를 통해 내담자는 자기 자신을 더 잘 이해할 수 있을 뿐만 아니라 바람직한 행동 방식을 배우고 익힐 수 있다.

4. 상담 기술 실습

지금부터 합리정서행동상담에서 사용되고 있는 '비합리적인 신념 찾기' '비합리적인 신념 논박하기' '합리적 정서 상상' '역할연기'를 실습해 보자.

■ 활동 목표

- 나의 비합리적인 신념이 무엇인지 알아본다.
- 비합리적인 신념 논박하기 활동을 통해 비합리적인 신념을 합리적인 신념으로 전환시킨다.

• 역할연기를 통해 바람직한 행동 방식을 찾아본다.

■ 준비물

이름표, 활동지

■ 진행과정

비합리적인 신념 찾기

도입

우리는 살아가면서 자신만의 신념이 생겨납니다. '나는 꼭 그렇게 해야만 해.'라는 신념이 삶의 원동력이 되지만, 결정적인 순간에 그 신념으로 인해 힘들어집니다. 엘리스는 사람들에게서 공통적으로 발견되는 비합리적인 신념들을 제시하였습니다. 내가 가지고 있는 신념과 비슷한 점이 있는지 살펴봅시다. 그리고 비합리적인 신념들을 합리적인 신념으로 변화시켜 봅시다.

활동

다음에는 비합리적인 신념의 문장들이 제시되어 있습니다. 내가 평소 가지고 있는 신념과 유사한 문장을 찾아서 ✓ 표시를 한 후 그 문장과 관련된 나의 신념을 적어 봅시다. 그리고 비합리적인 신념의 내용을 합리적인 신념의 내용으로 바꾸어 봅시다.

1. □ 나는 내가 만나는 모든 사람에게 사랑이나 인정을 받아야 한다고 생각한다.
   나의 신념:
   합리적인 신념:

2. □ 나는 완벽할 정도로 유능하고 합리적이며 가치 있고 성공한 사람으로 인식되어야 한다.
   나의 신념:
   합리적인 신념:

3. □ 어떤 사람들은 나쁘고 사악하고 악랄하기 때문에 비난과 벌을 받아야 한다.
   나의 신념:
   합리적인 신념:

4. □ 내가 원하는 대로 일이 되지 않는 것은 내 인생에서 큰 실패를 의미한다.
 나의 신념:
 합리적인 신념:

5. □ 불행은 내가 통제할 수 없는 상황에 의해 발생한다.
 나의 신념:
 합리적인 신념:

6. □ 위험하거나 두려운 일들이 내게 일어나 큰 해를 끼칠 것이 항상 걱정된다.
 나의 신념:
 합리적인 신념:

7. □ 어떤 난관이나 책임은 부딪쳐 해결하려 하기보다 피하는 것이 더 쉽다.
 나의 신념:
 합리적인 신념:

8. □ 나는 다른 사람들에게 어느 정도는 의존해야 하며, 나를 돌봐 줄 수 있는 사람들이 주위에 있어야 한다.
 나의 신념:
 합리적인 신념:

9. □ 과거의 영향은 결코 사라지지 않고, 과거의 경험과 사건들은 현재 나의 행동을 결정한다.
 나의 신념:
 합리적인 신념:

10. □ 나는 다른 사람들의 문제나 고통을 나 자신의 일처럼 아파해야 한다.
 나의 신념:
 합리적인 신념:

11. □ 모든 문제에는 완벽한 해결책이 있으므로 그 해결책을 찾아야 한다. 그렇지 않으면 결국 큰 혼란이 생길 것이다.
 나의 신념:
 합리적인 신념:

출처: 박경애(1997). p.76에서 발췌하여 정리함.

비합리적인 신념 논박하기

도입

우리가 가진 비합리적인 신념을 어떻게 합리적인 신념으로 바꿀까요? 이를 위해 논박하기 기술을 활용할 수 있습니다. 다음 사례를 읽고 내담자가 가진 비합리적인 신념을 찾아보고 논박하는 과정을 연습해 봅시다.

활동 1

〈사례 1〉

성주는 대학을 졸업한 후 취업을 하기 위해 50곳이 넘는 회사에 지원하였다. 그러나 계속 낙방하게 된다. 그러던 중에 지난주 최종 면접까지 간 회사에서 불합격되었다는 문자를 받았다. 이제 성주는 다른 회사에 지원해도 떨어질 것 같다는 생각이 자꾸 들어서 더 이상 원서를 쓰지 않겠다고 결심하기에 이른다.

탐지 비합리적인 신념 찾기	**반박** 강력한 질문으로 역기능적 신념을 반박하기	**변별** 합리적인 신념과 비합리적인 신념을 구분하기

1. 탐지:
2. 반박:
3. 변별:

〈사례 2〉

이준이는 고등학교 1학년 학생으로 이전부터 성적이 우수하고 성실한 학생이었다. 이준이에 대한 부모의 기대도 남달랐다. 부모는 결혼 10년 만에 이준이를 낳았다. 어린 시절부터 이준이는 영리하고 똑똑하다는 얘기를 많이 들었다. 이준이가 초등학생일 때는 수학 영재로 선발되었으며, 중학생일 때는 반에서 1등을 자주 하였다. 원하던 과학고등학교에 합격하기 위해 열심히 입시를 준비하였고, 결국 합격하게 되었다. 그러나 이준이는 고등학교 입학 후 처음 친 중간고사에서 35명 중 27등을 하였다. 이준이는 엄청난 충격을 받았고, 스트레스 때문에 폭식을 하면서 최근 몸무게가 15kg이나 늘었다. 부모의 위로 덕분에 이준이는 다시 공부에 매진하여 기말고사를 쳤으나, 29등을 하면서 큰 좌절감을 느끼게 되었다.

1. 탐지:
2. 반박:
3. 변별:

활동 2

최근 내가 선택한 결정 중에서 특별한 의미가 있거나, 다른 사람들로부터 지지나 혹은 비난을 받은 적이 있나요? 우리의 행동은 우리의 신념체계에 의해 결정됩니다. 나의 행동 이면에 숨은 의미를 함께 찾아봅시다. 첫 빈칸에는 내가 한 행동을 먼저 쓰고, 다음 빈칸부터는 그것이 무엇을 의미하는지 써 보면서 찾아보겠습니다.

활동

상황별로 짝이나 소집단으로 나누어 논박하기를 해 보세요.

합리적 정서 상상

도입

우리가 예상치 못한 상황이나 힘든 문제를 만나면 부정적인 정서가 생깁니다. 이런 기분이 지나치게 되면 심한 걱정과 불안, 분노, 죄책감, 수치심 등을 느낍니다. 합리적 정서 상상 기술은 우리가 경험할 수 있는 최악의 상황을 상상하여 부정적 감정을 건강한 감정으로 변화되도록 돕습니다. 지금부터 합리적 정서 상상 기술을 연습해 보겠습니다.

활동

다음 질문을 읽고 자유롭게 답해 보세요.

- 준비 단계: 눈을 감고 호흡을 편안히 해 보세요.
- 1단계: 최근 자신의 일상에서 염려되는 일이 있나요? 가장 최악의 상황을 상상해서 적어 보세요.
- 2단계: 만약 그 일이 일어났다고 가정하면, 당신의 감정은 어떨 것 같나요?
- 3단계: 부정적인 감정을 건강하고 자연스러운 감정으로 바꾸어서 표현해 보세요.
- 4단계: 부정적이지만 건강한 감정으로 바꾸기 위해 어떤 노력을 했는지 적어 보세요.

- 5단계: 계속해서 그 생각을 유지하도록 어떤 노력을 할 것인지 구체적으로 설명해 보세요.

- 6단계: 당신이 평소 좋아하는 활동과 싫어하는 활동은 무엇인가요?

- 7단계: 당신이 5단계에서 작성한 노력을 잘한다면 스스로에게 어떻게 보상할지를 작성하고, 실천하지 못한다면 싫어하는 활동을 어떻게 수행할지 구체적으로 작성해 보세요.

활동

활동할 때 미리 활동지를 작성한 후 상담자의 지시에 따라 집단원이 눈을 감고 내용을 상상하는 것도 좋습니다.

역할연기

도입

역할연기는 특정 상황 속에서 대안이 될 수 있는 바람직한 행동을 연습해 보는 기술입니다. 내담자가 힘든 상황에서 느끼는 감정이 무엇인지 살펴보고, 내담자의 부정적인 정서 이면에 숨겨진 비합리적인 신념을 찾아보겠습니다. 지금부터 다음 사례를 살펴보면서 역할연기 기술을 연습해 보겠습니다.

활동

〈사례〉

나는 대학교 2학년 학생이다. 최근 1학년 때부터 친하게 지내던 대학 친구들로부터 마음의 상처를 받았다. 그 이유는 한 달 전 약속 시간에 3분 정도 늦었는데, 나를 두고 친구들이 다른 장소로 이동하였기 때문이다. 최근에는 친구들이 서로 같은 조가 되어서 회의를 하고 있었는데, 나만 다른 조여서 소외감을 느꼈다. 친구 간의 사소한 반응과 눈빛에서 혹시나 나를 싫어하는 것은 아닌지, 나만 모르는 비밀이 있는 것은 아닌지 자꾸 신경이 쓰인다. 처음 만났을 때는 그렇지 않았는데 어떻게 하면 좋을지 모르겠다.

1. 주인공은 문제 상황에서 주로 어떤 감정과 말, 행동을 할 것 같나요?

2. 짝을 정해서 상담자, 내담자 역할을 정해 봅시다. 상담자 역할을 맡은 사람은 현재 상황에서 주인공이 느끼고 있는 감정, 말, 행동을 재연합니다. 내담자 역할을 맡은 사람은 상담자의 말과 행동을 그대로 재연합니다.

3. 주인공이 현재 느끼는 부정적인 감정 이면에 숨어 있는 비합리적인 신념은 무엇인가요?

4. 합리적 신념으로의 전환을 위해 주인공이 가장 먼저 시작하기 좋은 행동은 무엇인가요?

마무리

지금까지 우리는 합리정서행동상담 이론을 배우고, 합리정서행동상담의 다양한 기술을 연습하였습니다. 각자 활동을 끝낸 후 알게 된 사실을 정리하고, 이 순간 나에 대해서 새롭게 발견한 점들을 찾아보겠습니다. 더불어 앞으로 변화되길 기대하는 나의 행동을 적고, 변화가 이루어지길 함께 기대해 봅시다.

알게 된 사실	
↓	
새롭게 발견한 나의 모습	
↓	
기대하는 나의 행동	

활동

마무리 활동을 할 때 짝이나 소집단별로 이야기를 나누거나, 전체 집단원이 돌아가면서 소감을 나누어도 좋습니다.

제11장

게슈탈트상담

게슈탈트상담은 1940년대 독일의 프리츠 펄스(Fritz Perls)에 의해 창안된 상담방법이다. 게슈탈트(Gestalt)는 독일어로 전체, 형태, 모습 등의 의미를 가진다. 게슈탈트상담은 그 명칭처럼 인간의 삶에서 전체성, 통합, 균형의 중요성을 강조한다. 또한 인간을 현재 중심적이고, 전체적이며, 자신의 자유로운 선택에 의해 잠재력을 각성할 수 있는 존재로 본다. 이에 게슈탈트상담은 지금-여기에서 내담자가 자기를 충분히 각성할 수 있도록 도와야 한다. 그리고 자신의 부적응 행동의 원인을 깨닫고, 그것이 삶에 어떻게 영향을 미쳐 왔는지 인식할 수 있도록 돕는 과정이라 할 수 있다.

1. 상담의 목표

게슈탈트상담의 주요 과제는 내담자로 하여금 자신의 욕구와 감정을 분명히 알아차리고, 이를 환경과의 접촉을 통해 잘 해소할 수 있도록 도와주는 일이다. 즉, 내담자 자신이 행동하고 경험하는 것을 자각하여 자신의 느낌, 생각, 행동에 대하여 책임을 지도록 하는 것이다. 보다 직접적인 게슈탈트상담의 목표는 자각을 얻는 것이라 할 수 있다. 내담자가 자각하게 되면 중요한 미해결 과제를 알아차리게 되므로 상담에서 그것을 처리할 수 있게 된다. 이에 상담자는 내담자의 당면 문제를 해결해 주는 것이 아니라, 내담자가 스스로 목표를 발견하고 실현할 수 있도록 알아차림을 증진시켜야 한다. 그리고 상담자는 내담자가 '지금-여기'의 삶을 살아갈 수 있도록, 순간순간 자신의 현실에 몰두하고 무엇인가를 얻어 낼 수 있도록 도와야 한다. 그러할 때 알아차림, 통합, 성장 그리고 실존적 삶을 지향하는 게슈탈트상담의 목표에 도달할 수 있다.

2. 주요 개념

1) 전경과 배경

우리가 어떤 대상을 지각할 때 관심 있는 부분은 지각의 중심 부분으로 떠오르고, 나머지는 배경으로 물러나는 것을 체험할 수 있다. 즉, 전경은 어느 한순간에 관심의 초점이 되는 부분이며, 배경은 관심 밖으로 물러나는 부분이다. 예컨대, 서점에서 책을 사고자 할 때 본인이 사고자 하는 책은 전경이 되고, 그 책 주변에 있는 많은 책은 배경이 된다. 그리고 사고자 하는 책을 찾는 순간 욕구는 해결되어 의식에서 사라지게 된다. 이때 전경과 배경이 교체되기도 한다. 이처럼 건강한 사람은 매 순간 자신에게 중요한 게슈탈트를 선명하고 강하게 형성하여 전경으로 떠올릴 수 있다. 반면, 건강하지 못한 사람은 전경과 배경을 명확하게 구분하지 못한다.

2) 미해결 과제

새로운 게슈탈트가 형성되면 전경으로 떠오르고, 해소된 후 배경으로 물러나는 과정은 되풀이된다. 이러한 순환과정을 '전경과 배경의 교체'라고 부른다. 전경과 배경의 원활한 교체는 자연스러운 과정이다. 만약 전경과 배경의 교체가 원활히 이루어지지 않아 완결되지 않은 혹은 해소되지 않은 게슈탈트를 '미해결 과제(unfinished business)'라고 한다. 이러한 미해결 과제는 게슈탈트가 선명하게 형성되는 것을 방해한다. 미해결 과제가 많을수록 대부분의 사람은 자신의 욕구를 효과적으로 해소하지 못하고 심리적 · 신체적 장애를 일으키기도 한다. 따라서 게슈탈트상담 이론에서는 미해결 과제의 해결을 매우 중요한 목표로 여긴다.

3) 알아차림과 접촉

알아차림(awareness)이란 자신의 욕구나 감정을 지각하여 게슈탈트를 형성해 전경으로 떠올리는 행위 또는 그러한 능력을 말한다. 게슈탈트상담에서 알아차림이란 인식, 깨달음을 일컫는 것으로, 자신뿐만 아니라 타인의 욕구와 감정을 알아차리는 것을 말한다.

또한 접촉(contact)은 전경으로 떠오른 게슈탈트를 해소하기 위해 환경과 상호작용하는 행위를 뜻한다. 접촉은 알아차림과 함께 서로 보완적으로 작용하여 '게슈탈트 형성-해소'의 순환과정을 도와주어 유기체의 성장에 이바지한다. 게슈탈트상담에서 접촉은 유기체와 환경 간의 창조적 교류 혹은 적응이며, 변화와 성장이 일어나기 위한 필수 조건이다.

4) 지금-여기

게슈탈트상담은 지금-여기에 대한 강조로, 현재의 순간을 이해하고 경험하며 음미하는 것을 강조한다. 펄스는 지금 이외에는 아무것도 존재하지 않는다고 하였다. 게슈탈트상담자는 내담자가 현재와 접촉하는 것을 돕기 위해 현재 시제로 질문을 해야 한다. 예를 들어, 상담자는 내담자에게 "지금 무슨 일이 일어나고 있나요?" "지금 어떤 감정을 느끼고 있나요?"와 같이 '지금'이라는 자각을 증진시키기 위해 질문할 수 있다.

그렇다고 게슈탈트상담에서 내담자의 과거에 전혀 관심을 두지 않는 것은 아니다. 과거가 현재의 기능에 어느 정도 의미 있는 주제로 작용할 때 과거를 중요하게 다룬다. 과거가 현재의 태도나 행동에 중요한 관계를 가지는 이야기를 할 때 상담자는 내담자에게 과거 경험을 지금-여기로 가져오게 하며, 예전의 경험하였던 느낌을 되살리게 한다. 즉, 상담자는 과거의 사실이나 감정을 현재화하여 치료할 수 있다.

3. 상담 기술

게슈탈트상담의 과정은 상담자가 매 순간 내담자가 선택한 어떠한 관심사, 화제, 문제 또는 감정에 대하여 자각하고 훈습하도록 촉진하는 활동이기 때문에 회기마다 다르게 전개되는 경우가 많다. 이는 게슈탈트상담이 지금-여기에서 내담자가 자기를 충분히 각성하고, 실존적인 삶을 살아가도록 돕는 과정이기 때문이다. 따라서 게슈탈트 상담에서는 내담자의 자각 및 접촉을 증진시킬 수 있도록 다양한 게슈탈트 기술을 활용해야 한다. 이 절에서는 게슈탈트상담에서 널리 사용하고 있는 주요 상담 기술에 대해 살펴보고자 한다.

1) 자각

(1) 정의

게슈탈트상담에서 중요한 것 중 하나는 지금-여기에서 느끼는 자각이다. 지금-여기에서 느끼는 자신의 욕구와 감정, 언어, 신체, 환경 등에 대해 알아차리는 것이 중요하다. 내담자는 지금-여기에서 자신의 욕구와 감정을 자각함으로써 자신 및 환경과 잘 접촉하고 교류할 수 있게 되어 성장 및 변화를 경험하게 된다.

욕구 및 감정 자각의 예시

내담자: 엄마가 계속 저에게 취업 준비를 열심히 하라고 다그쳐요.
상담자: 지금 엄마에게 원하는 것은 무엇인가요?
내담자: 엄마가 나를 조금만 이해해 주었으면 좋겠어요.
상담자: 지금 그 말을 하면서 어떤 감정이 느껴지나요?
내담자: 엄마가 나를 이해하지 못하는 것 같아서 화가 나고 섭섭해요.

(2) 사용 상황

내담자는 보통 본인의 욕구 및 감정을 억압하고 있는 경우가 많으며, 자신의 미해결과제로 인하여 자신에게 지나치게 몰입한 나머지, 주위 환경에서 일어나는 사건이나 상황을 인지하지 못하게 되어 현실과 단절된 경우가 발생한다. 또한 게슈탈트상담에서 언어는 강력한 접촉 수단인데, 내담자가 언어를 어떻게 사용하느냐에 따라 접촉이 증가할 수도 있고, 반대로 단절될 수도 있다. 따라서 상담자는 내담자가 본인의 욕구와 감정을 억압하거나 주위 환경과 원활히 접촉하지 못하는 등의 문제가 드러날 때, 자각 기술을 사용하여 내담자의 욕구 및 감정, 신체, 언어, 환경 등의 자각을 촉진할 필요가 있다.

(3) 사용 시 주의점

자각 기술 중 욕구 및 감정의 자각은 중요하다. 내담자가 본인의 감정 자각을 회피하려는 경향이 보일 때, 상담자는 그 상태에 대해 피드백해야 한다. 그리고 "지금 그 감정에 머물러 보세요."라고 권유할 필요도 있다. 또한 내담자는 신체 자각 중 '지금-여기'를 떠나 과거나 미래를 회상하면서 신체적 어려움이 발생할 수 있다. 이 과정에서 맥박이 증가하고 급하게 숨을 들이쉬며 호흡 장애를 경험할 수 있다. 이때 상담자는 내담자를 관찰하고 내담자가 안정적으로 숨을 내쉬거나 호흡을 정상화할 수 있도록 도와야 한다.

(4) 활용 방법

- **욕구 및 감정 자각**: "지금 어떤 느낌입니까?" "지금 당신이 원하는 것은 무엇입니까?" 등의 질문을 통해 지금-여기에서 일어나는 욕구와 감정을 자각하는 것이 중요하다.
- **신체 자각**: "당신의 호흡을 느껴보세요." "당신의 손이 무엇을 말하려고 합니까?" 등과 같은 질문을 통해 에너지가 집중되어 있는 신체감각에 대해 자각하게 함으로써 내담자의 감정 상태를 보다 명확히 할 수 있다.
- **언어 자각**: '우리, 당신, 그것' 등의 대명사를 사용하는 대신 '나'라는 말을 쓰도록 한다. 그리고 "~하여야 할 것이다."와 같은 객관적인 사실을 설명하는 언어를 "~하겠다." "~하고 싶다."와 같은 주관적인 감정 언어로 바꿔 쓰게 함으로써 내담자 자신의 욕구나 감정에 대한 책임의식을 높일 수 있다.
- **환경 자각**: 자연 경관, 주위 사물의 모습, 맛, 냄새, 소리, 촉감 등 주위 환경에서 체험하는 것을 자각하게 함으로써 내담자로 하여금 자신의 욕구와 감정을 명확하게 알아차릴 수 있도록 도울 수 있다.

2) 빈 의자 기술

(1) 정의

빈 의자 기술은 현재 상담에 참여하지 않은 사람과 상호작용할 필요가 있을 때 사용된다. 여기서 내담자는 그 인물이 맞은편 빈 의자에 앉아 있다고 상상하고 그와 대화한다. 이 기술은 게슈탈트상담에서 가장 많이 사용하는 기술 중 하나이다.

빈 의자 기술의 예시

내담자: 저는 아버지가 너무 싫었어요. 아버지는 늘 술을 드셨고 무책임했어요.
상담자: 당신의 아버지가 여기 이 의자에 앉아 있다고 상상해 보세요. 그리고 아버지에게 하고 싶은 이야기를 한번 해 볼래요?
내담자: 전 무책임하고 무능력한 아버지가 너무 싫었어요. 아버지는 평생 실직 상태였고, 술에 취해 사셨죠. 아버지는 가족에 대한 책임감이 전혀 없으셨고, 어린 우리도 안중에 없었어요. 전 이런 아버지가 평생 원망스러웠어요.

(2) 사용 상황

내담자는 자신의 욕구와 감정을 정확히 인지하지 못함으로써 갈등이 생길 수 있다. 이때 상담자는 내담자가 욕구와 감정을 표현할 수 있도록 도울 필요가 있다.

(3) 사용 시 주의점

만약 내담자가 빈 의자 기술을 활용해서 직접 대화하는 것을 어려워할 경우 직접적으로 대화하기를 강조하기보다는 '상상 속에서' 말해 보라고 권유할 필요가 있다.

(4) 활용 방법

빈 의자 기술을 통해 내담자는 다른 사람에 대한 감정을 명료화할 수 있고 새로운 행동을 시험해 볼 수도 있다. 또한 역할을 바꾸며 대화를 해 봄으로써 상대방의 시각과 감정을 이해하고 공감할 수 있다. 무엇보다 빈 의자 기술은 타인과의 관계뿐만 아니라 자신의 억압된 부분 혹은 개발되지 않은 부분들과의 접촉도 가능하게 해 준다. 이때 내담자는 자기 내면의 어떤 부분에 대해 추상적으로 말하기보다 그것을 빈 의자에 앉혀 놓고 직접 대화함으로써 내면세계를 더욱 깊이 탐색할 수 있게 된다.

3) 현재화 기술

(1) 정의

현재화 기술은 과거 사건을 현재 일어나는 사건인 것처럼 체험하게 해 줌으로써 과거 사건과 관련된 내담자의 생각이나 감정, 욕구, 환상, 행동 등을 지금-여기에서 일어나는 현상들로 다룰 수 있게 하는 기술이다.

현재화 기술의 예시

내담자: 학교에서 하는 조별 발표를 망칠까 봐 불안해요.
상담자: 오늘 조별 발표를 망쳤다고 상상해 봅시다. 지금 기분이 어떠세요?
내담자: 굉장히 부끄럽고 속상해요.
상담자: 지금 어떤 생각이 떠오르나요?

(2) 사용 상황

미해결 과제는 자신 또는 타인과 효율적으로 접촉하는 것을 방해하는 형태로, 현재 생활에서 나타나는 다양한 문제를 유발한다. 미해결 과제는 해결되지 못한 감정으로 과거에 머무르는 경우가 많다. 예를 들어, 어린 시절 어머니로부터 사랑과 인정을 받지 못한 채 성장한 내담자는 애정결핍의 문제나 타인의 인정과 사랑에 대한 갈망으로 인정 욕구가 드러나지만, 그 어디에서도 충족되거나 만족할 수 없는 상태에 머무르게 된다. 이런 경우, 유년 시절의 감정을 현재로 가져와 어머니로부터 사랑받지 못했던 감정을 표현하고 해결책을 탐색함으로써 심리적 문제를 해결할 수 있도록 도울 수 있다.

(3) 사용 시 주의점

내담자는 상처받은 과거의 경험 등을 회상하여 현재로 가져오면서 슬픔, 고통, 혼란 등의 문제를 경험할 수 있다. 이때 상담자는 내담자가 자신의 감정을 충분히 자각하여 표현할 수 있도록 공감하고, 내담자가 드러내는 문제 및 감정 등을 지지 · 수용하는 데 많은 노력을 기울여야 한다.

(4) 활용 방법

현재화 기술은 개체가 예상되는 부정적 상황, 과거 회상 또는 미래의 상상이 지금-여기에서 일어나는 것처럼 다루어 현실에서 그 문제를 만나 경험하게 함으로써 해결책을 탐색하도록 돕는 것이 중요하다.

4. 상담 기술 실습

지금부터 게슈탈트상담에서 사용되는 '자각' '빈 의자' '현재화' 기술을 실습해 보자.

■ 활동 목표

- 나의 신체감각을 느껴 보고, 나를 둘러싼 환경에서 체험할 수 있는 것을 자각한다.
- 빈 의자 기술의 의미를 알고, 자신의 갈등 상황을 빈 의자 기술에 적용한다.
- 현재화 기술을 사용하여 예기되는 불안을 줄이고, 현실 상황에 적합한 해결책을 찾는다.

■ 준비물

이름표, 활동지, 잔잔한 음악, 의자

■ 진행과정

◈ 자각 기술

먼저, 바른 자세로 앉아 봅니다. 눈을 감습니다. 코로 숨을 깊게 마시고 천천히 내뱉습니다. 자연스럽게 자신의 호흡에 집중해 봅니다. 눈을 떠봅니다. 잠시 머무릅니다. 고개를 천천히 돌려가며 내 주변을 살펴봅니다. 무엇이 보이는지, 무슨 냄새가 나는지, 어떤 소리가 들리는지 살펴봅니다.

활동

빈 의자 기술을 하기 전에 자각 기술을 활용하여 참여자의 감각을 깨우고 자신의 내면에 집중할 수 있는 시간을 제공합니다. 집중하는 데 도움이 되는 음악이나 영상을 활용해도 좋습니다.

활동

다음의 질문에 자유롭게 답하세요.

1. 나의 호흡에 머무르는 활동을 하면서 어떤 감정이나 생각이 들었나요?

2. 나의 주변을 살펴보면서 어떤 것들이 기억에 남았나요?

3. 자각 기술을 나의 생활 속에 적용한다면 어떤 상황일 때 사용하고 싶나요?

빈 의자 기술

도입

빈 의자 기술은 빈 의자에 자신의 모습 혹은 타인이 있다고 가정하고 이야기를 하는 것을 말합니다. 빈 의자 기술을 통해 우리는 특정한 타인에 대한 미해결된 감정을 알아차리게 됩니다. 미해결 과제나 감정과 관련된 특정 타인이 빈 의자에 앉아 있다고 가정하고, 상대방에게 억압된 자신의 감정을 표현하는 연습을 해 보겠습니다.

평소에 떠올리만 해도 화가 나는 상대가 있습니까? 그 감정과 관련된 사람을 빈 의자에 앉힙니다. 그 사람이 있다고 생각하고 온전히 집중하세요. 떠오르는 감정이나 하고 싶은 말이 있다면 그 사람에게 말이나 글로 표현하세요. 충분히 이야기가 되었다면 자신의 미해결 과제가 무엇인지 발견해 보세요. 자신의 이야기를 들은 상대는 어떤 마음이 들지 떠오르는 대로 표현합니다. 다시 그 이야기를 들은 나는 어떤 마음이 생기는지 떠오르는 대로 표현해 봅니다. 이러한 과정은 반복하여 진행되며, 어느 정도 나의 감정이 해소되면 마무리됩니다.

활동

이번 활동은 친구와의 미해결 과제를 탐색하고 갈등을 해소해 보는 것입니다. 먼저, 의자에 가만히 앉아서 눈을 감습니다. 스스로 마음을 살펴봅니다. 여러분 각자 오랫동안 친하게 지내는 친구도 있고, 사소하게 싸운 이후로 연락을 하지 않는 친구도 있고, 친하게 지내고 싶은데 오히려 어색해진 친구도 있을 겁니다. 여러분은 친구와 어떻게 지냅니까? 친구에게 느낀 미움, 시기, 질투, 분노, 원망 등의 감정을 가지고 있습니까? 그렇다면 친구에 대한 미해결 과제가 남아 있다는 뜻일 수 있습니다. 각자 친구와의 미해결 과제를 탐색하고 해결해 보는 시간을 갖도록 하겠습니다. 떠오르는 사람이 있나요? 그 친구와의 갈등 상황을 찾아봅니다. 지금부터 그 친구에게 말하지 못한 자신의 솔직한 생각과 감정을 전달해 보겠습니다. 다음의 질문에 자유롭게 답해 보세요.

1. 빈 의자에 어떤 친구가 앉아 있나요? 그 자리에 앉은 친구에게 자신의 감정과 욕구를 담아 편지를 적어 봅시다.

2. 그 친구와는 어떤 미해결 과제가 있었나요?

3. 빈 의자에 앉은 친구는 어떤 대답을 했을까요?

4. 빈 의자 기술을 통해 친구와의 관계에서 나의 억압된 감정과 욕구가 무엇인지 찾았나요?

5. 빈 의자에 앉은 친구에게 어떤 이야기를 들었다면 미해결 과제를 해결하는 데 도움이 되었을까요?

6. 빈 의자 기술을 마친 후 친구와의 관계에서 어떤 변화를 기대하나요?

활동

- 편지 대신 친구가 지금 내 앞에 있는 빈 의자에 앉아 있다고 가정하고 친구에게 대화를 시도해도 됩니다.
- 인형과 같은 대리물을 세워 놓고 이야기해도 됩니다.
- 다시 위치를 바꾸어 친구의 입장에서 하고 싶은 이야기나 느낌을 표현해도 좋습니다. 계속 자리를 바꾸어 서로 이야기할 수 있습니다.

현재화 기술

도입

현재화 기술은 개인이 예상하는 부정적 상황이나 미래, 과거의 사건을 실제 지금-여기 일어나는 것처럼 직면시켜서 문제를 해결할 수 있도록 돕습니다. 현재화 기술을 통해 공상에 의한 불안이 허구임을 깨닫고, 실제 상황에서 이겨내는 힘을 길러 봅시다. 지금부터 다음 사례를 살펴보면서 현재화 기술을 연습해 보겠습니다.

활동 1

〈사례〉

현성이는 대학교 4학년에 재학 중인 학생으로 취업 준비를 하고 있다. 현성이는 성적이 우수하고, 전공 분야에서 다양한 경력을 쌓아 두었다. 2년 연속 과대표에 추천될 만큼 친구들에게 두터운 신임을 받고 있다. 그런데 자꾸 마음속에서 '취업을 하지 못하면 어떡하지?'라는 과도한 걱정이 떠오른다. 때때로 마음이 답답하고 불안하여 잠을 이루지 못하는 날도 늘어났다.

현성이가 얼마 전 이력서를 제출한 곳으로부터 탈락되었다는 소식을 방금 받았다고 상상해 봅시다.

1. 지금 심정이 어떤가요?

2. 어떤 생각이 떠오르나요?

3. 지금 무엇을 하고 있나요?

4. 오늘 저녁에는 무엇을 하고 싶나요?

활동 2

다음의 질문에 답해 봅시다.

1. 일어나지 않았으면 하는 일이 있다면, 그 일은 무엇인가요?

2. 그 일이 일어난다면 어떤 기분을 느끼게 될까요?

3. 그 일이 일어난 후 나의 상황은 어떻게 변할까요?

4. 그 일이 일어난 후 달라진 상황에서 나는 무엇을 하게 될까요?

마무리

지금까지 우리는 게슈탈트상담 이론을 배우고, 게슈탈트상담의 다양한 기술을 연습하였습니다. 각자 활동을 끝낸 후 알게 된 사실을 정리하고, 이 순간 나에 대해서 새롭게 발견한 점들을 찾아보겠습니다. 더불어 앞으로 변화되길 기대하는 나의 행동을 적고, 변화가 이루어지길 함께 기대해 봅시다.

알게 된 사실	

↓

새롭게 발견한 나의 모습	

↓

기대하는 나의 행동	

활동

- 프리츠 펄스가 작성한 '게슈탈트 기도문'이 있습니다. 내용을 찾아서 적어 보고 함께 읽어 봅시다.
- 마무리 활동을 할 때 짝이나 소집단별로 이야기를 나누거나, 전체 집단원이 돌아가면서 소감을 나누어도 좋습니다.

제12장

현실치료

현실치료(Reality Therapy)는 1960년대 윌리엄 글래서(William Glasser)에 의해 창안된 이론이다. 현실치료에서는 인간을 자신이나 환경을 스스로 통제할 수 있으며, 자기 행동을 스스로 선택하고 책임지는 존재로 보았다. 즉, 인간은 자기 결정적이며, 선택한 것에 대해 책임질 수 있는 주체적인 존재라는 것이다. 이러한 현실치료는 현재와 내담자의 행동에 중점을 둔다. 이때 내담자의 행동은 기본적인 욕구(생존, 소속, 힘, 자유, 즐거움)를 충족시키기 위한 것으로, 매 순간의 행동은 욕구 충족을 위한 선택의 결과이며, 그 결과에 대해 스스로 책임지도록 한다.

1. 상담의 목표

현실치료의 주요 과제는 내담자가 자신의 행동과 선택에 책임지고 만족할 수 있는 방법으로 자신의 기본적인 욕구를 충족할 수 있도록 돕는 것이다. 현실치료에서는 개인의 기본적인 욕구에서 비롯된 바람이 무엇인지 파악하지 못하고, 설사 바람을 파악했다 하더라도 효과적으로 바람을 충족시키지 못한 것을 문제로 본다. 따라서 현실치료의 주요 목표는 내담자가 진정으로 원하는 것이 무엇인지 파악하고, 그의 기본적 욕구를 바탕으로 '바람'을 충족시키는 것이다.

이에 상담자는 내담자의 바람이나 원하는 것을 정확히 인지한 후, 내담자가 그 바람을 달성할 수 있도록 도와주어야 한다. 그리고 상담자는 상담의 전 과정에서 내담자가 기본적인 욕구를 충족할 수 있도록 조력해야 한다. 이때 상담자는 내담자의 사랑과 소속에 대한 욕구가 보다 잘 충족될 수 있도록 도와야 한다. 따라서 현실치료에서는 상담자와 내담자의 관계 형성이 매우 중요하고, 이는 상담의 출발점이 된다. 상담자와 내담자의 유의미한 관계 속에서 상담자가 질문, 은유, 유머, 역설적 기술, 직면 등의 상담 기술을 적절히 활용한다면, 내담자의 선택과 행동 변화를 보다 효과적으로 도울 수 있을 것이다.

2. 주요 개념

1) 선택 이론

선택 이론에서 가장 중요한 개념은 '선택(choice)'이다. 인간의 행동은 자신의 선택에 의해 결정된다. 인간은 대부분의 활동이나 생각, 느낌, 생리적인 반응 등을 선택하며 지낸다.

2) 기본 욕구

인간은 다섯 가지 기본 욕구를 가지고 태어난다. 이러한 기본 욕구의 강도는 사람마다 다를 수 있으며, 사람은 저마다의 욕구를 충족시키기 위하여 행동한다. 이들 욕구 중 생존의 욕구는 생리적 욕구이고, 나머지 욕구들은 심리적 욕구에 해당한다.

- **생존(survival)의 욕구**: 개인의 생존과 안전을 위한 욕구
- **소속(belonging)의 욕구**: 다른 사람과의 관계 속에서 사랑을 주고받으며 상호작용하고, 소속되고자 하는 욕구
- **힘(power)의 욕구**: 경쟁과 성취를 통해 자신감과 만족감을 느끼며 권력과 힘을 추구하려는 욕구

- **자유(freedom)의 욕구**: 자율적인 존재로 자유롭게 선택하고 행동하고자 하는 욕구
- **즐거움(fun)의 욕구**: 재밌고 즐거운 것을 추구하며 새로운 것을 배우고자 하는 욕구

3) 전체 행동

글래서(Glasser, 1998)는 인간의 행동을 생각하고 느끼고 활동하고 생리적으로 반응하는 통합적 행동체계로 보고, 이를 '전체 행동(total behavior)'이라고 명명하였다. 즉, 전체 행동은 행동하기(acting), 생각하기(thinking), 느끼기(feeling), 생리적 반응(physiology)의 네 가지로 구성된다. 전체 행동 중에서 행동하기와 생각하기는 선택에 의한 통제가 가능한 반면, 느끼기와 생리적 반응은 직접적인 통제가 어렵다. 예를 들어, 자동차 타이어가 펑크 나면 화가 나거나 짜증이 날 수 있다. 이때 화가 나고 짜증이 나는 감정과 생리적 반응을 직접 통제할 수는 없지만, 스페어타이어가 있다는 것을 기억해 내고 타이어를 교체한다면 보다 생산적인 상황으로 변화시킬 수 있다. 요컨대, 통제 가능한 행동하기와 생각하기를 새롭게 선택한다면 보다 효과적으로 전체 행동을 바꿀 수 있다.

4) WDEP 체계

현실치료는 행동 변화를 위한 상담과정으로 WDEP 체계를 사용한다. WDEP 체계는 내담자의 기본적인 욕구, 바람을 파악하고 그 바람을 달성할 수 있도록 도와주는 것이다. WDEP의 각 문자는 행동 변화를 촉진하기 위한 전략들을 말한다. 즉, W(wants)는 욕구 탐색하기, D(doing)는 현재 행동에 초점 두기, E(evaluation)는 자신의 행동 평가하기, P(planning)는 계획 세우기를 일컫는다. 이러한 WDEP 체계는 상담과정에서 반복 사용되며, 상담자와 내담자 간의 협력적이고 우호적인 관계 속에서 지속적으로 이루어진다.

- **W(욕구 탐색하기)**: "무엇을 원합니까?" "진정으로 원하는 것은 무엇입니까?" 등의 질문을 통해 내담자가 본인의 욕구 충족을 위해 무엇을 어떻게 해 왔는지 탐색할 수 있다.

- **D(현재 행동에 초점 두기)**: "지금 무엇을 하고 있습니까?" "지난 일주일 동안 실제로 무엇을 하였습니까?" 등의 질문을 통해 내담자가 현재 무슨 행동을 하고 있는지 명확히 인식할 수 있도록 도울 수 있다.
- **E(자신의 행동 평가하기)**: "당신이 지금 하고 있는 행동은 당신이 원하는 것을 얻게 하는 데 도움이 되고 있습니까?" "당신이 원하는 것은 현실적입니까?" "실현 가능한 것입니까?" 등의 질문을 통해 내담자의 현재 행동이 자신의 욕구, 바람을 충족시키는 데 효과적인지 스스로 평가하는 것을 조력할 수 있다.
- **P(계획 세우기)**: 내담자는 자신의 욕구, 바람 등을 충족할 수 있는 새로운 행동을 계획하여 수립한다. 이때 계획은 간단하고 달성 가능하며, 측정 가능하고 실천 가능한 것 등으로 세워야 한다.

3. 상담 기술

현실치료는 치료자가 내담자와 의미 있는 관계 속에서 WDEP 체계를 통해 내담자의 만족을 높이고 성장을 돕는 바람직한 선택을 증진시킨다. 현실치료는 상담 기술에 중점을 둔 이론은 아니지만 내담자와의 관계 속에서 내담자의 바람을 효과적인 방법으로 달성할 수 있도록 질문하기, 역설적 기술, 직면, 유머 사용하기 등의 상담 기술을 시의적절하게 활용한다. 이 절에서는 현실치료에서 널리 사용하고 있는 주요 상담 기술에 대해 살펴보고자 한다.

1) 질문하기

(1) 정의

질문하기는 내담자의 바람, 욕구를 파악하고 내담자의 행동을 평가하는 데 유익한 기술이다. 즉, 질문하기는 내담자의 내면세계로 들어가 정보를 수집하고, 내담자로 하여금 바람직한 선택 방법을 내면화하는 데 좋은 방법이다.

질문하기 기술의 예시

상담자: 지금 하는 행동이 당신에게 도움이 되나요?
상담자: 그 계획이 당신이 할 수 있는 최선인가요?

(2) 사용 상황

내담자의 행동 변화를 촉진하기 위해서는 자신의 욕구나 바람 파악 및 자기평가가 바탕이 되어야 한다. 상담자의 적절한 질문은 내담자 자신에 대한 이해를 돕고, 행동 방향을 결정하는 데 자극제가 될 수 있다. 즉, 효과적인 질문은 내담자의 행동 변화를 위한 유용한 기술이다.

(3) 사용 시 주의점

질문하기 기술은 내담자의 내적 욕구 파악 및 자신의 행동을 검토 · 평가하는 데 도움이 되도록 사용되어야 한다. 상담자는 내담자에게 지나치게 직접적인 질문을 하거나 개인적인 질문은 하지 않도록 주의해야 한다.

(4) 활용 방법

상담자의 적절한 질문은 내담자가 자신의 바람, 욕구 등을 인지하는 데 도움을 준다. 그리고 내담자의 현재 행동을 검토하고 평가하여 스스로 계획을 세울 수 있도록 조력한다. "당신은 자신의 삶에서 무엇을 변화시키고 싶습니까?" "당신은 지금 무엇을 하고 있습니까?" "당신이 지금 하는 행동이 당신에게 도움이 되고 있습니까?"와 같은 질문을 통해 내담자의 내적 욕구와 현재 행동을 평가 · 검토하고 이후의 행동 계획을 세우는 데 도움을 줄 수 있다.

2) 역설적 기술

(1) 정의

역설적 기술이란 내담자에게 모순된 요구 및 지시를 하여 내담자를 진퇴양난에 빠지게 하는 것이다. 예를 들면, 발표를 두려워하는 내담자에게 더 많은 발표를 하라고 지시하는 것이다.

역설적 기술의 예시

내담자: 저는 요즘 새로운 환경에 적응하는 것이 너무 낯설고 불안해요.
상담자: 아, 불안하지 않기를 바라는 마음에서 상담실을 찾아오셨군요.
내담자: 네, 저는 새로운 환경에서 불안해 하지 않고 잘 적응했으면 좋겠어요.
상담자: 무슨 말씀인지 알겠습니다. 저는 낯선 관계, 새로운 환경에서 오히려 지금 느끼는 이 불안감을 있는 그대로 느껴 보라고 조언하고 싶습니다. 좀 더 두려워하고, 불안을 느껴 보세요. 최대한 떨어 보고 긴장해 보세요.

(2) 사용 상황

현실치료에서는 보다 직접적이고 지시적인 방법으로 내담자를 변화시키고자 한다. 그러나 내담자가 행동 변화를 위한 계획을 세우지 않으려 저항할 수 있고, 계획을 설정한 후 실천을 하지 않을 수도 있다. 이러한 상황에 직면할 경우, 상담자는 내담자에게 예상 밖의 활동을 하도록 역설적 기술을 사용하여 행동 변화를 유도할 수 있다.

(3) 사용 시 주의점

역설적 기술은 모순된 요구나 지시를 하는 만큼, 내담자의 입장에서는 '하나의 언어 충격'이라 할 수 있다. 즉, 역설적 기술은 매우 강력한 도구이기에 충분한 교육과 훈련을 받은 상담자가 적절하게 활용해야 하며, 숙련된 전문가의 감독 아래 실시되어야 한다.

(4) 활용 방법

역설의 두 가지 유형으로 '틀 바꾸기(reframing)'와 '처방(prescription)'이 있다. 틀 바꾸기는 어떠한 사건이나 주제에 대해 새롭게 인식할 수 있도록 조력하는 것을 말한다. 예를 들어, 내담자가 보다 많이 슬퍼하기를 선택하는 것은 덜 슬퍼하기를 선택할 수도 있다는 것을 의미한다.

또한 처방은 내담자로 하여금 증상을 선택하도록 지시 · 요구하는 것을 말한다. 예를 들어, 말을 더듬어 낯선 사람 앞에서 이야기하는 것을 꺼리는 내담자에게 자기 스스로 얼마나 자주, 그리고 많이 말을 더듬는지를 타인 앞에서 말하도록 할 수 있다. 이러한 역설적 기술은 내담자 스스로가 자신의 행동을 통제하고, 자기 자신 또는 자신의 문제를 새로운 관점에서 볼 수 있도록 돕는다.

3) 직면

(1) 정의

직면이란 내담자의 말과 행동이 불일치할 때 인지시키는 것을 말한다. 예를 들면, 시험 성적이 우수하기를 바라는 학생이 시험 기간에 공부를 하지 않는 경우 그의 바람과 행동이 일치하지 않음을 지적하는 것이다.

직면 기술의 예시

내담자: 전공이 맞지 않아서 자퇴하고 싶어요. 엄마가 시키는 대로 진학을 했는데 적성에 맞지 않아 더 이상 학교를 다닐 수가 없어요.

상담자: 그럼, 다른 모든 일도 어머니가 시키는 대로 결정하고 행동하셨나요?

내담자: 그건 아닙니다.

상담자: 다른 일은 어머니가 시키는 대로 하지 않았는데, 전공 선택은 어머니가 시키는 대로 해서 적성에 맞지 않았다는 거네요. 학교를 그만두는 이유를 어머니에게서 찾는 것처럼 보입니다.

(2) 사용 상황

상담자는 내담자의 말과 행동, 현실적인 책임과 모순된 행동을 할 때 직면 기술을 사용한다. 현실치료에서는 내담자의 선택과 책임을 강조하고, 변명을 허용하지 않기에 직면 기술이 필수이다.

(3) 사용 시 주의점

직면 기술은 내담자를 질책하기 위한 것이 아님을 유념해야 한다. 직면은 내담자의 현재 행동을 이해하고, 내담자의 책임감 있는 행동 변화를 위해 사용하는 것이다.

(4) 활용 방법

상담자는 내담자가 자신의 욕구, 바람과 일치하지 않거나 바람직하지 않은 행동을 할 때, 직면을 통해 내담자의 이해의 폭을 넓히고 자신이 선택한 행동에 책임을 지도록 돕는다. 이때 상담자는 내담자를 비판하거나 논쟁하지 않으면서 내담자가 스스로 자신의 행동을 탐색해 보고, 효과적인 계획을 세울 수 있도록 조력해야 할 것이다.

4. 상담 기술 실습

지금부터 현실치료의 'WDEP' 과정을 실습해 보자.

■ 활동 목표

- 나의 욕구와 소망을 탐색한다.
- 전체 행동의 개념을 알고 문제 상황에 적용해 본다.
- 나의 요구와 바람에 따라 효율적으로 계획을 세운다.

■ 준비물

이름표, 활동지, 사진이나 그림(좋은 세계 속 '나의 사진첩')

■ 진행과정

수업 안내하기

현실치료에서는 내담자의 행동 변화를 촉진하기 위하여 'WDEP(Want: 바람, Doing: 행동, Evaluation: 자기평가, Plan: 계획하기)' 상담과정을 제시하였습니다. 이러한 과정을 바탕으로 나의 욕구를 찾아서 전체 행동을 분석하며, 나의 욕구와 바람에 따라 계획하는 활동을 하겠습니다. 지금부터 단계별로 활동을 하나씩 시작하겠습니다.

활동

WDEP 상담과정에는 질문하기, 역설적 기술, 직면과 같은 기술들을 활용하고 있습니다. 별도로 세부 기술을 살펴보는 대신 WDEP 상담과정을 연습하겠습니다.

욕구 탐색

도입

지금부터 나의 기본 욕구가 무엇인지 살펴보고자 합니다. 다양한 나의 욕구가 무엇인지 살펴보고, 일상에서 나의 욕구들이 잘 반영되고 있는지 탐색해 보겠습니다.

활동 1

현재 일상에서 주로 하고 있는 행동이나 평소에 가지고 있는 신념, 인간관계에서 주로 선호하는 활동이나 상대방에게 바라는 행동, 앞으로 하고 싶은 행동이나 계획 등을 자유롭게 적어 봅시다. 그런 다음 작성한 내용이 나의 기본 욕구 중에서 어디에 해당하는지 번호를 찾아서 괄호 안에 적어 봅시다.

욕구: 1-소속과 사랑, 2-힘과 성취, 3-자유, 4-즐거움, 5-생존

[예: 시간이 나면 영화나 드라마를 주로 본다. (4)]

1. ______________________________ (   )

2. ______________________________ (   )

3. ______________________________ (   )

4. ______________________________ (   )

5. ______________________________ (   )

6. ______________________________ (   )

7. ______________________________ (   )

8. ______________________________ (   )

9. ______________________________ (   )

10. ______________________________ (   )

활동 2

1. 앞에서 살펴본 나의 욕구 중에서 무엇이 얼마만큼 차지하고 있는지 원그래프로 나타내어 봅시다.

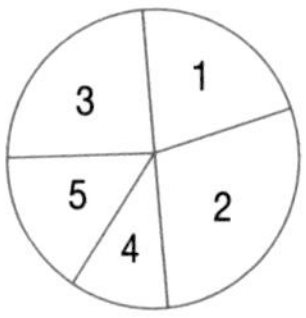

[원그래프 예시]

2. 어떤 욕구가 가장 많은가요?

3. 이러한 나의 욕구가 평소에 만족스럽게 채워지고 있나요? 혹은 그렇지 않은가요? 각각의 이유를 적어 봅시다.

4. 어떤 욕구가 가장 적은가요? 이 욕구가 적은 이유는 무엇인가요?

나의 '좋은 세계' 찾기

도입

'좋은 세계'란 나의 욕구가 충족되는 것들로 이루어진 세계를 말합니다. 사람마다 현실을 다르게 받아들이는 이유는 개인이 가지고 있는 '좋은 세계'가 각자 다르고 독특하기 때문입니다. 이 세계는 태어날 때부터 만들어지기 시작하여 일생 동안 반복적으로 재창조되면서 생산되며, 이는 우리가 원하는 욕구가 잘 반영된 이상향적인 세계의 모습입니다. 지금부터 나의 좋은 세계를 찾아보겠습니다.

활동 1

나의 욕구와 바람을 충족할 수 있는 나만의 좋은 세계를 탐색해 봅시다. 다음에는 좋은 세계를 탐색하기 위한 질문이 있습니다. 각자 자유롭게 답해 보세요.

1. 일상생활에서 좋은 느낌을 주는 것은 무엇인가요?

2. 그것이 주는 의미는 무엇인가요?

3. 그것과 연관되어 생각나는 사람이나 본받고 싶은 사람이 있나요?

4. 어떤 점에서 그 사람이 떠올랐나요?

5. 구체적인 그 사람의 행동은 무엇인가요?

6. 자신의 '좋은 세계'를 구체적으로 작성해 주세요.

활동

좋은 세계를 찾는 활동을 할 때 일상생활이 아니라 대학이나 학과 혹은 직장과 같이 구체적인 환경 속에서 탐색하는 것도 좋습니다.

활동 2

'좋은 세계'에는 기본적인 욕구를 충족하는 마음속의 바람들로만 이루어진 특별한 '사진첩'이 있습니다. 이 사진첩은 자신의 원하는 사람, 환경, 물건, 사건, 신념들로 이루어져 있습니다. 자신이 평소 좋아하거나 원하는 삶의 모습과 가까운 사진이나 그림이 있나요? 다음의 사진첩에 전시해 봅시다.

〈나의 사진첩〉

이러한 이미지가 나의 좋은 세계 속에서 어떻게 실현되고 있는지 살펴봅시다.

활동

나의 '좋은 세계'와 '나의 사진첩'에 관한 내용을 짝이나 소집단별로 나누어 이야기해 보세요.

전체 행동

도입

전체 행동은 인간이 '생각하고 느끼고 활동하고 생리적으로 반응'하는 모든 행동체계를 말합니다. 일상에서 우리가 어떻게 전체 행동을 하는지 살펴보고자 합니다. 먼저, 사례에 제시된 상황 속 주인공의 전체 행동을 분석해 보겠습니다. 그런 다음, 전체 행동의 양식에 맞게 나의 상황을 분석하여 바람직한 전체 행동으로 재조직화하는 연습을 해 보겠습니다.

활동 1

다음의 사례를 읽고 그 상황에 맞는 전체 행동의 네 가지 요소(행동하기, 생각하기, 느끼기, 생리적 반응)를 찾아봅시다.

〈사례〉

> 하늘이는 일주일 전에 남자 친구에게 문자로 이별 통보를 받았다. 종일 핸드폰에 저장된 남자 친구의 사진을 본다. '상대방이 많이 힘들었나?' '무슨 일이 생겼나?' '내가 잘못한 일이 있나?'라는 생각이 떠나질 않는다. 하늘이는 눈물만 하염없이 흐르고, 식사를 거의 하지 않고 집에만 머무르고 있다.

선택 이론에 따르면 하늘이의 현재 행동은 자신의 선택에 따른 것이며, 이는 이렇게 행동하는 것 말고는 상황을 효과적으로 통제할 방법이 없기 때문입니다. 하늘이의 현재 행동이 비효율적인 선택으로 보이나요? 앞으로 하늘이가 생산적인 상황에서 어려움을 대처할 수 있도록 행동체계를 새롭게 구성해 봅시다.

〈현재 전체 행동〉

- 행동하기
- 생각하기
- 느끼기
- 생리적 반응

〈재조직한 전체 행동〉

- 행동하기
- 생각하기
- 느끼기
- 생리적 반응

활동 2

현재 일상에서 나타나는 문제 상황이나 사건을 적어 보고, 그 당시 나의 바람이 무엇인지 살펴보면서 나의 전체 행동을 분석해 봅니다. 그런 다음, 나의 바람을 근거로 새롭게 조직화된 전체 행동을 작성해 봅시다.

1. 현재 문제 상황

2. 나의 바람은?

〈현재 전체 행동〉
- 행동하기
- 생각하기
- 느끼기
- 생리적 반응

〈재조직한 전체 행동〉
- 행동하기
- 생각하기
- 느끼기
- 생리적 반응

계획하기

도입

나의 욕구와 바람이 충족된 행복한 삶을 살아가기 위해서 우리는 무엇을 해야 할까요? 보다 현실적으로 실현 가능하고 구체적인 계획을 세워서 실천해야 합니다. 지금부터 바람직한 계획을 세워 보는 연습을 시작하겠습니다.

활동1

현재 나는 어떤 힘든 상황에 놓여 있나요? 문제를 해결하기 위한 나의 바람과 욕구를 파악한 후 이를 극복하기 위한 구체적인 계획을 세워 보겠습니다.

1. 문제 상황

2. 나의 바람과 욕구

바람	욕구

↓

좋은 계획		구체적인가?
		측정 가능한가?
		달성 가능한가?
		현실적인가?
		기간이 적절한가?

- 구체적인가? 계획은 명확하고 구체적이고 분명하게 설정해야 한다.
- 측정 가능한가? 어느 정도 달성이 가능한지 관찰 가능하며 수량화되어야 한다.
- 달성 가능한가? 계획을 실천하기 위한 일들이 명확하게 제시되어야 한다.
- 현실적인가? 현실적으로 적절하고 실현 가능한지 살펴보아야 한다.
- 기간이 적절한가? 계획 달성 시간과 시기를 적절하게 설정하고 평가해야 한다.

활동 2

삶에서 나의 욕구와 바람을 실현하기 위해 현재 어떤 행동을 하는지 살펴보고, 내가 세운 계획이 적절하게 실현되기 위해서 어떻게 구체적으로 계획하면 좋을지 생각해 봅시다.

1. 나의 욕구는 무엇인가요?

2. 나의 바람은 무엇인가요?

3. 나는 지금 무엇을 하고 있나요?

4. 어떤 계획을 세울 것인가요?

5. 내가 세운 계획은 적절한가요?

활동

짝이나 소집단별로 자신의 계획을 공유하여 계획에서 부족하거나 보완이 필요한 부분을 찾아서 이야기해 봅시다.

마무리

지금까지 우리는 현실치료상담 이론을 배우고, 현실치료의 다양한 기술을 연습하였습니다. 각자 활동을 끝낸 후 알게 된 사실을 정리하고, 이 순간 나에 대해서 새롭게 발견한 점들을 찾아보겠습니다. 더불어 앞으로 변화되길 기대하는 나의 행동을 적고, 변화가 이루어지길 함께 기대해 봅시다.

알게 된 사실	

↓

새롭게 발견한 나의 모습	

↓

기대하는 나의 행동	

활동

마무리 활동을 할 때 짝이나 소집단별로 이야기를 나누거나, 전체 집단원이 돌아가면서 소감을 나누어도 좋습니다.

제13장

해결중심상담

해결중심상담은 드 세이저(Steve de Shazer)와 김인수(Insoo Kim Berg) 부부가 동료들과 함께 개발한 상담방법이다. 해결중심상담은 문제보다 해결책에 중점을 둔다. 즉, 해결중심상담은 문제가 무엇인가를 밝히기보다는 내담자의 성공 경험, 강점 등을 활용해 문제를 해결하고, 빠른 행동 변화를 유도하기에 매우 효과적 · 효율적인 상담으로 인식되고 있다.

1. 상담의 목표

해결중심상담에서는 인간을 긍정적인 관점으로 본다. 인간은 각자의 삶 속에서 성공했던 경험이 있으며, 이러한 경험을 근거로 하여 스스로 문제를 해결하고 성장할 수 있는 존재이다. 따라서 해결중심상담에서는 내담자가 스스로 문제를 해결해 나갈 능력이 있다고 보기에, 문제의 원인보다는 해결방안을 발견하고 구축하는 데 목표를 둔다. 이에 상담자는 내담자와 함께 문제에 대해 효과적으로 생각하는 방법과 그것을 효율적으로 다루는 방법을 찾아야 한다. 요컨대, 상담자는 내담자와 함께 성공하지 못했던 해결방안보다는 과거에 성공 경험이 있는 해결방안에 관해 이야기를 나눔으로써 효과가 없는 것에 몰두해 있는 내담자의 생각을 바꿀 수 있도록 조력해야 한다. 또한 상담자는 문제가 발생하기 전, 문제가 없었던 '예외 상황'을 찾음으로써 문제해결의 실마리를 찾을 수 있도록 도와야 한다. 이때 상담자는 내담자가 성공 경험을 많이 자각하고, 그 경험을 바탕으로 더욱더 행복한 삶을 살 수 있도록 도울 수 있을 뿐만 아니라 내담자의 행동 변화 역시 이끌어 낼 수 있을 것이다.

2. 주요 개념

1) 해결중심상담의 원칙

해결중심상담은 이론에 얽매이는 것을 거부하지만, 다음의 8개의 원칙을 강조한다.

- 병리적인 것 대신에 건강한 것에 초점을 둔다. 잘못된 것에 관심과 초점을 두는 대신에 성공한 것과 성공하게 된 구체적인 방법을 발견하는 데 관심을 둔다.
- 내담자의 강점, 자원, 건강한 특성을 발견하여 활용한다. 내담자가 원하는 결과를 성취하기 위해 내담자가 이미 가지고 있는 자원, 기술, 환경, 특성 등을 활용한다.
- 탈이론적 · 비규범적이며, 내담자의 견해를 존중한다. 이론적 틀에 맞추어 내담자를 평가하지 않고, 내담자의 견해를 있는 그대로 존중한다.
- 단순하고 가장 솔직한 의미를 추구한다. 해결중심상담의 치료 방법은 경제성을 추구한다. 즉, 단순한 것에서 복잡한 것으로 치료를 함으로써 성취한다.
- 변화는 불가피하다. 누구에게나 변화는 삶의 일부이기에 변화를 막을 수는 없다. 상담자는 자연 발생적인 변화를 발견하고 그 변화를 해결방법으로 활용한다.
- 현재와 미래를 지향한다. 내담자의 과거와 문제로부터 멀리하고, 미래와 해결방안을 구축하는 데 관심을 집중한다.
- 내담자의 자율적인 협력을 중요시한다. 상담자와 내담자가 함께 해결방안을 발견하고 구축하는 과정에서 서로 협력을 중요시한다.
- 해결중심상담은 다음의 철학을 중요시한다. 첫째, 어떤 것이 기능을 하면 그것을 고치지 않는다. 둘째, 일단 효과가 있는 것을 알면 그것을 좀 더 한다. 셋째, 효과가 없다면 다시는 같은 방법을 사용하지 않고, 다른 방법을 사용한다.

2) 상담자와 내담자의 관계 유형

해결중심상담에서는 상담에 참여한 동기 및 상황 등과 관련하여 상담자와 내담자의 관계를 고객형, 불평형, 방문형의 세 가지로 구분한다.

- **고객형**: 문제해결을 위해 어떤 노력 및 시도를 하려는 동기가 있는 내담자이다. 이 유형은 상담자와 내담자가 매우 긍정적이고 협력적인 치료관계를 형성할 가능성이 크다.
- **불평형**: 내담자 자신을 위해서가 아니라 다른 사람을 위한 목표를 가지고 있는 내담자이다. 이 유형은 다른 사람을 돌봐야 하는 입장과 역할이 있는 것으로 보인다.
- **방문형**: 상담의 필요성이나 문제해결의 동기가 약한 내담자이다. 일반적으로 부모, 교사, 배우자 등에 의해 의뢰되는 경우가 많다.

3. 상담 기술

해결중심상담에서는 목표 성취를 위해 상담자와 내담자가 협력적인 관계를 유지하고 해결방안을 구축해 나가는 데 중점을 둔다. 그리고 내담자의 잠재적인 능력을 일깨우고, 해결능력을 개발할 수 있는 다양한 질문 기술, 메시지 전달 기술, 변화 강화 기술 등을 적절히 활용한다. 이 절에서는 해결중심상담에서 널리 사용하고 있는 주요 상담 기술들에 대해 살펴보고자 한다.

1) 질문 기술

(1) 정의

해결중심상담에서의 질문 기술은 굉장히 구조화되어 있으며, 그 자체로도 치료 효과를 가진다. 해결중심상담에서는 면담 이전 변화를 묻는 질문, 예외질문, 기적질문, 척도질문, 대처질문의 다섯 가지 질문을 널리 사용한다.

- **면담 이전 변화를 묻는 질문**: 상담 약속 이후, 상담을 하러 올 때 내담자의 긴장이나 불안 등이 (상담 약속 전보다) 감소된 것을 발견할 수 있다. 이때 상담자는 심각했던 문제가 어떻게 완화되었는지를 파악할 수 있는 질문을 한다.
- **예외질문**: 문제의 예외 상황을 발견하고, 그 예외가 강화될 수 있도록 하는 기술이다. 즉, 예외질문은 일상생활에서 잘하고 있으면서도 의식하지 못했던 것을 발견하고, 의도적으로 성공했던 행동을 하도록 강화시키는 기술을 말한다.
- **기적질문**: 문제와 분리하여, 문제가 해결된 것을 상상하게 해 보는 기술이다. 즉, 기적질문은 문제를 제거하거나 감소시키지 않고, 문제가 해결된 상황을 상상해 봄으로써 해결되기를 원하는 목표를 구체화하는 기술을 말한다.
- **척도질문**: 문제의 심각성, 변화를 위한 동기, 진행에 관한 평가, 성취 수준 등을 수치로 표현하도록 하는 기술이다. 즉, 척도질문은 수치로 정도를 표현하게 함으로써 해결방안 구축과 관련한 정보를 좀 더 명확하게 제공하는 기술을 말한다.
- **대처질문**: 힘든 상황에서 어떻게 대처해 왔는지에 대해 이야기하는 기술이다. 즉, 대처질문은 어려운 상황의 힘듦이나 위기와 관련된 질문으로 어려운 상황에서 성공적으로 대처한 방법에 대해 재인식하도록 돕는 기술을 말한다.

척도질문의 예시

상담자: 음, 스트레스를 아주 많이 받은 정도가 1점이고, 스트레스가 잘 해소된 것이 10점이라 한다면, 오늘은 몇 점 정도 될까요?
내담자: 3점 정도 되는 것 같아요.
상담자: 그럼, 3점에서 4점으로 올리려면 무엇이 변화되어야 할까요?

(2) 사용 상황

해결중심상담에서 면담은 내담자가 자발적 · 능동적으로 참여하도록 하는 '치료적 대화'이다. 이에 상담자는 면담을 통하여 내담자가 자신의 문제에 대한 해결방안을 찾아내고 성공 경험에 대해 진술할 수 있도록 조력해야 한다. 즉, 상담자는 내담자의 자발적 · 능동적 참여를 유도하고, 그들 스스로 상담과정에서 문제해결방안을 구축할 수 있도록 다양한 질문 기술을 적시에 사용해야 한다.

(3) 사용 시 주의점

다양한 질문 기술 중 기적질문 기술을 사용할 때 주의할 점은 기적이 '일어났을 때'를 가정하고 질문해야 한다는 점이다. 즉, '일어난다면'으로 가상해서 질문하지 않는 것이다. 또한 척도질문 기술을 사용할 때 시간제한을 명확히 하여 사용해야 함을 유념해야 한다. '오늘' '지난주' '지난달'과 같이 시간제한을 주어 사용해야 내담자에게 혼란을 주지 않기 때문이다.

(4) 활용 방법

- **면담 이전 변화를 묻는 질문**: "상담을 신청했을 당시와 달리, 상담을 받으러 오는 사이에 힘든 상황이 조금 나아진 사람들이 더러 있습니다. 혹시 이런 변화를 경험했나요?"라고 질문함으로써 내담자의 문제해결의 단서를 찾을 수 있다. 또한 면담 이전 변화를 경험한 내담자의 경우, 다른 사람의 도움 없이 스스로 문제해결을 위해 노력한 사실을 인정하고 칭찬해 줌으로써 행동 변화를 강화할 수 있다.
- **예외질문**: 성공했던 경험과 현재 잘하고 있는 것을 발견하는 질문으로, "언제 문제가 발생하지 않았나요?" "문제가 발생하지 않았다는 것을 어떻게 알았나요?" "문제가 발생한 상황과 발생하지 않은 상황에 차이점은 무엇입니까?"와 같은 질문을 활용할 수 있다.
- **기적질문**: 내담자는 기적에 관한 질문에 응답하는 과정에서 기적을 만드는 사람이 자기 자신임을 알게 되고, 변화된 생활을 구체적으로 상상해 봄으로써 자신의 치료 목표를 구체화할 수 있다. "오늘 밤 당신이 잠자는 동안에 기적이 일어나 모든 문제가 해결되었다고 상상해 보세요. 당신은 무엇을 보면 기적이 일어났다고 생각할까요?" "당신에게 변화가 일어난 것을 다른 가족들은 무엇을 보고 알 수 있을까요?" "기적이 발생하고 있는 것을 알 수 있는 아주 작은 신호는 무엇입니까?"와 같은 질문을 할 수 있다.
- **척도질문**: 변화나 의지를 구체적으로 인지할 수 있는 질문으로, 비교적 단순해서 어린아이부터 노년층까지 쉽게 사용할 수 있다. "10을 당신이 이상적으로 생각하는 사람이고 1을 최악의 상태라고 한다면, 지금 당신의 상태는 어느 정도인가요?" "남편은 무엇을 보면 당신이 1점 향상되었다고 생각할까요?" "내담자가 현재의 상태를 6점이라고 했다면, 6점에서 7점으로 변화할 때 무엇이 달라질 것 같은가요?"와 같은 질문을 사용할 수 있다.

- **대처질문**: 매우 힘들어하는 내담자에게 적절한 질문으로, 내담자의 성공과 자원, 강점 등을 발견할 수 있다. "어떻게 모든 것을 포기하지 않고 지탱해 왔나요?" "자살을 시도한 것이 어떻게 도움이 되었나요?" "어떻게 더 나빠지지 않았나요?" 등과 같은 질문을 활용할 수 있다.

2) 메시지 전달 기술

(1) 정의

해결중심상담에서는 내담자에게 전달하는 메시지를 중요시한다. 이 메시지는 치료적 피드백을 말하며, 칭찬, 연결문, 과제의 세 가지로 구성된다.

- **칭찬**: 내담자를 인정해 주는 것으로, 적절한 칭찬의 사용은 문제를 정상화하고 긍정적인 분위기를 만드는 데 도움을 준다.
- **연결문**: 칭찬과 과제를 이어주는 것으로, 지금 겪고 있는 어려움을 일반화하거나 과제에 대한 근거를 제공한다.
- **과제**: 내담자의 행동 변화를 견고화하기 위해 사용하며, 상담자와 내담자 간의 관계 유형에 따라 달리 제시된다. 과제는 관찰 제안과 행동 제안으로 나뉜다. 관찰 제안(observation suggestions)은 상담에서 얻은 정보를 토대로, 내담자의 해결방안 구축에 도움이 될 만한 측면에 주의를 기울이도록 권유하는 것을 말한다. 또한 행동 제안(behavioral suggestions)은 해결로 나아가는 데 도움이 될 만한 특정 행동을 실제로 하도록 하는 것을 일컫는다.

관찰 제안의 예시

상담자: 다음 주에 만날 때까지 상황이 보다 나아졌을 때를 잘 살펴보세요. 상황이 나아지기 위해 누가 무엇을 하는지 잘 살펴보시고, 저에게 이야기해 주세요.

행동 제안의 예시

상담자: 다음 상담에 오실 때까지, 어떻게 하면 아내가 남편을 인정해 줄지를 잘 생각해 보세요. 혹시 가능하다면 그중 한 가지를 실천해 보고 오세요.

(2) 사용 상황

어려움을 겪고 있는 내담자의 경우, 자신이 부족해서 무언가가 잘못되었다고 생각하는 등 자존감이 낮은 모습을 보여 줄 때가 있다. 이때 상담자의 칭찬은 내담자의 자존감을 높이는 데 도움이 되고, 상담자와 내담자 간 협력적인 관계 형성에도 긍정적인 영향을 줄 수 있다. 그리고 내담자의 행동 변화를 좀 더 명료화하기 위해 과제를 부여해야 하는 경우도 발생한다.

(3) 사용 시 주의점

상담자의 무분별한 칭찬 및 과제 부여는 내담자에게 반감과 부담감을 줄 수 있다. 칭찬 및 과제 등의 메시지를 전달할 때에는 구체적으로 제시해야 함을 주의해야 한다.

(4) 활용 방법

해결중심상담은 상담의 마무리 단계에서 피드백을 제공하며, 이는 '메시지'의 형태로 제시된다. 이때 상담자는 칭찬, 연결문, 과제 부여 등을 활용할 수 있다. 특히 과제 부여는 상담자와 내담자 간의 관계 유형에 따라 달리 제시한다.

- **방문형**: 비자발적 내담자이기에 칭찬만 하고 과제는 부여하지 않는다. 이들에게는 다음에 다시 상담에 참여할 것을 권하는 과제를 제공하는 것이 좋다.
- **불평형**: 자신이 변화해야 한다는 의지는 적지만 다른 사람의 변화를 통해 문제해결이 이루어진다고 생각하는 내담자에게 '생각과 관찰 과제'를 제시하는 것이 적당하다. 이때 상담자는 내담자들이 지금까지와는 다른 긍정적인 관점에서 다른 사람들을 관찰할 수 있도록 돕는 과제를 주어야 한다.
- **고객형**: 문제해결을 위한 의지가 있는 내담자이기에 '행동과제'를 주어야 한다. 즉, 변화를 위해 행동으로 옮길 수 있는 과제를 줄 필요가 있다.

4. 상담 기술 실습

지금부터 해결중심상담에서 사용되는 '목표에 접근하기' '기적질문' '척도질문' '메시지 전달 기술'을 실습해 보자.

■ 활동 목표

- 기적질문을 사용하여 나의 문제를 명료화한다.
- 내가 설정한 목표와 현재 나의 행동을 비교하여 척도화한다.
- 사례에 맞는 적절한 메시지를 찾는다.
- 나의 강점이 생활 속에서 드러나는 방법을 찾는다.

■ 준비물

이름표, 활동지, 거울

■ 진행과정

❖ 목표에 접근하기

도입

해결중심상담에서는 내담자가 가진 자원을 활용하여 내담자가 원하는 해결이 무엇인지 파악하여 해결방법을 돕는 것을 목표로 합니다. 그러기 위해서는 자신의 자원을 먼저 파악하고, 내담자와 함께 목표를 잘 만들어야 합니다. 당신 앞에 거울이 있습니다. 이 거울은 당신의 미래 모습을 보여 줍니다. 다음의 기적질문과 대처질문을 사용하여 당신의 미래를 그려 보세요. 그리고 미래 거울 모습을 통해서 이루고 싶은 목표를 설정해 보세요.

활동

잠시 눈을 감습니다. 그리고 눈을 뜨고 거울을 응시합니다. 이 거울을 통해 내가 바라는 미래의 모습을 확인할 수 있습니다.

1. 거울 속 당신의 미래는 어떻게 달라져 있나요?

2. 당신은 무엇을 해결했나요?

3. 문제를 어떻게 해결했나요?

4. 누가 당신을 도와주었나요?

5. 그 사람은 당신을 돕기 위해 무엇을 했나요?

기적질문

도입

기적질문은 문제에 대한 해결책을 만들어 상상하도록 만들어 구체적인 치료 목표를 세우는 데 도움을 줍니다. 다음에 제시된 상담자의 상황을 살펴본 후 기적질문에 답해 보세요.

활동

〈사례〉

우영이는 대학에 입학한 후 기대와 달리 새로운 친구를 사귀기 어려웠다. 자신이 모르는 사이 친구들 무리가 형성되어 있었고, 우영이는 친구들과 전혀 어울리지 못하였다. 학업도 마찬가지였다. 강의시간에 교수의 설명이 귀에 들어오지 않고 멍한 경우가 많았다. 우영이는 자신이 왜 대학을 왔는지 이유를 찾지 못하고 강의를 자주 빼먹었다. 아르바이트를 하려고 시도해 보아도 연락 오는 곳이 한 군데도 없었다.

〈기적질문〉

이제 다른 질문을 해 보겠습니다. 오늘 수업이 마치고 집으로 돌아가서 잠을 자겠죠? 잠을 자는 동안 기적이 일어나서 자신의 문제가 극적으로 해결되었습니다. 아침에 일어나보니 지난밤에 기적이 일어나서 나의 모든 문제가 해결되었다는 것을 알게 되었습니다.

1. 처음에 나는 무엇을 보면 기적이 일어났다는 것을 알 수 있을까요?

2. 기적이 일어나면 무엇을 통해 기적이 일어났다는 사실을 확인할 수 있을까요?

3. 작은 기적이 일어나면 생활에서 무엇이 달라질까요?

4. 기적이 일어나면 주변에서 무엇이 달라졌다고 얘기할까요?

활동

짝을 이루어서 역할 활동을 해 보세요.

척도질문

도입

내가 원하는 미래의 모습을 이제 현실로 가져와서 이루어보는 연습을 하겠습니다. 우선 상담을 통해 이루고 싶은 목표를 각자 설정해 봅시다. 그런 다음 목표를 1~10점으로 구분하여 현실의 모습과 얼마나 가까운지 평가해 봅니다.

활동

다음의 질문을 읽고 자유롭게 답해 봅시다.

1. 목표 설정

상담을 통해 이루고 싶은 목표를 설정해 봅시다.

-
-
-

2. 척도질문

나는 현재 몇 점일까요? 1점은 내가 원하는 모습과 가장 거리가 멀고 힘든 상황에 있을 때이며, 10점은 내가 행동 목표를 이루고 문제가 해결되었을 때를 말합니다. 다음 그래프에 자신의 목표를 기준에 맞게 채점해 보세요.

10점					
9점					
8점					
7점					
6점					
5점					
4점					
3점					
2점					
1점					
점수/목표					

활동

목표는 구체적이고 명확한 행동으로 드러날 수 있는 것으로 설정하세요. 긍정문을 사용하여 지금 좋아지길 원하는 것을 적어 보거나, 보다 현실적이고 성취 가능한 것으로 찾아보세요.

메시지 전달 기술

도입

메시지 전달 기술은 치료적 피드백을 말합니다. 그중에서 칭찬은 내담자의 강점을 인정하고 사소한 것일지라도 긍정적으로 표현하는 것을 말합니다. 칭찬은 내담자의 참여 동기를 높이고, 문제를 해결할 힘을 주며, 상담자의 메시지를 수용하는 것을 돕게 됩니다. 먼저, 사례를 읽고 내담자에게 어떤 메시지를 주면 좋을지 고민해 봅시다. 그런 다음 나의 강점을 찾아보고, 참여자들이 서로 칭찬하는 활동을 해 봅시다.

활동 1

다음 사례를 읽고 주인공에게 메시지를 제시하는 것이 바람직한지 논의해 봅시다.

〈사례〉

예진이는 중학교 3학년 학생이다. 담임교사가 고등학교 진학 상담을 하는 과정에서 고등학교에 가고 싶지 않다고 말하여 상담에 의뢰되었다. 부모는 초등학교 5학년 때 이혼했고, 아버지와 둘이 지낸다. 아버지는 건설업에 종사하여 한 달에 2, 3번 집에 오신다. 가끔 오시는 아버지는 말이 거의 없고 필요한 밥값을 제외하고는 용돈을 주지 않는다. 집에서는 반려견과 함께 지내고 있다. 예진이는 주말에 아르바이트를 해서 필요한 물건을 산다. 학교에서 예진이는 친구와 대화를 별로 하지 않는다. 자기 할 일만 하고 자기 자리에 앉아 있다. 친구들 사이에서 매우 조용한 아이라고 알려져 있으며, 학교에서 별다른 문제는 일으키지 않는다.

1. 예진이의 상황이 어떠한가요?

2. 예진이에게 가장 적합한 메시지는 무엇일까요?

3. 예진이가 앞으로 어떻게 되기를 기대하나요?

4. 예진이가 그러한 수준에 도달하기 위해서 어떤 메시지를 줄 수 있을까요?

활동 2

당신의 강점은 무엇인가요? 강점을 가능한 한 많이 써 봅시다.

1. 빈칸에 나의 강점을 찾아서 쓰세요.

2. 최근 언제 어떤 내용으로 칭찬을 받았나요?

3. 어떤 내용의 칭찬을 가장 받고 싶나요?

4. 나의 강점이 생활 속에서 드러나려면 어떻게 하는 것이 좋을까요?

활동

집단을 이루어서 활동해 보세요. 먼저 한 집단원이 자신의 강점을 자신 있게 이야기합니다. 다음 옆에 앉은 집단원은 주의를 집중해서 방금 말한 집단원의 강점을 기억해서 말과 행동으로 진심을 담아 칭찬해 주세요.

마무리

지금까지 우리는 해결중심상담 이론을 배우고, 해결중심상담의 다양한 기술을 연습하였습니다. 각자 활동을 끝낸 후 알게 된 사실을 정리하고, 이 순간 나에 대해서 새롭게 발견한 점들을 찾아보겠습니다. 더불어 앞으로 변화되길 기대하는 나의 행동을 적고, 변화가 이루어지길 함께 기대해 봅시다.

알게 된 사실	
↓	
새롭게 발견한 나의 모습	
↓	
기대하는 나의 행동	

활동

마무리 활동을 할 때 짝이나 소집단별로 이야기를 나누거나, 전체 집단원이 돌아가면서 소감을 나누어도 좋습니다.

제3부

상담 기술 훈련 프로그램

제3부에서는 제1부에서 다루었던 여러 가지 상담 기술을 초심상담자들이 훈련할 수 있도록 상담 기술 훈련 프로그램을 안내하였다. 제3부에 제시하는 상담 기술 훈련 프로그램은 클라라 힐(Clara Hill)의 Helping Skills 3단계에 따른 상담자와 내담자의 관계 향상을 위한 상담 기술 훈련 프로그램에 기초하여 구성하였다. 각 회기는 상담 훈련에 있어 네 가지 중요한 학습 방법(Bandura, 1969)인 설명-모델링-연습-피드백을 기초로, 강의-활동을 통한 적절한 모델링-롤플레잉을 통한 연습-자기 성장노트를 활용한 피드백으로 구성하였다.

이 프로그램에서 다루고 있는 상담 기술은 상담에서 가장 기초적이면서도 중요한 기술이다. 상담 초기 탐색 단계에서 중요한 신뢰관계 쌓기를 도울 수 있는 상담 기술부터 시작하여, 상담 중기 통찰 단계에서 내담자가 자기 문제를 통찰하고 이를 실생활에 적용할 수 있도록 돕는 상담 기술 훈련을 체계적으로 다루었다. 그리고 마지막 실행 단계에서는 이러한 훈련과정이 상담자에게 체득될 수 있도록 지금까지 습득한 상담 기술을 포괄적으로 적용해 보도록 구성하였다. 또한 단순한 활동지 작업이 아니라 실제 상담 장면에서 일어날 수 있는 상황을 예시로 제시하여 롤플레잉과 같은 실전 반복 훈련으로 구성하여 초심상담자들이 상담 현장에서 자연스럽게 적용할 수 있도록 하였다.

학습 목표

1. 상담 기술 훈련을 통해 상담의 발달 단계에 따른 상담 기술을 체계적으로 이해하고 통합적으로 적용해 볼 수 있다.
2. 실제 상담 장면에서 적용할 수 있는 경험 중심의 훈련을 통해 적절한 상담 기술에 대한 맥락과 타이밍을 연습함으로써 상담에 대한 자신감과 상담자 효능감을 증진한다.

제14장

상담 기술 훈련 프로그램

1. 프로그램의 필요성

오늘도 초심상담자 지현 씨는 슈퍼바이저에게 하소연을 한다.

"상담 기술에 대한 책을 정말 많이 읽고 공부해도 상담 장면에서 어떻게 이야기를 해야 할지 막막하기만 해요. 매 회기를 마무리하거나 종결하는 순간에 항상 '이때 그 말 한번 해 볼 걸, 이 기술 한번 적용해 볼 걸'하는 후회가 남아요."

아무리 숙련된 상담자라도 상담 장면마다 그때그때에 맞게 상담 기술을 적용하는 것은 어려우며, 하물며 상담 사례가 많지 않은 초심상담자들에게는 더욱 어려울 것이다.

상담을 시작하고, 진행하며, 변화를 이끌어 내는 상담자의 무기이자 도구로 상담 기술을 상담 장면에서 잘 활용할 수 있는 방법은 없을까?

상담은 도움을 필요로 하는 내담자와 훈련을 받은 상담자가 '도움과정'을 매개로 '관계를 형성'하는 것이 핵심으로, 기본적으로 상담자와 내담자 사이의 인간적인 관계를 기초로 이루어지기 때문에 상담자의 자질에 따라 상담의 효과는 달라질 수 있다. 이처럼 상담자는 스스로가 치료적 도구로서 상담의 효과를 일으키는 주요한 변수이며 상담에서 가장 중요한 도구라 볼 수 있다. 하지만 상담자라고 해서 모두 적절한 상담 기술을 사용할 수 있는 것은 아니다. 수줍음이 많고 자기 표현이 어려운 경우나 자기중심성이 높아 공감이 어려운 경우처럼, 때로는 상담자가 자신을 적절히 개방하고, 타인을 이해하며 공감하는 것에 어려움을 가질 수 있다. 그러므로 상담자는 상담에서 효과적이고 온정적인 관계를 유지하는 동시에 치료적인 과제를 성공적으로 수행할 수 있도록 상담 기술을 익힐 필요가 있다.

상담 기술이란 전문적인 상담 기법을 통해 내담자의 문제를 전문적이고 체계적인 상담으로 이끌고 조력하여 내담자가 스스로 문제를 해결하도록 하고, 원활한 의사소통을 통해 신뢰성 있는 대화가 전개되도록 하는 기술이다. 효과적인 상담 기술은 내담자의 치료적 변화를 이끄는 것으로, 상담자가 내담자와 안정적인 상담관계를 유지하기 위한 필수조건이다.

상담 기술은 몇 가지 실례를 통해서 이해하고 있다고 해서 상담 장면에서 적용하는 데는 한계가 있기 때문에 상담자와 내담자 사이에 관계 향상을 목적으로 하는 훈련 프로그램이 요구된다. 이 장에서는 내담자를 도울 수 있는 기술 훈련인 클라라 힐(Clara Hill)의 Helping Skills 3단계에 따라 상담자와 내담자의 관계 향상을 위한 상담 기술 훈련 프로그램을 제공한다.

2. 프로그램의 목적 및 목표

내담자에게 어떻게 반응할지를 단순히 적어 보는 것은 회기 안에서 내담자에게 적절히 기술을 사용할 수 있는 것과는 차이가 있다. 따라서 이 프로그램은 상담 기술의 표현 연습은 물론, 집단 내의 상호관계 속에서 표현이 주는 역동을 함께 경험하기 위해 집단을 활용하고자 한다. 이를 통해 상대방이 말한 내용, 느낌에 대해 반응하는 연습을 하고, 집단 내에서 실제 상담 장면과 유사한 상황의 다양한 경험을 연습함으로써 상담자와 내담자의 관계 향상을 도모할 수 있는 실제적인 훈련 프로그램을 제공하고자 한다.

이 프로그램을 통해 달성하고자 하는 구체적인 목표는 다음과 같다.

첫째, 상담 기술 훈련을 통해 새로운 상담 기술을 습득하고 배운 기술을 통합할 수 있다.

둘째, 상담 장면에서 실질적 경험 중심의 훈련을 통해 적절한 상담 기술에 대한 맥락과 타이밍을 연습함으로써 상담을 효과적으로 수행할 수 있다.

3. 프로그램의 구성

이 프로그램의 단계는 클라라 힐의 Helping Skills 3단계에 따라 탐색-통찰-실행으로 구성하였다.

1~4회기는 '탐색' 단계로, 치료적 관계를 형성하고 내담자가 자신의 이야기를 나누며 감정과 생각을 탐색하도록 돕기 위해 오리엔테이션/경청, 감정 구분하기, 비언어적 의사소통, 재진술, 반영을 주제로 상담 기술을 훈련한다.

5~8회기는 '통찰' 단계로, 내담자의 자각과 통찰을 촉진하고 내담자가 치료관계에서 문제를 해결하는 경험을 할 수 있도록 돕기 위해 명료화, 요약, 질문, 해석, 직면, 자기개방, 즉시성을 주제로 상담 기술을 훈련한다.

9~10회기는 '실행' 단계로, 내담자가 통찰한 정보를 실생활 속에서 실행할 수 있도록 돕기 위하여 정보제공, 직접적 안내를 주제로 상담 기술을 훈련하고, 상담 기술 훈련에 참여하면서 자신에 대하여 알아차린 부분을 함께 나누어 상담자로서의 자신감을 가질 수 있도록 한다.

각 회기는 상담 훈련에 있어 네 가지 중요한 학습방법(Bandura, 1969)인 설명-모델링-연습-피드백을 반영하여, 강의-활동을 통한 적절한 모델링-롤플레잉을 통한 연습-자기 성장노트를 활용한 피드백으로 구성하였다.

프로그램의 회기별 목표와 구체적인 내용은 다음과 같다(회기별 각 120분).

표 14-1 상담 기술 훈련 프로그램의 회기별 목표와 내용

단계	회기	주제	목표	활동 내용
탐색 단계	1	오리엔테이션/경청	• 프로그램의 목적과 운영 방법을 이해한다. • 집단원과의 신뢰감과 친밀감을 형성한다. • 자신이 그동안 사용해 온 경청 수준을 점검하고, 훈련을 통해 경청 수준을 향상시킨다.	• 오리엔테이션 • 집단원 간 소개하기 • 서약서 작성 • 도입 활동(종이 찢기) • 강의-경청 • 활동-경청 훈련 활동 • 소감 나누기
	2	감정 구분하기	• 1차 감정과 2차 감정에 대하여 이해한다. • 감정을 구분하고 핵심 감정을 파악한다.	• 도입 활동(감정빙고) • 활동-내가 느끼는 감정 • 강의-1차 감정, 2차 감정 • 활동-감정 구분 훈련 • 소감 나누기

단계	회기	주제	목표	활동 내용
탐색 단계	3	비언어적 의사소통	• 비언어적 의사소통 행동에 대해 이해한다. • 상담에서의 비언어적 의사소통 기술을 익힌다.	• 도입 활동(움직이는 얼굴) • 강의-비언어적 의사소통, 상담자의 비언어적 의사소통 기술 • 활동-나도 몰랐던 나의 비언어적 의사소통 • 소감 나누기
	4	재진술과 반영	• 재진술의 형식과 절차를 이해하고 적용 방법을 익힌다. • 반영의 형식과 절차를 이해하고 적용 방법을 익힌다.	• 도입 활동(거울놀이) • 강의-재진술, 반영 • 활동-앵무새 말하기와 재진술 훈련 • 활동-반영 절차에 따른 반영 훈련 • 롤플레잉 • 소감 나누기
통찰 단계	5	명료화와 요약	• 명료화에 대해 이해하고 사용 시기, 방법을 익힌다. • 요약에 대해 이해하고 사용 시기, 방법을 익힌다.	• 도입 활동(알다가도 모를 세상 이야기) • 강의-명료화, 요약 • 활동-명료화, 요약 절차에 따른 훈련 • 활동-재진술, 반영, 명료화를 구분하여 반응 훈련 • 롤플레잉 • 소감 나누기
	6	질문과 해석	• 질문의 사용 목적과 유형을 이해하고 활용 방법을 익힌다. • 질문의 오남용 가능성에 대해 이해한다. • 해석에 대해 이해하고 활용 방법을 익힌다.	• 도입 활동(보물찾기 스무고개) • 강의-질문과 해석 • 활동-질문의 유형 구분 훈련 • 활동-질문의 형태 변환 훈련 • 활동-해석 반응 구분 훈련 • 롤플레잉 • 소감 나누기
	7	직면	• 직면의 목적과 대상을 이해하고 활용 방법을 익힌다.	• 도입 활동(당연하지! 게임) • 강의-직면 • 활동-불일치를 찾아라! • 활동-직면 반응 구분 훈련 • 활동-직면의 상담자 반응 훈련 • 롤플레잉 • 소감 나누기

단계	회기	주제	목표	활동 내용
통찰 단계	8	자기개방과 즉시성	• 자기개방의 사용 목적을 이해하고, 활용 방법을 익힌다. • 즉시성의 목적과 유형을 이해하고 활용 방법을 익힌다.	• 도입 활동(판토마임) • 강의-자기개방과 즉시성의 반응 구분 훈련-비구조화 집단상담: 참만남 • 소감 나누기
실행 단계	9	상담과정에 따른 실전 연습	• 상담과정 단계에 따른 상담 기술 훈련을 통해 상담 기술을 익힌다.	• 강의-상담과정에 따른 상담 기술 • 활동-탐색 단계 상담 기술 연습 • 활동-사례를 활용한 상담자 반응 피드백 연습 • 소감 나누기
	10	마무리	• 프로그램에 참여하면서 자각한 모습을 정리한다.	• 활동-프로그램을 통해 알게 된 나의 모습 알아차리기 • 활동-상담 기술 훈련 • 전체 프로그램에 대한 소감 나누기

4. 프로그램 회기별 내용

1) 1회기: 오리엔테이션/경청

활동지도안	
활동 목표	• 프로그램의 목적과 운영 방법을 이해한다. • 집단원과의 신뢰감과 친밀감을 형성한다. • 자신이 그동안 사용해 온 경청 수준을 점검하고 훈련을 통해 경청 수준을 향상시킨다.
준비물	필기도구, [강의자료 1], [활동지 1-1], [활동지 1-2]
단계	**진행 절차**
도입 (20분)	▶ 프로그램의 목적과 내용 소개 우리 프로그램은 상담의 기본적인 기술(경청, 질문, 명료화, 감정 반영, 재진술, 침묵, 자기개방, 지지하기/승인하기, 정보제공, 즉시성, 직면, 해석)을 다루며, 상담 장면에서 경험했던 상황에서 상담자로서의 적절한 반응에 대해 연습하는 시간을 갖고, 내담자와 관계를 향상시킬 수 있는 방법을 몸으로 익히도록 하려 합니다. 이 프로그램을 통해 상담 기술을 연습하여 상담자로서 성장하는 기회를 가질 것이라 기대합니다.

도입 (20분)

활동 1-1: 프로그램 진행 안내와 규칙 정하기

오늘부터 시작할 프로그램은 여러 사람이 함께하기 때문에 여러분이 프로그램에 참여한 목적을 이루기 위해서 지켜야 할 규칙이 있습니다.

〈활동 내용〉

[활동지 1-1]

- 프로그램 시작 일시, 종료 일시 및 주별 진행 시간을 안내한다.
- 되도록 모든 프로그램에 참여할 수 있도록 독려한다. 부득이한 사정으로 결석을 해야 할 경우에 대해 안내한다.
- 프로그램의 원활한 진행을 위해 참가자들이 지켜야 할 규칙이 있음을 안내하고, 활동지를 활용하여 규칙을 정해 서약을 함으로써 프로그램에 성실히 참여할 수 있게 한다.

이제 우리가 프로그램에서 지켜야 할 약속도 정하고, 프로그램에 성실하게 참여하고자 서약도 하였습니다. 앞으로의 시간이 내담자와의 관계 향상을 위한 구체적이고 실제적인 연습 시간이 될 것이라 생각합니다.

전개 (80분)

활동 1-2: 별칭 짓기 및 자기소개

자, 지금부터는 별칭을 짓고 자기를 소개해 보는 시간을 갖겠습니다. 별칭은 이 프로그램에 참여하는 동안 불릴 이름입니다.

〈활동 내용〉

- 자신이 되고 싶은 상담자상을 생각해 보고 그와 관련된 단어로 별칭을 지을 수 있게 안내한다.
- 별칭 짓기가 끝나면 그 의미와 함께 별칭을 소개하면서 자기소개를 하는 시간을 가진다.

별칭과 함께 여러분의 소개를 들어보니 여러분이 상담자로서 되고 싶은 모습을 잘 이해할 수 있었습니다. 이 프로그램을 마칠 때쯤이면 현재 바라고 있는 상담자의 모습을 갖추게 될 것이라 기대합니다.

활동 1-3: 도입 활동(종이 찢기)

〈활동 내용〉

- 2명씩 짝을 지어 같은 모양의 종이를 들고 등을 맞댄다.
- 1명은 종이를 접고 찢으며 종이의 모양과 동작을 말로 설명한다. 다른 1명은 설명을 들으며 똑같이 종이를 접고 찢는다.
- 듣는 사람은 절대로 말을 할 수 없으며, 설명만 듣고서 똑같이 종이를 접고 찢을 수 있도록 노력한다.
- 활동 소감을 나눈다.

강의 1: 경청([강의자료 1] 참조)

경청, 바로 귀 기울여 듣는 것을 뜻하는데요. 귀 기울여 듣는다? 말로는 참 쉽지만, 막상 상대방의 말을 귀 기울여 듣는 건 정말 쉽지 않은 일이죠. 오늘은 경청의 중요성에 대해 알아 보고 경청 훈련을 해 보겠습니다. 경청의 사전적 의미는 상대방의 말을 귀 기울여 듣는 것이지만, 그 안에는 귀 기울여 듣는 거 외에도 공감이 포함되어 있는데요. 그렇기 때문에 경청의 중요 키워드를 꼽자면, 집중, 반응, 공감 이 세 가지를 고를 수 있으며, 잘 듣기만 해도 상대방의 마음을 얻을 수 있는 좋은 열쇠가 될 수 있다고 표현합니다. 카네기는 이러한 말을 했습니다. "다른 사람의 이야기를 진지하게 들어주는 경청의 태도는 우리가 다른 사람에게 나타내 보일 수 있는 최고의 찬사 가운데 하나이다." 이처럼 경청은 상대방과 신뢰 관계를 형성할 수 있고, 상대방으로 하여금 존중받고 있다는 느낌을 전하기도 합니다. 그렇기 때문에 경청은 대화의 과정에서 상대방이 어떤 생각을 하고 있는지, 어떤 감정인지 살피게 도와주며, 상대방이 안도감을 느낄 수 있도록 도움을 줍니다.

'경청을 위한 다섯 가지 방법' 등의 영상을 시청한다.

강의 내용	경청이란?	강의자료 1

전개 (80분)

활동 1-4: 경청토크박스

사례를 통해 경청의 잘된 예와 잘못된 예에 대하여 알아보도록 하겠습니다.

- 경청의 잘된 예: 공감적 반응, 오감을 동원한 적극적 경청 등
- 경청의 잘못된 예: 상대방의 말 가로막기, 건성으로 듣는 시늉 등

〈활동 내용〉

[활동지 1-2]

- 두 명씩 짝을 지어 활동지의 빈칸에 대화의 내용을 적는다.
- 본인의 경청 수준을 점검해 보고 효과적인 경청이 되기 위해 수정할 부분이 있으면 대화의 내용을 다시 적어 본다.
- 경청하는 데 걸림돌이 되는 부분에 대하여 생각해 보고 이야기 나눈다.

단순히 듣기만 한다고 경청이 되진 않으며, 상대방이 전하고자 하는 말과 행동은 물론 그 속에 깔려 있는 감정에 귀를 기울이는 것이 진정한 경청임을 알 수 있는 시간이 되었으리라 생각합니다.

Tip

각 활동이 끝날 때는 집단원 간 나눔을 충분하게 할 수 있도록 소집단을 구성해 소감을 나누도록 한다.

<table>
<tr><td>마무리
(20분)</td><td>▶ 마무리
이제 오늘을 마무리하는 활동을 하겠습니다. 우리는 이 프로그램에 참여하면서 상담관계 향상을 통한 상담자로서 성장하는 경험을 하게 됩니다. 그러한 과정을 하나의 상징물로 기록하기 위해 한 회기가 끝날 때마다 새롭게 알게 되었거나 깨달은 것, 간단한 소감 또는 나의 다짐 등을 기록해 보겠습니다.

• '성장노트'를 나누어 준다.
• 한 회기를 마칠 때마다 그날의 소감이나 나의 다짐 등을 자유롭게 한 면에 기록하게 한다.
• 기록한 내용을 나누면서 한 회기를 마무리한다.

이것으로 오늘의 활동을 마치겠습니다. 수고하셨습니다. 다음 시간에는 '감정 구분하기' 라는 주제로 자기 감정을 알아보고 표현하는 시간을 가지도록 하겠습니다. 다음 시간에 뵙겠습니다.</td></tr>
</table>

[강의자료 1]

경청

1. 경청이란

(편견과 선입견 없이) 똑바로 듣고, 정확히 듣고, 철저히 들어야만 청자는 제 역할을 다하는 것이다. 즉, 경청이란 다른 사람의 말을 주의 깊게 들으며 공감하는 능력이다.

2. 경청의 중요성

> 20세기가 말하는 자의 시대였다면, 21세기는 경청하는 리더의 시대가 될 것이다.
>
> -톰 피터스(Tom Peters)-

의사소통은 상대방과 상호작용을 통해 메시지를 다루는 과정으로 의사소통의 기본 자세는 '경청'이다.

- 경청함으로써 상대방을 한 개인으로 존중하게 된다.
- 경청함으로써 상대방을 성실한 마음으로 대하게 된다. 이는 상대방과의 관계에서 느낀 감정과 생각 등을 긍정적이든 부정적이든 솔직하고 성실하게 표현하는 태도이다.
- 경청함으로써 상대방의 입장에 공감하며 이해하게 된다. 이는 자신의 생각이나 느낌, 가치, 도덕관 등의 선입견과 편견을 갖지 않고 상대방을 이해하는 태도이다.

3. 경청의 요소: 듣기, 이해하기, 기억한 내용 피드백 주기

경청은 듣고, 정리(요약)하고 이해한 내용을 돌려 주어 두 사람의 생각이 일치(공감)되는 과정이다.

4. 효과적인 경청 방법

- 집중한다: 타인의 이야기를 나와 연관 짓지 않고 듣는다.
- 질문한다: 질문에 대한 답이 즉각적으로 이루어질 수 없다고 하더라도 질문하려고 하면 경청하는 데 적극적이 되고 집중력이 높아진다.
- 요약한다: 대화 도중에 주기적으로 대화의 내용을 요약하면 상대방이 전달하려는 메시지를 이해하고, 사실과 정보를 예측하는 데 도움이 된다.
- 반응한다: 피드백은 상대방이 말한 것에 대해 당신이 이야기하고, 질문을 던져 이해를 명료화하고 난 다음에 하는 것이다.

효과적인 경청 방법 VS 잘못된 경청 방법

[효과적인 경청 방법]
- 혼자서 대화를 독점하지 않는다.
- 상대방의 말을 가로채지 않는다.
- 이야기를 가로막지 않는다.
- 의견이 다르더라도 일단 수용한다.
- 말하는 순서를 지킨다.
- 논쟁에서는 먼저 상대방의 주장을 들어준다.
- 적절한 눈맞춤을 한다.
- 귀로만 듣지 말고 오감을 동원해 적극적으로 경청한다.
- 공감적 반응을 준비한다.

[잘못된 경청 방법]
- 짐작하기
- 대답할 말 준비하기
- 걸러 내기
- 판단하기
- 다른 생각하기
- 조언하기
- 언쟁하기
- 자존심 세우기
- 슬쩍 넘어가기
- 비위 맞추기

[활동지 1-1]

우리의 약속

상담 기술 훈련 프로그램에 참여하면서
프로그램의 원활한 진행과 '상담자로서의 성장'이라는
목표를 이루기 위해 다음과 같이 약속합니다.

1. 프로그램에 빠지지 않고 모두 참석한다.

2. 나와 참가자들이 함께 성장하기 위해 서로 지지한다.

3. 프로그램에서 나눈 이야기는 다른 사람에게 전달하지 않는다.

4.

5.

20 년 월 일

참가자 (인)

[활동지 1-2]

경청토크박스

두 명씩 짝을 지어 다음의 예시와 같이 한 사람은 오늘 있었던 일 중(또는 최근 일주일) 기억에 남는 일을 먼저 빈칸에 적어 제시합니다. 다른 사람은 그 이야기를 듣고 어떻게 대답하면 좋을지 적어 봅니다.

대화를 하듯이 서로 순차적으로 적어 봅니다.

나 너 만나러 오는 길에 완전 깜짝 놀랐어!

왜? 무슨 일 있었어?

초록불이 되서 횡단보도를 건너려고 했는데,
차 한 대가 급하게 달려가더라고!

(놀라며) 저런…… 정말 깜짝 놀랐겠다!

응! 다음에는 한 번 더 살피고 건너야겠어.

두 명씩 짝을 지어 활동지의 빈칸에 대화 내용을 적어 봅시다.

경청토크박스

• 대화의 내용을 보고 효과적인 경청이 되기 위해 수정할 부분이 있으면 내용을 다시 적어 봅시다.

• 경청하는 데 걸림돌이 되는 부분은 무엇이었나요?

2) 2회기: 감정 구분하기

활동지도안	
활동 목표	• 1차 감정과 2차 감정에 대하여 이해한다. • 감정을 구분하고 핵심 감정을 파악한다.
준비물	필기도구, [강의자료 2], [활동지 2-1], [활동지 2-2]
단계	**진행 절차**
도입 (20분)	▶ 지난 회기 요약 및 현 회기 소개 한 주 동안 잘 지냈나요? 지난주 프로그램에 참여하고 어떠하였는지 궁금하네요. 오늘은 나의 감정에 대하여 알아보는 시간을 갖겠습니다. **〈활동 내용〉** • 인사하고 지난 회기를 간단하게 정리해서 돌아보며, 지난 회기 참가 후 한 주 동안의 생활에 대해 이야기를 나눈다. • 이번 회기의 활동에 대해 안내한다. 활동 2-1: 도입 활동(감정빙고) **〈활동 내용〉** [활동지 2-1] • 빙고판에 내가 최근에 많이 느꼈던 감정 또는 현재 감정을 적는다. • 빙고 게임을 진행한다. • 본인이 적은 감정단어를 보면서 조별 나눔(내가 피하고 싶은 감정은 어떤 상황일 때 느끼는지? 감정을 적는 것이 어려웠다면 그 이유는?)을 한다. 어떤 상황일 때 내가 피하고 싶은 감정을 느끼는지를 이야기해 보면서 본인이 억압하고 있는 감정에 대하여 생각해 볼 수 있는 시간이 되었으리라 생각됩니다. 감정은 욕구의 충족과 관련이 있습니다. 욕구가 충족되었을 때 일어나는 감정은 좋습니다. 욕구가 충족되지 않았을 때 일어난 감정은 피하고 싶습니다. 피하고 싶은 감정이 생겼을 때는 어떻게 하나요? 가슴 깊은 곳에 밀어 넣고 잊으려고 하지는 않나요? 그래도 사라지지 않지요? 쉽게 사라지지 않을 겁니다. 나중에는 더 큰 감정으로 나타나기도 하고요. 피하고 싶은 감정이 일어나더라도 피하지 않고 감정대로 인정하고 받아들이면 감정이 쌓이지 않습니다. 감정을 억압하지 마세요. 피하려고 하지 말고 인정하고 받아들이면 사라집니다.

전개 (80분)

활동 2-2: 우리가 느끼는 감정은 모두 달라요

〈활동 내용〉

- 영화나 드라마 속의 한 장면을 시청한다.
- 조별로 장면을 보면서 느낀 감정을 함께 나눈다.

이 활동을 통해 여러분은 우리가 같은 상황에서도 느끼는 감정이 다르다는 것을 경험하였을 것입니다. 또한 내가 왜 그러한 감정을 느끼게 되었는지 이야기 나누면서 나의 밑 감정을 확인하는 시간을 가졌으리라 생각됩니다.

강의 2: 1차 감정, 2차 감정([강의자료 2] 참조)

감정을 느낄 수 있다는 것은 우리를 인간으로 만드는 것 중 하나입니다. 많은 사람이 자신의 감정과 우리가 그렇게 깊이 느끼게 하는 것들을 이해하려고 노력합니다. 감정적으로, 우리는 종종 어떤 상황에 대해서도 다양한 다른 것을 경험합니다. 감정은 우리가 끊임없이 느끼는 것으로, 상황, 경험 또는 기억 등이 우리 안에 어떤 반응을 일으킬 때 일어날 수 있습니다. 감정은 우리가 겪고 있는 것들을 이해하고 그것이 좋든 나쁘든 우리가 느끼는 방식을 표현하도록 도와줍니다. 1차 감정은 2차 감정보다 일시적이며 사건이나 자극에 직접 연결되어 있습니다. 반면, 2차 감정은 1차 감정을 어떻게 느끼는지에 대한 결과에서 비롯되기 때문에 훨씬 더 복잡합니다. 그 이유는 시간이 지남에 따라 1차 감정이 바뀌기 때문에 동일한 감정을 사건과 연결하는 데 어려움을 겪습니다. 2차 감정은 1차 감정을 어떻게 느끼는지에 대한 결과에 기인합니다. 예를 들어, 화를 낸 후 해당 분노가 부적절했다는 것을 깨닫게 되면 2차 감정으로 수치심이나 부끄러움이 나타납니다. 2차 감정은 1차 감정보다 더 오래 머무르는 경향이 있으며, 때로는 이전의 감정들을 무색하게 만들 수도 있습니다. 즉, 사건의 근본 원인과 문제를 피하고 무시하도록 만들 수 있다는 점에서 해로울 수 있습니다.

감정을 식별하는 것이 중요한 이유는 감정에 적절히 반응할 수 있기 때문입니다. 그렇지 않으면 우리는 상담자로서 나의 감정으로 타인을 보는 오류를 범할 수 있습니다. 우리는 각각 마음의 방을 가지고 있어 상담 장면에서도 실제 내담자가 느끼는 감정이 아닌 상담자의 기준에서 '그런 감정을 느꼈겠구나.'라고 단정 짓고 넘어간다면 결국 내담자를 왜곡되게 대하게 될 수 있습니다. 또한 나의 감정으로 나 자신을 보는 부분도 함께 봐야 합니다. 보통 2차 감정이 2차 감정인 줄 모르고 빠져 들어서 문제가 되는데요. 1차 감정을 느낄 때 '아, 또 이걸 느끼네. 왜 자꾸 떠오르지. 싫어.'라며 그것을 부정하거나 억누르는 식으로 발동되는 것도 2차 감정입니다. 그래서 1차 감정 처리에 앞서 2차 감정을 잘 처리하는 것이 좋은 방법인데요. 방법은 2차 감정이 2차 감정임을 알아차려 의도적으로 잘 인식해 2차 감정 자체에 얽매이지 않는 것입니다.

강의 내용	1차 감정, 2차 감정	강의자료 2

전개 (80분)	활동 2-3: 1차 감정, 2차 감정 분리하기 〈활동 내용〉 [활동지 2-2] • 최근 본인이 겪은 갈등 상황과 그때 느낀 감정(2차 감정)을 적어 본다. • 그 속에 숨겨진 1차 감정을 알아차린다. Tip 1차 감정과 2차 감정에 대하여 이해도가 낮은 집단원들이 많다면 활동을 통해 감정을 분리하고 이것을 알아차리는 과정을 연습한 후 강의를 진행할 수도 있다. 본인의 경험을 통해 감정을 세밀하게 다루어 보는 시간이 되었으리라 생각됩니다. 이러한 경험들은 내담자의 욕구와 연결된 감정을 알아차리는 데 도움이 될 것입니다.
마무리 (20분)	▶ 마무리 이제 오늘을 마무리하는 활동을 하겠습니다. 우리는 이 프로그램에 참여하면서 상담관계 향상을 통한 상담자로서 성장하는 경험을 하였습니다. 그러한 과정을 하나의 상징물로 기록하기 위해 한 회기가 끝날 때마다 새롭게 알게 되었거나 깨달은 것, 간단한 소감, 또는 나의 다짐 등을 기록해 보겠습니다. • '성장노트'를 나누어 준다. • 한 회기를 마칠 때마다 그날의 소감이나 나의 다짐 등을 자유롭게 한 면에 기록하게 한다. • 기록한 내용을 나누면서 회기를 마무리한다. 오늘 이것으로 모든 활동을 마치겠습니다. 수고하셨습니다. 다음 시간에는 '비언어적 의사소통'이라는 주제로 자기 감정을 알아보고 표현하는 시간을 가지도록 하겠습니다. 다음 시간에 뵙겠습니다.

[강의자료 2]

감정

감정은 어떤 현상이나 사건을 접했을 때 마음에서 일어나는 느낌이나 기분을 말한다. 감정은 1차 감정 및 2차 감정의 두 가지 범주로 분류될 수 있다.

1. 1차 감정

생후 약 3개월부터 시작되는 1차 감정(기본 감정)은 기쁨(happiness), 경악(surprise), 공포(fear), 슬픔(sadness), 혐오(disgust), 분노(anger)로 나누고, 이런 1차 감정은 곧바로 얼굴의 근육을 다르게 변화시키며 곧잘 식별된다. 1차 감정의 경우 주요한 사건이 발생할 때 매우 강하고 압도적이면서 짧게 나타난다.

2. 2차 감정

2차 감정 또는 사회적 감정은 생후 약 2년 이후에 학습과 더불어 발전되는 감정으로서, 1차 감정에 비해 분명한 얼굴 표정을 구별해 내기 어렵다. 이 사회적 감정으로는 당황, 질투, 죄의식, 수치심, 긍지 등이 있는데, 이런 감정은 동물에게서는 찾아볼 수 없으며 원칙적으로 혼자 있을 때는 작동하지 않는다. 이 감정을 불러일으키는 인자는 문화적인 것이다. 비교적 단순한 경우보다는 복잡한 관계 속에서 일어난다.

어떠한 상황에서 괴롭고 힘들어하는 내가 못난 것 같아 한심한 마음이 드는 것, 어떠한 상황에서 당황하여 수치스러운 마음이 드는 것이 바로 2차 감정이다. 1차 감정을 느낄 때 그것을 부정하려 하거나 억누르면서 그런 1차 감정을 느끼는 것 자체 그리고 그런 자신을 허용하지 못하는 것이다. 1차 감정은 시간이 지나면서 희미해지지만, 2차 감정은 오히려 더 오랜 시간 우리를 힘들게 할 수 있다. 2차 감정은 1차 감정의 본질을 흐려놓기도 하고, 때로는 본연의 감정을 느끼지 못하도록 차단하기도 한다.

> 두려움은 분노로, 분노는 미움으로, 증오는 고통으로 이어집니다.
>
> -영화 〈스타 워즈〉에서 요다 마스터-

3. 1차 감정, 2차 감정 분리하기

1차 감정은 주로 서운함, 우울함, 두려움, 불안 등과 같은 깊고 연약한 정서를 의미한다. 이는 본래 자신이 상대에게 전달하고 싶은 진실한 감정이다. 2차 감정은 주로 분노, 질투, 짜증과 같은 반응적인 감정으로, 갈등을 해결하기보다는 갈등을 고조시키는 감정을 의미한다. 논쟁 시 나타나는 2차 감정은 대부분 1차 감정에 기반한다.

부정적 감정의 경우 대부분의 사람이 화, 분노로 인식한다. 팀 프로젝트 회의에서 팀원이 관련 없는 이야기만 하면 화가 난다. 이럴 때 화는 2차 감정이다. 1차 감정은 팀원들이 회의에 집중하지 못하고 있다는 실망감일 수 있고, 자신이 중요하게 여겨지고 있지 않다는 무력감일 수도 있으며, 빨리 일을 처리해야 한다는 초조함일 수도 있다. 하지만 2차 감정인 화를 내면 상대방은 방어와 변명을 하게 된다. 결국 나의 감정이 제대로 받아들여지지 않다고 느끼면서 더 크게 화가 나게 된다. 만약 1차 감정인 실망감, 무력감, 초조함에 대해 표현할 수 있다면 상대방도 나의 감정을 이해하게 된다. 이처럼 감정에 적절히 반응하기 위해서는 감정을 식별하는 것이 중요하다. 즉, 유대감을 촉진하고 갈등을 해결하며 문제를 풀게 해 주는 1차 감정에 대한 분명한 인식이 필요하다.

[활동지 2-1]

감정 빙고

다음의 칸에 최근 내가 많이 느꼈던 감정 또는 현재 감정을 적어 봅니다.

[조별 나눔]

- 내가 피하고 싶은 감정은 어떤 상황일 때 느끼나요?
- 감정을 적는 것이 어려웠다면 그 이유는 무엇일까요?

[활동지 2-2]

1차 감정, 2차 감정

1. 최근 갈등 상황이 있었던 장면을 생각해 보고 어떤 상황에서 어떤 감정이 들었는지 적어 봅니다. (예: '약속 시간에 매번 늦는 친구에게 ~한 감정이 들었다.')

2. 그러한 감정이 든 이유는 무엇인가요?

3. 당시 상대방에게 듣고 싶은 이야기는 무엇이었나요?

4. 감정을 분리해서 세밀하게 다루는 경험을 통해 느낀 점을 적어 봅니다.

3) 3회기: 비언어적 의사소통

활동지도안	
활동 목표	• 비언어적 의사소통 행동에 대해 이해한다. • 상담에서의 비언어적 의사소통 기술을 익힌다.
준비물	필기도구, [강의자료 3], [활동지 3-1], [활동지 3-2]
단계	**진행 절차**
도입 (20분)	▶ 지난 회기 요약 및 현 회기 소개 한 주 동안 잘 지냈나요? 지난 주 프로그램에 참여하고 어떠하였는지 궁금하네요. 오늘은 비언어적 의사소통에 대하여 알아보는 시간을 갖겠습니다. 〈활동 내용〉 • 인사하고 지난 회기를 간단하게 정리해서 돌아보며, 지난 회기 참가 후 한 주 동안의 생활에 대해 이야기를 나눈다. • 이번 회기의 활동에 대해 안내한다. 활동 3-1: 말하지 않아도 알아요 〈활동 내용〉 [활동지 3-1] • 2인 1조로 본인의 미션을 수행하며 대화한다. • 미션 내용: 눈 깜빡이기, 다리 떨기, 몸을 뒤로 젖히기, 다른 곳을 두리번거리기, 주먹을 꼭 쥐기, 입술을 씰룩거리기, 하품하기, 갸우뚱하는 표정 짓기 등 • 대화를 하면서 내가 알아차린 상대의 비언어적 행동과 그것을 어떻게 이해했는지 등에 대하여 이야기를 나눈다. 이 활동을 통해 여러분은 내가 대화를 할 때 얼마나 상대의 비언어적인 행동에 관심을 가지는지, 상대의 비언어적인 행동을 어떻게 이해하는지 알아볼 수 있는 시간을 가졌으리라 생각됩니다.
전개 (80분)	강의 3: 비언어적 의사소통([강의자료 3] 참조) 우리가 사람들과 얼굴을 맞대고 의사소통할 때 상대방은 우리의 어떤 면을 보고 전체적인 느낌을 갖는 것일까요? 얼핏 생각하면 '우리가 입으로 말하는 언어가 제일 중요하지 않을까?'라고 생각할 수도 있습니다. 하지만 의사소통할 때 사실 내용 자체보다는 그것을 전달하는 방법이 훨씬 중요합니다. 이에 대한 연구는 현재 미국 UCLA 명예교수인 심리학자 앨버트 메라비언(Albert Mehrabian)이 1981년에 출간한 책 『침묵의 메시지(Silent Messages)』에 잘 드러나 있습니다. 그는 말을 하는 사람이 어떤 메시지를 상대편에게 전하려 할 때 말의 의미와 목소리 톤,

즉 음색이 얼마나 중요한지에 대해 조사했더니 말 자체의 의미보다 음색이 훨씬 중요하다는 결과가 나왔습니다. 예를 들면, 가라앉은 목소리로 상대방을 응원하는 이야기를 했다면 상대방은 이 사람이 자신을 진정으로 응원하지 않는다는 것을 직감할 수 있습니다. 두 번째 실험에서는 음색과 얼굴 표정과 같은 비언어적 요소의 중요성을 조사했더니 음색과 표정의 중요성이 2:3이라는 결과를 얻었습니다. 예를 들면, 나와의 관계에서 특별한 문제가 없다고 상대방이 말하며 서로 눈을 맞추는 것을 기피한다거나 얼굴에 불안감이 보인다면 상대방의 진심은 나와의 관계에 문제가 있다는 것을 보여 주는 시그널이 될 수 있습니다. 그가 실험을 종합해 보니 사람 간의 의사소통에서 언어적 요소의 중요성은 7%에 불과하고, 청각적 요소는 38%, 시각적 요소는 55%를 차지하는 것으로 나왔습니다. 이렇게 나온 7:38:55 비율을 메라비언 법칙이라고 합니다.

우리는 일상에서도 메라비언 법칙을 종종 실감할 수 있습니다. 상대방의 말투가 떨리면 자신감이 없게 들리는 경우도 있고, 팔이나 몸동작이 어쩐지 부자연스럽다면 상대방의 말에 신뢰도가 떨어지게 느껴지는 경우가 있을 수도 있습니다. 어쩌면 우리가 "목소리만 들어도 안다." 또는 "눈빛만 봐도 안다."라고 말하는 것이 바로 이런 경우를 말하는 것이 아닐까요?

우리는 메라비언 법칙을 통해 다른 사람과 대화를 할 때에는 메시지 자체뿐 아니라, 말투, 얼굴 표정과 태도에도 신경 써야 함을 알 수 있습니다. 자신의 메시지, 말투, 얼굴 표정이 서로 일치하지 않는다면 상대방은 우리의 진심에 의문을 던질 것입니다. 예를 들면, 여러분이 내담자에게 슬픔이 이해된다고 이야기하면서 의심의 눈초리와 알 수 없는 미소를 띤다면, 내담자는 과연 여러분의 진심을 수 있을까요?

전개
(80분)

강의 내용	비언어적 의사소통	강의자료 3

활동 3-2: 나도 몰랐던 나의 비언어적 의사소통

〈활동 내용〉

[활동지 3-2]

- 2인 1조로 자연스럽게 대화하는 장면을 핸드폰으로 녹화한다.
- 녹화된 영상을 보면서 본인도 모르게 하는 비언어적인 행동을 관찰하고, 이러한 행동이 상대에게 어떠한 메시지를 전하고 있는지 살펴본다.
- 활동지를 작성하고 조 나눔을 한다.

Tip

카메라에 본인의 모습이 담기는 것에 동의하지 않는 사람은 시연 시 관찰자 역할로 배정할 수 있다.

이 활동을 통해 나도 모르게 하는 비언어적인 메시지가 담긴 행동이 무엇인지 알아차릴 수 있었으리라 생각됩니다.

<table>
<tr><td>마무리
(20분)</td><td>▶ 마무리
이제 오늘을 마무리하는 활동을 하겠습니다. 우리는 이 프로그램에 참여하면서 상담관계 향상을 통한 상담자로서 성장하는 경험을 하였습니다. 그러한 과정을 하나의 상징물로 기록하기 위해 한 회기가 끝날 때마다 새롭게 알게 되었거나 깨달은 것, 간단한 소감, 또는 나의 다짐 등을 기록해 보겠습니다.

• '성장노트'를 나누어 준다.
• 한 회기를 마칠 때마다 그날의 소감이나 나의 다짐 등을 자유롭게 한 면에 기록하게 한다.
• 기록한 내용을 나누면서 한 회기를 마무리한다.

오늘 이것으로 모든 활동을 마치겠습니다. 수고하셨습니다. 다음 시간에는 '재진술과 반영'이라는 주제로 자기 감정을 알아보고 표현하는 시간을 가지도록 하겠습니다. 다음 시간에 뵙겠습니다.</td></tr>
</table>

[강의자료 3] **비언어적 의사소통**

1. 비언어적 의사소통의 종류

비언어적인 의사소통이란 언어를 제외한 신체언어(자세, 몸짓, 의상, 표정 등)로 상호작용하는 방식을 말하며, 사회적으로 인정되는 정보의 전달 수단이다. 비언어적 의사소통으로는 얼굴 표정, 제스처, 감탄사, 자세, (사람 간의) 거리, 시선, 접촉, 외모나 옷차림, 이미지 등이 있다.

얼굴은 여러 가지 표정을 드러낼 수 있기 때문에 상대방이 느끼는 정보의 양이 매우 많다. 우리가 타인과 감정 교류를 할 때 표정 연습을 하는 것이 중요한 이유가 바로 이 때문이다. 평소 의사소통이나 사회생활에서 다른 사람과 감정 교류에 어려움을 느끼는 사람들은 자신이 전달하고자 하는 감정을 전달하기 위해 표정 연습을 하는 것이 도움이 된다.

손을 이용한 제스처나 뜻이 없는 감탄사 등은 감정을 강력하게 전달할 수 있으며, 자신의 의견을 상대방에게 효과적으로 전달할 수 있다.

자세 역시 중요한 방법 중 하나로, 손과 팔, 발을 자연스럽게 두고 상대방을 대하는 것이 좋다. 많은 사람과 대화할 경우에는 3~4m, 일상적으로 대화할 경우에는 0.45~1.2m의 거리를 두는 것이 적당하다. 이와 함께 대화할 때 상대와 시선 접촉을 안정적으로 유지하면 상대는 신뢰를 느낀다.

자신을 대신하는 객체와 이미지는 특히 온라인에서 자신을 표현하는 수단이 되고 있다. SNS의 배경화면, 아이콘 등도 자신에게 중요한 것에 대한 정보를 전달한다.

2. 상담과 비언어적 의사소통

상담에서 내담자의 비언어적 표현은 내담자의 무의식에 숨겨진 의미나 문제를 나타내므로, 내담자를 이해하는 데 있어 중요한 단서와 길잡이 역할을 한다. 따라서 상담에서 상담자가 내담자의 비언어적 표현에 주의를 집중하여 관찰하고 그 의미를 해석하여 그에 맞는 적절한 비언어적 표현을 전달하는 기술은 의사소통의 한 가지 방법으로서 중요하게 습득되어야 한다.

내담자의 비언어적 메세지

시선: 대화할 때 상대방의 눈을 피하는 경우 초조함이 많고 자신에 대한 믿음이 부족한 사람일 수 있다.

표정: 자신이 말하는 메시지에 모순되거나 그에 어긋나는 표정을 짓는다면 어떤 감정이나 기분을 숨기기 위함일 수 있다.

자세: 떨어져 있는 자세는 종종 거부, 부인 또는 차가움의 신호로, 움츠린 자세는 우울함, 부끄러움 그리고 육체적·정신적 피곤함의 신호로 해석될 수 있다.

라포 형성을 위한 상담자의 비언어적 메세지

- 부드러운 목소리와 표정
- 편안한 시선과 자세
- 관심을 집중하고 기다리는 제스처
- 대화를 하면서 고개 끄덕이기
- 가끔씩 미소 짓기
- 안정적인 눈 맞춤 등

[활동지 3-1]

말하지 않아도 알아요!

• 대화 후 상대방의 어떠한 비언어적 행동을 알아차렸나요? 그 행동을 어떻게 이해했나요?

• 대화 후 상대방은 나의 어떠한 비언어적 행동을 알아차렸나요? 상대방이 놓친 나의 비언어적 행동은 무엇인가요?

• 내가 상대방의 비언어적 행동을 알아차리지 못한 이유는 무엇일까요?

[활동지 3-2]

나도 몰랐던 나의 비언어적 의사소통

• 녹화된 영상을 보며 나도 모르게 하는 비언어적 행동은 무엇이 있었나요? 어떤 상황에서 나는 그러한 행동을 했나요?

• 나도 모르게 하는 비언어적 행동이 상대방에게 주는 메시지는 어떤 것이 있을까요?
(예: 나도 모르게 미간을 찌푸리면서 상대방의 이야기를 듣는다. 이러한 모습에 상대방은 내가 본인의 이야기를 별로 듣고 싶지 않아 한다는 메시지를 줄 수 있을 것 같다.)

• 이 활동을 통해 자신에 대하여 새롭게 알게 된 부분은 어떤 것인가요?

4) 4회기: 재진술과 반영

<table>
<tr><th colspan="2">활동지도안</th></tr>
<tr><td>활동 목표</td><td>• 재진술의 형식과 절차를 이해하고 적용 방법을 익힌다.
• 반영의 형식과 절차를 이해하고 적용 방법을 익힌다.</td></tr>
<tr><td>준비물</td><td>필기도구, [강의자료 4], [활동지 4-1]~[활동지 4-3], 시현용 책상과 의자, 삼각대</td></tr>
<tr><th>단계</th><th>진행 절차</th></tr>
<tr><td>도입
(20분)</td><td>▶ 지난 회기 요약 및 현 회기 소개
한 주 동안 잘 지냈나요? 지난 시간에는 비언어적 의사소통에 대해 활동해 봤습니다. 활동을 통해 일상에서 우리가 잘 몰랐던 자신의 비언어적 반응을 발견하고, 그 반응들이 상대방에게 어떤 느낌을 주는지 나누어 보았습니다. 상담자의 비언어적 반응은 때로는 내담자에게 다양한 감정을 불러일으키기도 합니다. 그래서 우리는 상담 장면에서 상담 기술을 사용할 때 더욱 신중한 태도와 지속적인 자기성찰의 노력이 필요합니다.
이번 회기부터는 실제적인 상담 기술 훈련을 해 볼 것입니다. 먼저 오늘은 재진술과 반영 훈련을 해 보겠습니다.

▶ 도입 활동: 거울놀이

〈활동 내용〉
• 두 명씩 짝을 지어 마주본다.
• 한 명이 노래 가사에 맞추어 즉흥적으로 동작을 하면, 나머지 한 명은 거울처럼 상대의 동작을 따라 한다.
• 동작을 할 때는 최대한 가사에서 느껴지는 감정을 반영하여 표현한다.
• 따라 하는 사람은 상대방의 동작과 느껴지는 감정까지 따라 한다.
• 노래가 끝나면 어떤 감정을 표현하였는지, 상대방은 동작을 따라 하면서 어떤 감정이 느껴졌는지 등에 대해 이야기를 나눈다.
※ 음악: 상황에 따라 다양한 음악 활동을 하면 된다. 「Whisky On The Rock」- 김연지, 「Happy Song」- 멜로망스</td></tr>
<tr><td>전개
(80분)</td><td>강의 4-1: 재진술([강의자료 4] 참조)
초심상담자로서 내담자의 말을 잘 알아듣고, 내담자가 하고자 하는 내용의 핵심을 파악하는 것은 쉽지 않은 일입니다. 상담 장면에서 내담자가 하는 이야기를 잘 들어보면 육하원칙에 따른 사실적인 내용과 주관적 경험이 함께 뒤섞여 정리되지 않은 것을 종종 발견하게 됩니다. 상담자는 적극적인 경청을 통해 내담자의 뒤섞인 이야기를 실타래 풀 듯이 정리해 줄 필요가 있는데, 이때 사용되는 기술 중 하나가 재진술입니다. 잠시 재진술에 대해 좀 더 구체적으로 알아보는 시간을 가져 보도록 하겠습니다.

| 강의 내용 | 재진술의 정의와 목적, 과정, 유형 | 강의자료 4 |</td></tr>
</table>

실습을 통해 앞서 설명한 재진술 기술을 경험해 보는 시간을 갖겠습니다. 우리가 일반적으로 경험하는 상담 장면에서 내담자는 우리에게 언어반응으로 자신의 이야기를 합니다. 생각보다 내담자의 이야기는 잘 정리되지 않은 채 빨리 지나갑니다. 그래서 상담자의 경청은 매우 중요합니다. 우리가 지금부터 함께할 상담 기술 훈련은 상담 장면과 최대한 비슷한 조건에서 경청을 동시에 훈련할 수 있도록 활자가 아닌 음성으로 내담자의 반응을 듣고 각 기술별로 연습할 계획입니다.

활동 4-1: 앵무새 말하기와 재진술 훈련

사례를 잘 듣고 두 가지 기술반응을 적어 봅시다.

Tip

- 재진술은 내담자의 말보다 짧고 유사한 단어를 사용해서 구체적으로 전달하는 것이 중요하다.
- 재진술은 내담자가 중요하게 다루는 문제에 중심을 두고 이해하여 반응해야 한다.

전개
(80분)

[활동지 4-1] 재진술 훈련 예시문

사례 1

내담자: 학교 오는 것 자체가 짜증나지만 그래도 국어 시간이 있는 날에는 그나마 짜증이 덜 나요. (중학교 2학년 남학생)

사례 2

내담자: 사장님은 제게 "사람 좀 보고 이야기하지?" "사람이 왜 그래 어두워?"라는 말을 자주 하세요. 저는 사장님이 저를 부르면 늘 내가 뭔가 잘못한 것 같아 마음부터 조리게 돼요. (중소기업 사장의 비서실에서 근무하는 26세 여성)

사례 3

내담자: 저는 원래부터 친구가 없었어요. 다른 친구들은 밥 먹을 때나 과제할 때, 하다못해 화장실 갈 때도 같이 붙어 다니는 단짝 친구가 있는데 저는 한 번도 그런 단짝 친구가 있었던 적이 없었어요. (대학교 3학년 여학생)

▶ 10분 휴식

강의 4-2: 반영([강의자료 4] 참조)

반영은 감정에 초점을 맞춘 재진술로, 내담자의 말이나 비언어적인 행동을 통해서 내담자의 감정을 명확하게 파악하여 감정을 중심으로 표현하는 것입니다. 그렇다고 해서 반영이 내담자의 심리를 꿰뚫어 보려 하거나 해석하려는 기술은 아닙니다. 내담자의 이야기에는 흔히 전달하고자 하는 사건, 대상, 상황, 생각, 욕구에 대한 감정이 담겨 있는데, 이러한 감정을 잘 정리해서 돌려 주는 것이 반영입니다.

잠시 반영에 대해 좀 더 구체적으로 살펴보는 시간을 가져 보겠습니다.

강의 내용	반영의 정의와 목적, 형식, 방법	강의자료 4

앞서 설명한 것처럼 반영은 제시된 형식에 따라 할 수 있지만 획일적으로 이 형식에만 맞추려고 하기보다는 이 형식을 기초로 얼마든지 변형시켜 사용할 수 있습니다.

Tip

- 정확한 반영을 하기 위해서는 내담자의 감정 상태를 명확하게 파악하여 간결한 언어로 전달해야 한다.
- 감정 상태에 대해 단순히 '좋다' 또는 '나쁘다'와 같은 말을 사용하기보다는 내담자의 감정 상태와 일치되는 말을 사용한다.
- 감정의 정도를 나타내는 말로 약간, 다소, 꽤, 매우, 몹시, 아주, 상당히, 굉장히 등이 있다.
- '~와 같은 느낌이 든다'는 형식으로 내담자의 감정을 비유 또는 은유적으로 읽어주고 공감적으로 표현한다.

활동 4-2: 반영훈련

전개
(80분)

[활동지 4-2] 반영 훈련 예시문

사례 1

내담자: 요즘은 출근하는 것 자체가 힘듭니다. 그나마 외근이 있는 날은 덜합니다. (31세 남성)

사례 2

내담자: 수업시간에 영어 선생님이 읽기를 시킬 때가 제일 싫어요. 원래 목소리가 작은데다가 영어에 자신도 없어요. 읽는 도중에 선생님이 "what?" 하며 나를 쳐다볼 때면 쥐구멍에라도 들어가고 싶어요. (고등학교 2학년 여학생)

사례 3

내담자: 저희 가족은 한 번도 1박 이상의 여행을 가 본 적이 없어요. 부모님 두 분 다 너무 바빠서 여행은 엄두도 못 냈어요. 한번은 가다가 돌아오기도 했어요. (대학교 1학년 여학생)

Tip

활동 4-1과 같은 사례를 반복하여 들려주며, 재진술에 이어 이번엔 반영을 해 보는 것도 괜찮은 방법이다.

<table>
<tr><td>전개
(80분)</td><td>▶ 10분 휴식
지금까지 배운 두 가지 기술을 상담 시현을 통해 직접 경험해 보겠습니다. 시현은 세 명이 한 조가 되어 15분 동안 진행하며, 각각 상담자, 내담자, 관찰자 역할로 나누어 진행하겠습니다. 핸드폰을 이용해 상담 시현 장면을 동영상으로 기록하고 각 조별로 영상을 보면서 역할별로 느낀 점, 서로의 역할에 대한 피드백 등을 나누어 보겠습니다.

활동 4-3: 롤플레잉

〈활동 내용〉
• 3인 1조로 조 만들기
• 역할 나누기
• 조별 주제 선정
• 시연은 상담의 실제 장면처럼 테이블에서 진행(15분)
• 촬영한 영상을 보며 조별 토론(10분)

Tip
• 상담 장면의 현실감을 위해 연기력이 좋은 사람이 내담자 역할을 하는 것도 좋은 방법이다.
• 상황에 따라 내담자 역할을 하는 사람의 실제 고민되는 부분을 나누거나 자기개방이 어렵다면 자신과 가까운 대상의 사례를 자신의 사례인 듯이 이야기를 나누는 것도 좋다.</td></tr>
<tr><td>마무리
(20분)</td><td>▶ 마무리
이제 오늘을 마무리하는 활동을 하겠습니다. 우리는 이 프로그램에 참여하면서 상담관계 향상을 통한 상담자로서 성장하는 경험을 하였습니다. 그러한 과정을 하나의 상징물로 기록하기 위해 한 회기가 끝날 때마다 새롭게 알게 되었거나 깨달은 것, 간단한 소감, 또는 나의 다짐 등을 기록하겠습니다.

• '성장노트'를 나누어 준다.
• 한 회기를 마칠 때마다 그날의 소감이나 나의 다짐 등을 자유롭게 한 면에 기록하게 한다.
• 기록한 내용을 나누면서 한 회기를 마무리한다.

오늘 이것으로 모든 활동을 마치겠습니다. 수고하셨습니다. 다음 시간에는 '명료화와 요약' 기술을 연습하는 시간을 가지도록 하겠습니다. 다음 시간에 뵙겠습니다.</td></tr>
<tr><td>유의점</td><td>롤플레잉 활동에서 영상을 보며 토론하는 시간은 자칫 수다가 되지 않도록 지도자가 토론 시간이나 토론의 초점을 구체화한다.</td></tr>
</table>

[강의자료 4] **재진술과 반영**

1. 재진술

1) 정의

재진술은 내담자의 진술 중 상황, 사건, 대상, 생각에 대한 핵심 내용이나 의미를 반복하거나, 부연・요약하여 상담자의 말로 바꾸어 되돌려 주는 기술이다. 상담과정에서 내담자는 흔히 삶의 경험을 추상적인 형태로 지각하여 상담과정에서도 모호한 방식으로 진술하는 경우 새로운 시각에서 내담자 자신의 이야기를 다시 생각해 볼 수 있는 기회를 제공하여 내담자의 자기 이해를 돕는 기술이다.

2) 목적

- 내담자의 이야기를 경청하고 있음을 나타내기 위함이다.
- 내담자가 어떤 이야기를 하고 있는지 상담자의 말로 들려주기 위함이다.
- 내담자가 자신의 진술 내용에 초점을 맞추게 하기 위함이다.
- 핵심적인 내용에 대해 보다 상세히 말하도록 격려하기 위함이다.
- 의사결정 또는 결단이 필요한 내담자를 돕기 위함이다.
- 감정에 대한 반응이 이르다고 판단될 때 핵심 내용만 전달하기 위함이다.

3) 과정

① 내담자 진술의 핵심 내용을 떠올린다(방금 무슨 말을 했는가?).
② 어떤 상황, 사건, 대상 혹은 생각이 논의되고 있는지 반문해 봄으로써 핵심 내용과 바람이 욕구를 파악한다(어떤 사람, 대상, 생각, 상황에 대해 말하고 있는가?).
③ 핵심 내용을 문장으로 만들어 전달한다(핵심 내용을 적절한 문장으로 구성).
④ 내담자의 반응을 관찰하여 재진술의 효과를 평가한다(재진술이 효과가 있었는가?).

4) 유형

표 14-1 재진술의 유형과 방법

유형	방법	목적
이야기 재진술	• 내담자 이야기를 그대로 표현	• 정확한 공감 표현 • 계속적으로 이야기 하도록 독려 • 정확하게 이해했는지 확인
의미 재진술	• 내담자 말의 의미를 상담자 말로 바꾸어 진술	• 정확한 공감 표현 • 정확하게 의미를 이해했는지 확인 • 드러나는 의미에 대해 더 많은 이야기를 하도록 독려 • 특정한 의미에 상담 초점 맞추기
초점 맞추기	• 한 가지 내용이나 주제에 집중	• 중요한 점을 명료화 • 내담자의 과장된 의미부여를 방지
요약하기	• 지금까지의 이야기 요약 • 선택적 요약 • 이득과 손실 요약	• 내담자의 핵심 정보를 수집 • 내담자가 생각을 정리할 기회를 제공 • 중요한 주제들을 체계적으로 집중시키고 상담 방향 모색

5) 앵무새 말하기

앵무새 말하기는 트랙킹(tracking) 또는 '따라가기', 즉 내담자의 말을 뒤따라가면서 경청할 수 있는 능력을 습득하도록 돕기 위해 고안된 연습 방법으로, 재진술 연습의 초기 단계에서 연습하기 적당한 방법이다.

〈예시〉

내담자: 쉬는 시간만 되면 친구들이 소리를 지르고 뛰어다녀서 싫어요. 상담자: 친구들이 쉬는 시간만 되면 뛰고 소리 지르는 것이 싫구나. 내담자: 밥을 남긴다고 엄마한테 혼났어요. 상담자: 밥을 남긴다고 엄마한테 혼났구나.

2. 반영

1) 정의

반영은 감정에 초점을 맞춘 '재진술'로, 공감적으로 이해한 내담자의 감정을 다른 동일한 말로 전달해 주는 것이다. 다시 말해, 인지적으로 이해된 핵심 메시지와 감성에 이입된 감정을 거울처럼 비추어 주는 상담 기술이다. 감정의 반영은 내담자와의 긍정적인 관계를 제공하고 내담자 스스로 경험이나 의미를 분명하게 함으로써, 자유롭게 표현하고 자신을 관리할 수 있도록 도움을 줄 수 있다.

2) 목적

- 이해받는 느낌을 갖게 한다.
- 특정 상황, 사람, 대상, 생각 등에 대한 감정 표현을 독려한다.
- 내담자의 정서 관리를 돕는다.
- 상담에 대한 부정적 감정을 표출하는 내담자를 돕는다.
- 내담자 스스로 자신의 다양한 감정을 구분할 수 있도록 돕는다.

3) 형식

- 기본형: "(사건, 상황, 사람, 생각) 때문에 ~한 느낌(감정, 정서, 기분)이 드는군요." (예: "남자 친구가 약속시간을 어겼으면서도 이렇다 할 해명을 하지 않아서 화가 나는군요.")
- 높은 수준: "(사건, 상황, 사람, 생각) 때문에 ~한 느낌(감정, 정서, 기분)이 드는군요. (바람, 욕구) 하기를 원하는데." (예: "남자 친구가 약속 시간을 어겼으면서도 이렇다 할 해명을 하지 않아서 화가 나는군요. 늦은 것에 대해 사과하고 그 이유에 대해 해명해 주기를 원하는데.")
- 단축형: "~한 느낌(감정, 정서, 기분)이 드나 봐요." (예: "기분이 좋으신가 봐요." "울적한 기분이 드시는군요.")
- 은유형: "마치 에베레스트 산 정상을 정복한 기분이신가 봐요." "땅이 푹 꺼지는 느낌이 드시나 보군요." "막다른 골목에 들어선 느낌이군요."
- 행동 진술형: "모든 것을 포기하고픈 심정이시군요." "누구라도 얼싸안고 춤이라도 추고 싶은 기분이군요." "어느 장단에 춤을 춰야 할지 알 수 없는 느낌이 드나 봐요."

4) 방법
• 말의 내용뿐만 아니라 발하는 방식, 자세, 목소리 등에 주위를 기울이며 내담자의 감정을 파악한다.
• 내담자의 언어반응 중에 가장 중요한 감정을 파악한다.
• 내담자가 보고하는 상황에 대한 현재의 감정에 초점을 둔다.
• 내담자의 주요한 감정과 감정의 강도 등 감정의 수준을 평가하여 정확한 반영을 한다.
• 내담자의 현저한 감정의 수준을 구별하여 가설적으로 표현한다.

5) 감정 반응을 하지 말아야 할 때
• 내담자에 대한 정보가 충분하지 않을 때
• 내담자에게 심한 정서적 장애가 있을 때
• 내담자에게 감정을 다룰 수 있는 능력이 부족하다고 판단될 때
• 감정 해결을 위한 시간이 충분하지 않을 때

출처: 강진령(2022), 천성문 외(2015b)를 재구성함.

[활동지 4-1]

앵무새 말하기와 재진술 훈련

내담자의 진술을 잘 듣고, 다음에 해당하는 재진술 반응을 작성해 보세요.

사례 1 듣기

• 앵무새 말하기:

• 재진술:

사례 2 듣기

• 앵무새 말하기:

• 재진술:

사례 3 듣기

• 앵무새 말하기:

• 재진술:

[활동지 4-2]

반영 훈련

내담자의 진술을 잘 듣고, 다음에 해당하는 반영 반응을 작성해 보세요.

사례 1 듣기

• 반영: ______________________________

사례 2 듣기

• 반영: ______________________________

사례 3 듣기

• 반영: ______________________________

[활동지 4-3]

롤플레잉

다음의 사례 중 하나를 선택해서 상담 시연을 하기 바랍니다.

사례 1: 초등학교 2학년 아들을 둔 어머니가 수업 시간에 일탈행동을 일삼는 아들 때문에 학교에 불려갔다. 담임선생님의 말도 듣지 않고 체육활동 시간에는 체육관의 기물을 파손해서 배상해야 하는 상황이다. 강하게 야단을 치면 천진하고 밝은 아들의 성격이 어둡게 변할까 봐 걱정되고, 그냥 두자니 감당이 안 되어 어머니가 상담실을 찾았다.

사례 2: 밖에서는 좋은 사람으로 평가받는 남편이지만, 집에서는 자신만의 방식과 순서대로 물건을 정리하게 하고 잘 지켜지지 않으면 화를 내기도 한다. 특히 자녀들이 사춘기가 되면서 남편의 정리 방식을 거부하기 시작하면서 갈등 상황이 자주 일어나고 있으며, 심지어는 자녀들의 허락도 받지 않고 자녀들의 물건을 마음대로 정리해 버려 거의 매일 자녀와 싸운다. 이런 남편을 지켜보는 것이 매우 힘든 아내가 상담실을 찾았다.

관찰자 메모:

5) 5회기: 명료화와 요약

활동지도안	
활동 목표	• 명료화에 대해 이해하고 사용 시기, 방법을 익힌다. • 요약에 대해 이해하고 사용 시기, 방법을 익힌다.
준비물	필기도구, [강의자료 5], [활동지 5-1]~[활동지 5-3], 시현용 책상과 의자, 삼각대
단계	**진행 절차**

도입 (20분)

▶ 지난 회기 요약 및 현 회기 소개

한 주 동안 잘 지냈나요? 우리는 내담자의 사고 · 정서 · 행동 패턴을 알아차리기 위해 부단히도 애를 씁니다. 그리고 내담자의 감정을 따뜻하게 읽어 주며 안아 주려고 많은 노력을 합니다. 반면, 우리는 우리 자신의 감정에 대해서 얼마나 깨어 있을까요? 조용히 눈을 감고 현재 자신의 감정에 집중을 해 보는 시간을 잠시 가져 보겠습니다.

지난 시간에는 재진술과 반영 훈련을 해 보았습니다. 내담자의 감정에 초점을 맞추어 재진술해 주는 것이 반영이었습니다. 이번 회기에는 통찰 단계의 상담 기술인 명료화와 요약 훈련을 해 보겠습니다.

▶ 도입 활동: 나 전달법으로 말해 봐

〈활동 내용〉

- 3~4인 1조로 조를 구성한다.
- 집단 리더가 제시하는 사례를 듣고 사례 주인공의 마음을 '나 전달법'으로 표현한다.
- 조별로 모여 가장 잘 정리된 반응을 하나 선정하고 조원이 다같이 의논해서 선정된 반응을 좀 더 명료한 단어와 문장으로 수정하는 작업을 해 본다.
- 작업이 끝난 후 전체 나눔을 한다.

전개 (80분)

강의 5-1: 명료화([강의자료 5] 참조)

여러분은 왜가리의 울음 소리를 들어본 적이 있나요? 왜가리를 눈으로 보지 않은 상태에서 울음소리만 들으면 마치 성난 아이의 괴성 같기도 하고 들짐승이 으르렁대는 소리 같기도 합니다. 소리의 정체를 알기 위해선 왜가리를 직접 찾아 실체를 확인해야 합니다. 이번 시간에는 모호한 울음소리의 실체를 알아내기 위해 왜가리가 있는 곳으로 찾아 나서는 것처럼, 내담자가 하는 모호한 이야기의 진정한 의미를 명확하게 파악하기 위한 질문 형태의 기술인 명료화에 대해 알아보는 시간을 가져 보도록 하겠습니다.

강의 내용	명료화의 정의와 목적, 방법	강의자료 5

실습을 통해 앞서 설명한 명료화 기술을 경험해 보는 시간을 가지겠습니다. 실습을 하기 전에 명료화의 절차를 한 번 더 복습해 봅시다. 먼저, '내담자가 내게 무슨 말을 했는가?' 내담자의 언어적 · 비언어적 메시지 내용을 파악해 봅니다. 내담자의 메시지 중 모호하거

나 누락되었거나 확인할 부분은 없는지를 파악해 봅니다. 마지막으로, 어떤 말로 명료화 반응을 할 것인가? 잘 생각해서 명료화를 위한 문장을 만들어서 내담자에게 언어적으로 전달하는 것입니다. 이 절차에 근거해 명료화 기술 훈련을 해 보기 바랍니다.

전개
(80분)

활동 5-1: 명료화 훈련

사례를 잘 듣고 명료화 기술 반응을 적어 봅시다.

[활동지 5-1] 명료화 훈련 예시문

사례 1

내담자: 요즘 거울을 보는 게 부담스러워요. 제가 봐도 너무 뚱뚱해 졌어요. 지난 2년 사이에 10kg이 넘게 쪘어요. 사람들은 그리 심하게 쪄 보이지 않는다고 하지만 그들의 눈빛에서 한심함이 느껴질 때가 있어요. 그래서 사람 만나는 게 싫어요. (40대 직장인 여성)

사례 2

내담자: 남들은 우리 남편 같은 사람이 없다고 그렇게 칭찬들을 해요. 그리고 실제로 집안일도 잘하고 부지런하죠. 그런데 이야기만 하면 자기가 다 옳다는 식으로 말해요. 자기 말이 정답인 거죠. 이런 태도도 화나게 하는데, 더 열받는 건 사람들과 있을 때 전화를 하면 상냥하게 애처가 남편처럼 "아이고~ 네네."하며 대답을 해요. 그런데 집에만 들어오면 언제 그랬냐는 듯 퉁명스럽고 집안일에 대해 잔소리부터 해요. 녹화를 해서 사람들한테 보여 주고 싶을 정도라니까요? (50대 주부)

사례 3

내담자: 대학 졸업하고 저의 젊은 날의 대부분을 바친 회사죠. 요즘 후배들은 칼퇴근하지만 우리는 월급 더 안 줘도 실적 더 올려 보려고 퇴근 후에도 거래처 사장을 만나서 술도 마시고 설득도 하고……. 그렇게 주말 없이 열심히 했는데 슬슬 퇴직 준비를 할 때가 된 것 같아요. (40대 후반 남성)

Tip

사례는 집단원에 맞게 변경하여 제시해도 된다.

▶ 10분 휴식

강의 5-2: 요약([강의자료 5] 참조)

브레머와 맥도널드(Brammer & MacDonald, 2002)는 "요약은 인지적 · 정동적 데이터의 집합적 재진술이다."라고 이야기했습니다. 실제 상담 장면에서 요약 반응의 대부분은 이 두 가지에 대해 언급하게 됨을 알 수 있습니다. 상담에서 요약을 적절하게 잘 사용함으로써

전개 (80분)

얻을 수 있는 효과는 내담자의 감정과 생각을 정리할 수 있게 하고, 특정 주제를 면밀하게 탐색할 수 있도록 자극할 수 있으며, 대안적 사고나 행동을 명확히 계획할 수 있도록 합니다. 잠시 요약에 대해 좀 더 구체적으로 알아보는 시간을 가져 보도록 하겠습니다.

강의 내용	요약의 정의와 목적, 사용 시기, 효과	강의자료 5

활동 5-2: 요약 훈련

사례를 잘 듣고 먼저 내담자 진술 내용의 핵심을 요약한 다음 상담자의 요약 반응을 적어 봅시다.

[활동지 5-2] 요약 훈련 예시문

사례 1

내담자: 갑작스러웠어요. 나에 대한 그의 사랑은 변함없지만 내가 자기에게 잘 맞는 것 같지 않다네요. 지난 3년 동안 함께 나누었던 즐거운 시간들을 생각하면 고마울 따름이지만 자기를 잊어 달래요. 그것만이 서로를 더 곤란하지 않게 하는 길이라면서, 진짜 이유가 뭔지, 도대체 정말 어찌해야 할지를 모르겠어요. (남자 친구에게 이별 통보를 받은 20대 여성)

사례 2

내담자: 한번은 친구 집에 놀러갔는데요. 친구 동생이 날 보더니 "엄마, 이상하게 생긴 외국인 언니가 왔어."라고 하는 거예요. 그래서 그냥 못 들은 체했는데, 조금 있다가 친구 엄마가 그러는 거예요. 저더러 한국말을 아주 잘한다고요. (눈물을 글썽이며) 난 한국에서 태어났고, 한국 사람이고, 한국말밖에 할 줄 모르는데. (다문화가정의 초등학교 5학년 여자아이)

▶ 10분 휴식

활동 5-3: 롤플레잉

〈활동 내용〉

- 3인 1조로 조 만들기
- 역할 나누기
- 조별 주제 선정
- 시현은 상담의 실제 장면처럼 테이블에서 진행(15분)
- 촬영한 영상을 보며 조별 토론(10분)

전개 (80분)	**Tip** 사례실습 시에 참여자의 자기개방을 하는 것도 좋은 방법이다. 이러한 참여자의 자기개방은 자기 점검의 기회도 될 수 있으며, 집단원으로부터 공감적 반응을 경험함으로써 공감적 상호작용을 경험할 수 있는 기회가 되기도 한다. 또한 집단원 개별의 역동이 함께 이루어져 훈련의 깊이가 생기는 효과를 가질 수 있다. 지금까지 배운 재진술, 반영, 명료화, 요약 기술을 상담 시현을 통해 직접 경험해 볼 겁니다. 내담자 역할을 맡은 사람은 연기라는 생각보다 실제 주제에 몰입해서 흐르는 감정에 충실하게 역할 수행을 해 주고, 상담자 역할을 맡은 사람은 내담자의 진술과 정서에 집중해서 시현에 참여하길 바랍니다. 관찰자는 상담 장면에서 지금까지 배운 기술들이 어느 시점에서 어떻게 사용되었는지, 그 내용과 시기는 적절한지 등을 섬세하게 관찰하고 기록해서 피드백 시간에 공유하면 되겠습니다. 시현은 세 명이 한 조가 되어 15분 동안 진행하며, 각각 상담자, 내담자, 관찰자 역할로 나누어 진행하겠습니다. 핸드폰을 이용해 상담 시현 장면을 동영상으로 기록하고, 각 조별로 영상을 보면서 역할별로 느낀 점, 서로의 역할에 대한 피드백 등을 나누겠습니다. 피드백은 평가를 위한 것이 아니라 성장을 위한 것이니 피드백 내용이 조원에게 잘 전달될 수 있도록 예리하지만 온정적으로 이루어지길 바랍니다.
마무리 (20분)	▶ 마무리 이제 오늘을 마무리하는 활동을 하겠습니다. 우리는 이 프로그램에 참여하면서 상담관계 향상을 통한 상담자로서 성장하는 경험을 하였습니다. 그러한 과정을 하나의 상징물로 기록하기 위해 한 회기가 끝날 때마다 새롭게 알게 되었거나 깨달은 것, 간단한 소감, 또는 나의 다짐 등을 기록하겠습니다. • '성장노트'를 나누어 준다. • 한 회기를 마칠 때마다 그날의 소감이나 나의 다짐 등을 자유롭게 한 면에 기록하게 한다. • 기록한 내용을 나누면서 회기를 마무리한다. 오늘 이것으로 모든 활동을 마치겠습니다. 수고하셨습니다. 다음 시간에는 '질문과 해석' 기술을 연습하는 시간을 가지도록 하겠습니다. 다음 시간에 뵙겠습니다.
유의점	다소 지루할 수 있으므로 회기 중간에 환기를 시킬 수 있는 간단한 몸풀기 활동을 추가할 수 있다.

[강의자료 5] 명료화와 요약

1. 명료화

1) 정의

명료화는 내담자가 하는 모호한 진술의 의미를 명확하게 확인하기 위한 질문 형태의 기술로, 내담자의 사고, 감정, 행동 혹은 경험의 명확한 탐색을 위해 사용된다. 내담자의 진술은 내담자의 경험에 의해 필터링되어 표출되기 때문에 때로는 모호하게 표현되기도 한다. 예를 들면, '우리가 흔히 싫어하는 것 있잖아요.' '사람들' '그런 거' '거시기' 그리고 이중적인 의미를 내포하고 있는 단어가 있다. 이러한 내담자의 모호한 진술을 상담자의 판단으로 대충 이해하기보다는 명료화를 통해 내담자가 보다 명확하게 진술하여 자신의 경험에 대해 좀 더 선명한 그림을 그리도록 도울 수 있다.

2) 목적

- 내담자가 보다 명확하게 진술할 수 있도록 돕는다.
- 명쾌한 치료적 의사소통을 유지한다.

3) 사용 시기

- 내담자가 좀 더 구체적으로 말하도록 돕고자 할 때
- 내담자의 진술 내용을 정확하게 들었는지 확인하고자 할 때
- 모호하거나 혼동되는 진술 내용을 명확하게 할 때
- 상담자가 이해한 의미를 내담자에게 투사하는 것을 막고자 할 때

4) 적용

명료화는 흔히 내담자의 진술 내용이 누락, 왜곡, 일반화되는 경우에 적용된다.

- 누락(deletion): 상담과정에서 전달 내용의 일부 또는 전부를 전달하지 않거나 파악하기 힘든 상태
- 왜곡(distortion): 전달하고자 하는 내용을 변조시키는 것. 소통의 왜곡은 메시지가 지나치게 압축되거나 강조되는 경우에 흔히 발생
- 일반화: 특정한 조건에서 형성된 반응이 비슷한 조건에서도 같은 반응으로 표현

2. 요약

1) 정의

내담자가 말한 둘 이상의 언어적 표현의 요점을 간추려서 상담자의 말로 되돌려 주는 기술이다. 내담자가 직전에 한 짧은 진술에 대한 요약을 비롯하여, 한 회기 또는 여러 회기 동안 내담자의 진술을 경청하고, 이에 기반한 주요 사안에 관한 관계를 발견한 내용 등을 요약해서 되돌려 주는 것을 말한다.

2) 목적

- 언어적 표현의 주요 요소 구분
- 두서없는 이야기 차단

- 공통 주제 또는 패턴 추출
- 상담의 진척 정도 검토

3) 사용 시기
- 내담자가 산만하게 이야기할 때
- 상담자가 논의 주제 또는 초점을 이동할 때
- 상담 회기를 마칠 때
- 상담을 종결할 때

4) 효과
- 감정과 생각을 한곳에 정리할 수 있다.
- 특정 주제에 관한 논의를 정리할 수 있다.
- 특정 주제를 면밀하게 탐색할 수 있도록 자극할 수 있다.
- 새로운 조망 또는 대안적 틀을 명확히 보도록 할 수 있다.

[활동지 5-1]

명료화 훈련

내담자의 진술을 잘 듣고, 다음에 해당하는 명료화 반응을 작성해 보세요.

사례 1 듣기

• 명료화: ______________________________

사례 2 듣기

• 명료화: ______________________________

사례 3 듣기

• 명료화: ______________________________

[활동지 5-2]

요약 훈련

내담자의 진술을 잘 듣고, 다음에 해당하는 요약 반응을 작성해 보세요.

사례 1 듣기

• 요점:

• 요약 반응:

사례 2 듣기

• 요점:

• 요약 반응:

[활동지 5-3]

롤플레잉

다음의 주제 중 하나를 선택하여 지금까지 배운 재진술, 반영, 명료화 기술을 종합적으로 적용하여 상담 시현을 해 보기 바랍니다.

사례 1: 40대 여성인 내담자는 남편의 가정폭력이 두려워 무조건 시키는 대로 했다. 심지어 자신이 잘못한 것이 아니더라도 기꺼이 자기 탓으로 돌리고 목소리 한 번 높여 본 적도 없다고 한다. 시키는 대로 꼭두각시처럼 지냈지만, 시키는 대로 해도 때려서 남편에게 어떻게 해야 할지 물어보면 또 물어본다고 밀치는 등 피할 수 있는 방법이 없다. 더 심한 폭력이 되돌아 올까 봐 대들지도 못하고 있다. 참는 것 말고 무엇을 더 할 수 있는지 답답한 심정으로 상담실을 방문했다.

사례 2: 시골 지방 출신의 20대 남자 대학생인 내담자는 과 친구들이 드러내 놓고 말하지 않지만, 시골 지방 출신인 자신을 무시하는 것을 수시로 느낀다고 보고한다. 술을 마시러 갈 때나 밥 먹을 때, 심지어는 팀 프로젝트를 할 때도 끼워 주지 않는다. 마치 모자라는 사람처럼 취급하면서 팀 보고서를 제출할 때 내담자의 이름을 제외하는 등 공개적으로 무시하는 것 같아 힘들어 상담실을 내방하였다.

관찰자 메모:

6) 6회기: 질문과 해석

<table>
<tr><th colspan="2">활동지도안</th></tr>
<tr><td>활동 목표</td><td>• 질문의 사용 목적과 유형을 이해하고 활용 방법을 익힌다.
• 질문의 오남용 가능성에 대해 이해한다.
• 해석에 대해 이해하고 활용 방법을 익힌다.</td></tr>
<tr><td>준비물</td><td>필기도구, [강의자료 6], [활동지 6-1]~[활동지 6-4], 상담 및 심리검사 신청서, 접수면접 기록지, 시현용 책상과 의자, 삼각대</td></tr>
<tr><th>단계</th><th>진행 절차</th></tr>
<tr><td>도입
(20분)</td><td>▶ 지난 회기 요약 및 현 회기 소개
한 주 동안 잘 지냈나요? 우리는 지금 6주에 걸쳐 상담 기술 훈련을 하고 있습니다. 혹시 상담이나 일상에서 이 훈련으로 인해 어떠한 변화를 경험한 분이 있다면 잠시 함께 나누어 보는 시간을 가져 보겠습니다. ……〈중략〉…… 네. 말씀 감사합니다.
자, 이번 회기에 함께 다루어 볼 기술은 질문과 해석입니다.

▶ 도입 활동: 보물찾기 스무고개

〈활동 내용〉
• 각자의 인생에서 가장 소중한 보물을 하나씩 마음속으로 정한다. 보물은 사람일 수도 있고 사물이나 가치일 수도 있다.
• 보물을 하나씩 정하고 나면 2인 1조로 짝을 지어 누가 먼저 질문을 할지 정한다.
• 순서가 정해지면 한 명씩 역할을 바꾸어 가며 스무 번의 질문을 통해 상대의 보물을 맞혀 본다.
• 결정적 질문은 어떤 것이었는지, 상대로 하여금 편안하게 이야기를 잘 이끌어낸 질문은 어떤 것이었는지 등의 이야기를 나누어 본다.
• 조별로 간단한 소감을 들어 본다.</td></tr>
<tr><td>전개
(80분)</td><td>강의 6-1: 질문([강의자료 6] 참조)
질문과 해석은 우리의 일상에서도 가장 많이 사용되는 소통 방법 중 하나일 겁니다. 안부를 묻는 것에서부터 아이를 키울 때 상황을 이해시키고 안내를 할 때 많이 사용해 보셨을 겁니다. 상담과정의 특성상 상담 초기에 질문을 많이 합니다. 그리고 해석은 내담자와 상담자의 라포 형성이 충분히 된 후에 사용하는 것이 좋습니다. 그럼 먼저 질문에 대해 좀 더 구체적으로 알아보는 시간을 가져 보도록 하겠습니다.

강의 내용 | 질문의 정의와 목적, 유형, 절차, 역기능 | 강의자료 6

앞서 설명한 내용 중 질문의 유형을 맞혀 보는 활동을 해 보겠습니다.</td></tr>
</table>

전개
(80분)

활동 6-1: '뭐였더라?' 질문 유형 구분 훈련

[활동지 6-1] 질문의 유형 구분을 위한 훈련 예시문

1. "오늘 밤 잠든 사이에 기적이 일어나서 지영이의 모든 문제가 사라졌다면, 다음 날 아침 기적이 일어났음을 어떻게 알 수 있을까?"

2. "실수하는 게 용납되지 않는다고 하셨는데, 만약 형준 씨가 실수를 하지 않는 사람이라면 사람들이 그런 형준 씨를 사랑하고 존경할까요?"

3. "오늘 현정이가 상담을 통해 한 가지 계획을 세운다면 당장 실행에 옮길 수 있는 일은 무엇일까?"

4. "하늘나라에 계신 부모님께서 지금 은영 씨 곁에 계신다면 어떤 점을 자랑스러워 하실지 궁금하군요."

5. "지금까지 5회기에 걸쳐서 상담을 받으셨는데, 준성 씨가 원하는 성과를 얻고 있나요?"

6. "현재 세영 씨께서 힘들어하고 있는 문제를 해결하기 위한 열쇠를 쥐고 있는 사람이 세미 씨 남편이라고 생각하나요, 아니면 세미 씨 자신이라고 생각하나요?

7. "은아 씨가 이전에 받았던 상담은 어땠고, 또 신앙생활이 현재의 어려움을 극복하는 데 도움이 되고 있나요?"

8. "조각가가 되고 싶어서 미대에 진학하고 싶어 하는 둘째 아드님이 왜 첫째 아드님처럼 반드시 의과대학에 진학해야 한다고 생각하나요?"

9. "성문 씨가 원하시는 대로 부인께서 달라진다면, 성문 씨의 삶이 어떻게 달라질까요?"

10. "이번 상담에서 무엇을 얻게 된다면, 그것이 윤희 씨의 삶에서 참으로 의미 있고 유용하다는 생각이 들게 할지 궁금하네요."

[정답] 1-개, 2-폐, 3-개, 4-간, 5-폐, 6-양, 7-이, 8-왜, 9-개, 10-간

앞서 강의에서 이야기한 개방형 질문, 폐쇄형 질문 외에 둘 중 하나를 선택하게 하는 양자택일형 질문, 왜 질문, 이중 질문, 질문공세 등이 있는데, 이런 질문들은 상담에서는 비교적 바람직하지 않은 질문의 범주에 속합니다. 그럼 이번에는 활동을 통해 바람직하지 않은 질문 장면을 수정해 보는 시간을 가져 볼 겁니다.

전개
(80분)

Tip 효과적인 질문을 위한 지침

1. 내담자에게 초점을 맞춘 개방형 질문을 한다. "오늘은 무슨 일에 대해 말씀하고 싶으세요?"라는 개방형 질문은 내담자의 말문을 열게 하고, 하고 싶은 이야기를 이어갈 수 있게 한다.
2. '왜'로 시작하는 질문은 추궁의 의미가 포함되어 있어서 내담자를 방어하게 하므로 되도록 피한다.
3. 이중 질문은 내담자를 혼란스럽게 하여 정확한 정보를 얻는 데 도움이 되지 않으므로 피한다.
4. 상담자의 판단적이고 유도적인 질문은 내담자가 자신을 탐색하게 하는 데 도움이 되지 않으므로 피하는 것이 좋다.
5. 내담자의 상황에 대한 주관적 관점을 탐색하기 위해서는 "그것에 대해 어떻게 느끼나요?"와 같은 질문이 유용하다.
6. 논의의 초점을 내담자에게 둔 개방형 질문은 내담자의 문제를 명료화하는 데 도움이 된다.
7. '무엇을' '어떻게' 형식의 질문을 활용하여 특정한 행동에 대한 구체적인 예를 끌어내는 질문은 내담자의 자기이해를 돕는 데 유용하다.
8. 폐쇄형 질문은 구체적 사항에 초점을 맞추고 내담자의 상황을 파악하는 데 유용하다.
9. 한 번에 한 가지에 대해 간결하고 명확하게 질문한다.
10. 간접 질문을 적절히 활용한다.
11. 질문하고 나면 내담자의 대답에 귀를 기울인다.

활동 6-2: '나라면 이렇게~'

[활동지 6-2] 대체 질문 작성을 위한 훈련 예시문

양자택일형 질문

상담자: 그 문제가 해결된다면 성적과 친구관계 중 어떤 것에 더 좋은 영향을 줄까요?
상담자: 본인의 성격이 외향적이라고 생각하세요, 내향적이라고 생각하세요?

왜 질문

상담자: 오늘 상담에 왜 늦으셨어요?
상담자: 제가 왜 이런 질문을 한다고 생각하세요?

제안형 질문(질문을 가장한 조언)

상담자: 그렇게 화가 나서 감정 조절이 안 될 때 일단 사람들 사이에서 빠져나와 혼자 있는 시간을 가져 본 적은 있으세요?

지시형 질문(지시가 위장된)

상담자: 지난 회기에 미처 마무리 짓지 못했던 이야기부터 시작할까요?

전개
(80분)

▶ 10분 휴식

강의 6-2: 해석([강의자료 6] 참조)

해석에는 정해진 공식이 없습니다. 해석은 내담자의 고정관념, 선입견, 특정 행동의 원인을 단순하게 가정하는 것보다는 내담자가 처해 있는 상황과 환경에서 형성된 경험과 학습된 내용을 토대로 이루어져야 합니다. 즉, 현재 내담자의 대인관계 경험은 과거 속 내담자의 중요한 인물들과의 관계에서 습득된 경험과 연결되어 있다는 것입니다. 해석에 대해 좀 더 알아보는 시간을 잠시 가져 보도록 하겠습니다.

강의 내용	해석의 정의와 목적, 시기, 절차, 효과	강의자료 6

해석은 상담자와 내담자 간의 충분한 라포가 형성되고, 상담자가 내담자에 대해 포괄적이고 심층적으로 이해할 수 있을 때 신중히 실시되어야 합니다. 섣부른 해석은 자칫 내담자에게 위협이나 강요로 느껴질 수 있기 때문에 치료적 관계가 손상될 수도 있습니다.

Tip 효과적인 해석을 위한 지침

- 내담자에게 투사한 상담자의 편견과 가치관이 아니라 내담자의 실제적인 메시지에 기반을 두고 있음을 확인한다.
- 내담자의 생애사와 문화적 배경에 맞추어 적용한다.
- 나이가 어리거나 지적 능력이 낮은 내담자에게는 자제한다.
- 절대적인 표현보다는 잠정적 가설의 형태로 제시한다.
- 내담자와 안전하고 공감적으로 접촉되어 있는 맥락에서 제공한다.
- 내담자의 일부분보다는 전반적인 측면에 대해 설명한다.
- 내담자가 이해하기 쉬운 어휘로 구체적 · 직접적으로 표현한다.
- 받아들일 준비가 되어 있는 상태에서 제공한다.
- 때로 내담자에게 맡겨 본다(예: 게슈탈트치료). 출처: 강진령(2022).

활동 6-3: 해석 훈련

[활동지 6-3] 해석 훈련 예시문

사례 1

내담자: 선생님이 너무 냉정하신 것 같아요. 제가 잘못하면 화내시고 지적하실 것 같아 선생님이 원하는 답을 찾으려 노력하게 돼요. 상담시간이 다가오면 자꾸만 긴장되고 위축돼요. (어머니 반응에 따라 감정기복이 심하다고 호소하는 50대 여성)

사례 2

내담자: 다른 사람들은 과제 발표 시간에 다들 잘하는 것 같은데 저는 입이 잘 떨어지지 않아요. 사람들이 다 저를 비웃을 것 같고, 가슴이 터질 듯이 쿵쾅거리고, 다리가 후들거려서 서 있는 것조차 힘들어요. (발표 불안이 있는 대학교 2학년 남학생)

전개 (80분)	**사례 3** 내담자: 결혼을 생각할 만큼 그를 사랑할 수 없을 것 같아요. 상대방의 흉한 모습을 보고도 변함없이 사랑한다는 건 어려운 것 같아요. 그리고 내 몸과 정신이 힘들 때도 역시 상대방을 사랑하기는 어려울 거예요. 저는 혼자 사는 것이 가장 상처를 덜 받을 수 있는 방법일거라 생각해요. (오래 사귄 남성이 결혼을 요구하는데 회피만 하고 있는 30대 여성) ▶ 10분 휴식 활동 6-3: 롤플레잉 • 3인 1조로 조 만들기 • 역할 나누기 • 조별 주제 선정 • 시현은 상담의 실제 장면처럼 테이블에서 진행(15분) • 촬영한 영상을 보며 조별 토론(10분) 질문을 가장 많이 할 수 밖에 없는 단계는 바로 초기면접 또는 접수면접 단계입니다. 일반적으로 상담센터에서 우리와 같은 초심상담자에게 가장 많이 주어지는 상담은 접수면접입니다. 이번 시현은 접수면접 상황을 설정하고 지난 시간과 마찬가지로 3인 1조로 진행해 보겠습니다. **Tip** 질문으로 대화의 공백을 메우려는 경우 내담자는 상담의 목적이 마치 정보 수집에 있는 것처럼 오해할 수 있으므로 이 부분을 경계하며 실습을 해 본다.
마무리 (20분)	▶ 마무리 이제 오늘을 마무리하는 활동을 하겠습니다. 우리는 이 프로그램에 참여하면서 상담관계 향상을 통한 상담자로서 성장하는 경험을 하였습니다. 그러한 과정을 하나의 상징물로 기록하기 위해 한 회기가 끝날 때마다 새롭게 알게 되었거나 깨달은 것, 간단한 소감, 또는 나의 다짐 등을 기록하겠습니다. • '성장노트'를 나누어 준다. • 한 회기를 마칠 때마다 그날의 소감이나 나의 다짐 등을 자유롭게 한 면에 기록하게 한다. • 기록한 내용을 나누면서 회기를 마무리한다. 오늘 이것으로 모든 활동을 마치겠습니다. 수고하셨습니다. 다음 시간에는 '직면' 기술을 연습하는 시간을 가지도록 하겠습니다. 다음 시간에 뵙겠습니다.

[강의자료 6] 질문과 해석

1. 질문

1) 정의

질문은 내담자에 관한 사실적인 정보를 수집하고 사고, 감정, 행동, 경험 등을 탐색하기 위해 내담자에게 알고자 하는 바를 묻는 기술이다. 질문은 상담자가 내담자에 대해 알고 싶거나 확인하고 싶은 사항에 대해 묻게 되기 때문에 다분히 상담자 중심으로 진행되는 특징이 있다. 그래서 상담자의 편견에서 완전히 자유롭지 못하다는 점에서 쉽게 오남용되기도 하는 기술이다(Corey, 2016).

2) 목적

- 접수면접의 시작과 진행
- 주제 전환
- 상담 회기의 시작
- 평가
- 소통 촉진
- 정보 수집
- 자기개방의 동기부여
- 위기 개입
- 상호작용의 초점 확대
- 주제의 정교화
- 주제 영역의 구체화
- 의미 탐색과 통찰 촉진
- 패턴 지적
- 자기인식 증진
- 문제해결 방향으로의 안내
- 진단

3) 유형

개방형 질문		폐쇄형 질문
• 폭넓은 정보 수집 • 다양한 탐색 • 소통의 활성화 • 자유로운 표현 유도 • 느낌, 생각, 행동의 탐색	VS	• 주제의 범위 축소 • 구체적 정보 수집 • 문제 유형이나 경향성 탐색 • 내담자의 장황한 사설 차단 • 대화 종료

[그림 14-1] 개방형 질문과 폐쇄형 질문의 기능 비교

- 개방형 질문: 육하원칙 '누가, 언제, 어디서, 무엇을, 어떻게, 왜'로 시작하는 질문
  대화를 열게 하는 질문
  질문은 그 질문의 한계를 염두에 두고 조심스럽게 사용
- 폐쇄형 질문: '예' 또는 '아니요'로 답할 수 있는 질문
  대화를 닫게 하는 질문
  심문하는 느낌을 줄 수 있는 한계점
- 수렴적 개방 질문: 육하원칙에 기초하지만 단답형 대답이 요구되는 질문
- 확산적 개방 질문: 육하원칙에 기초하여 내담자의 사고를 촉진하며 자기 탐색의 범위를 확대시키는 질문
- 직접 질문: 의문문 형태의 질문으로, 간접 질문에 비해 단도직입적인 느낌. 가장 많이 사용
- 간접 질문: 평서문 형태로, 완곡한 느낌을 주는 질문
- 양자택일형 질문: 둘 중 하나를 선택하게 하는 질문

• 이중 질문: 두 가지 질문을 한 번에 묻는 형태의 질문
• 왜 질문: 개방 질문의 형태를 띠고 있으면서 특정 행동이나 선택을 한 이유에 대해 탐색하게 하는 질문. 내담자의 잘못을 지적하거나 비난하려는 의도로 받아들여질 수 있어서 내담자의 방어적 태도를 유발하는 한편, 이유에 대한 근거를 대기 위해 감정보다는 사고에 초점을 맞추게 한다는 한계점
• 질문 공세: 이미 질문을 던진 상황에서 내담자가 질문에 대한 답을 마치기도 전에 또 다른 질문을 연속적으로 던지는 것. 내담자를 압박하고 위축시켜 상담자의 질문에 반응만 하는 소극적인 자세를 취하게 할 수 있음

표 14-2 질문의 유형과 예시

질문의 유형	예시
폐쇄형 질문	"어머니를 떠올리면 화가 나나요?"
개방형 질문	"어머니를 떠올리면 어떤 느낌이 드나요?"
수렴적 개방 질문	"이번 회기에서 가장 유용한 것은 어떤 것이었나요?"
확산적 개방 질문	"문제가 해결된다면 당신의 삶은 어떻게 변할 것 같나요?
직접 질문	"상담을 통해 해결하고 싶은 것은 무엇인가요?"
간접 질문	"상담을 통해 어떻게 달라지기를 기대하나요?"

4) 절차
① 질문의 목적을 정한다('질문의 목적은 무엇인가? 질문이 치료적으로 유용한가?').
② 목적에 따라 어떤 유형의 질문이 도움이 될 것인지를 결정한다('내담자의 대답을 기대할 수 있는가?').
③ 목적에 적합한 유형의 질문을 만들어 내담자에게 언어적으로 전달한다('질문의 목적을 달성하려면 어떤 질문을 해야 하는가?').
④ 질문의 효과를 평가한다('질문은 효과가 있었는가?').

5) 역기능
• 내담자에게 공감적으로 이해받는 느낌을 주기 어렵다.
• 상담자가 대화의 방향을 통제한다는 인상을 줄 수 있다.
• 상담자가 문제해결의 열쇠를 쥐고 있다는 인상을 심어 줄 수 있다.
• 질문에 대한 답변을 듣고 나서 상담자가 내담자에게 해결책을 제시해 줄 수 없다면 내담자의 실망감이 클 수 있다.
• 추측성 질문으로 변질될 수 있다.
• 내담자에게서 자신의 진정한 문제에 대한 자유로운 탐색과 대화의 기회를 박탈할 수 있다.
• 내담자가 말하고자 하는 이야기의 범위를 제한하거나 초점을 벗어나게 할 수 있다.
• 또 다른 질문으로 이어져 내담자가 소극적인 태도를 취하게 할 수 있다.

2. 해석

1) 정의

해석은 내담자의 행동, 감정, 사고/발상, 욕구, 갈등, 대처방식, 대인관계 패턴 등 사이의 연관성, 동기, 원인, 인과관계 등에 대해 상담자가 잠정적인 가설의 형태로 설명해 주는 상담 기술이다. 이 기술을 통해 내담자는 자신의 행동 사이의 관계, 의미, 동기에 대해 통찰을 얻을 수 있다. 해석은 삶의 사건을 이해하고자 하는 인간의 타고난 욕구를 충족시킬 수 있고, 이 욕구는 정신적 외상으로부터의 회복을 촉진한다(Frankl, 1997).

2) 목적

- 내담자 스스로 자신의 행동에 대한 통찰을 높이기 위함
- 내담자가 보이는 암묵적인 메시지와 행동 사이의 인과관계를 찾아내기 위함
- 내담자 스스로 다른 체계에서 자신의 행동을 검토해 보게 함으로써 문제의 이해를 촉진하기 위함
- 내담자 스스로 자신의 비효과적인 행동을 보다 기능적으로 대체할 수 있도록 동기를 높이기 위함
- 내담자가 자기개방을 강화하고 상담자와의 신뢰를 높이며 관계의 발달에 기여하기 위함

3) 시기와 형식

해석은 상담자와 내담자 간의 충분한 라포가 형성되고, 상담자가 내담자에 대해 포괄적이고 심층적으로 이해할 수 있을 때 신중하게 실시되어야 한다.

해석의 형식	"○○ 씨는 ~때문에 ~게 행동하는 것 같습니다." "○○ 씨의 ~한 행동패턴은 ~으로 인한 것 같습니다."

4) 실시과정

해석을 위한 기반 마련하기	→	명료화 질문하기	→	경청을 통해 해석을 위한 단서 수집하기	→	해석 제공하기	→	내담자의 해석 부인에 대처하기	→	해석 확장하기
- 라포 형성 - 내담자의 포괄적 특성 파악		- 풍부하고 정확한 정보 수집 - 내담자 진술속에서 함축된 내용이나 중지된 내용 파악				- 내담자의 인지적 수준 고려		- 해석의 재검토		- 내담자 자신에 대한 깊은 이해

5) 기대 효과(강진령, 2022)

- 어려서부터 학습된 대인관계 패턴에 따라 습관적·자동적 행동, 사고, 감정이 일어날 때 이에 대한 자기인식을 명료하게 할 수 있다.
- 다양한 상황에서 유발되는 행동 패턴, 사고 패턴, 감정 패턴, 대인관계 패턴의 인식을 통해 자신에 대해 명확하고 긍정적인 시각을 갖게 된다.
- 지금-여기의 행동, 사고, 감정, 대처방식이 과거 중요한 인물들과의 관계와 연결되어 있음을 인식하게 되어 명확한 자기지식을 갖게 되고 현재 반응과 경험을 기꺼이 수용하게 된다.
- 대인관계 패턴의 발생 원인과 발달과정에 대한 이해를 통해 불안, 수치심, 병리적 신념 등을 버리는 한편, 자신의 행동 혹은 반응에 대해 보다 편안한 마음을 갖게 된다.
- 대인관계 패턴의 변화가 가능하고, 변화의 선택이 자신의 통제하에 있다는 사실을 깨닫게 됨으로써 자신감을 회복한다.

[활동지 6-1]

뭐였더라?

상담자의 질문 반응을 잘 듣고 해당하는 질문 유형에 ✓해 봅시다.

질문 듣기

①

개방형 질문	폐쇄형 질문	간접 질문	이중 질문	양자택일형 질문	왜 질문

②

개방형 질문	폐쇄형 질문	간접 질문	이중 질문	양자택일형 질문	왜 질문

③

개방형 질문	폐쇄형 질문	간접 질문	이중 질문	양자택일형 질문	왜 질문

④

개방형 질문	폐쇄형 질문	간접 질문	이중 질문	양자택일형 질문	왜 질문

⑤

개방형 질문	폐쇄형 질문	간접 질문	이중 질문	양자택일형 질문	왜 질문

⑥

개방형 질문	폐쇄형 질문	간접 질문	이중 질문	양자택일형 질문	왜 질문

⑦

개방형 질문	폐쇄형 질문	간접 질문	이중 질문	양자택일형 질문	왜 질문

⑧

개방형 질문	폐쇄형 질문	간접 질문	이중 질문	양자택일형 질문	왜 질문

⑨

개방형 질문	폐쇄형 질문	간접 질문	이중 질문	양자택일형 질문	왜 질문

⑩

개방형 질문	폐쇄형 질문	간접 질문	이중 질문	양자택일형 질문	왜 질문

[활동지 6-2]

나라면 이렇게

상담자의 질문 반응을 잘 듣고 대안적 대체 질문을 작성해 보세요.

사례 1 듣기

• 대체 질문: ______________________________

____

____

사례 2 듣기

• 대체 질문: ______________________________

____

____

사례 3 듣기

• 대체 질문: ______________________________

____

____

사례 4 듣기

• 대체 질문: ______________________________

____

____

[활동지 6-3]

해석 훈련

내담자의 진술을 잘 듣고, 다음에 해당하는 해석 반응을 작성해 보세요.

사례 1 듣기

• 해석: ______

사례 2 듣기

• 해석: ______

사례 3 듣기

• 해석: ______

[활동지 6-4]

롤플레잉
-접수 면접-

이번 시현은 대학의 학생상담센터의 접수면접 장면을 설정하여 진행해 보겠습니다.
지금까지 배운 재진술, 반영, 명료화, 질문, 해석 기술을 종합적으로 적용하여 상담 시현을 해 보기 바랍니다. 시현은 실제 학생 상담센터의 접수면접에 필요한 서류와 접수면접 기록지를 작성해 가면서 진행합니다.

관찰자 메모:

상담 및 심리검사 신청서

심리검사 □	사례번호		검사실시자		검사해석자	
개인상담 □	사례번호		접수면접자		상담자	

※ 신청일: 20 년 월 일

이름		성별	남 □ 여 □
소속	학과(전공): 학년: 학번:		
생년월일	년 월 일 ( )세	편입 여부	없음 □ 있음 □
재수 여부	없음 □ 있음 □(기간)	휴학 여부	없음 □ 있음 □(기간)
종교		병역	필 □ 미필 □ 면제 □
현주소			
핸드폰		E-mail	
주거사항	자택 □ 하숙 □ 자취 □ 기숙사 □ 친척집 □ 친구집 □ 기타 □		

1. 찾아오게 된 경위 ① 자진해서 □ ② 선배나 친구가 권해서 □
③ 교수님의 권유로 □ ④ 안내포스터나 팸플릿을 보고 □
⑤ 기타 □ ( )

2. 찾아온 목적 ① 개인상담 □
② 심리검사 □
MBTI □ HOLLAND □ MMPI-2 □ MLST □
TCI □ CTI □ PAI □ 기타 □

3. 상담받기를 원하는 내용은 무엇입니까? (구체적으로 적어 주세요.)

4. 가족사항 (가족 외에 함께 사는 사람은 모두 적어 주세요.)

관계	연령	학력	직업	종교	동거 여부	가족에 대한 느낌

5. 전에 상담이나 심리치료를 받은 적이 있습니까? 예 □ 아니요 □
있다면 언제 ( ) 어디에서 ( )
어떤 내용으로 ( )
그만 둔 이유 ( )

6. 다음의 내용 중 당신이 상담받기를 원하는 것에 해당되는 부분을 모두 체크해 주세요.

구분	내용
학업	성적 하락 □ 시험 불안 □ 공부 방법 □ 집중력 저하 □
진로	전공 선택 □ 취업 문제 □ 진학 문제 □
교우관계	친구관계 □ 선후배관계 □ 기타 □
이성 · 성	임신 □ 성병 □ 성에 대한 관심 □ 기타 □
가족관계	부모와의 갈등 □ 형제와의 갈등 □ 기타 □
성격	자신의 성격에 대한 불만과 회의 □ 우유부단 □ 자신감 결여 □ 성격 문제로 인한 타인과의 마찰 □ 원치 않는 습관 □
정서 · 적응	우울 □ 고독 □ 불안 □ 분노 □ 두려움 □ 공포 □ 스트레스 □ 피로감 □ 의욕 상실 □ 근심 · 걱정 □ 불면증 □ 자살 □ 음주 □ 학교적응 □ 정신병 □ 약물 사용 □
실존	삶의 회의 □ 가치관 혼란 □ 종교 □ 죽음 □ 기타 □
경제사정	학비 □ 생활비 □ 주거 환경 □
외모	체중 증가 □ 체중 감소 □ 외모 · 자아상 □

7. 상담 가능한 시간을 모두 체크해 주세요.

구분	9시	10시	11시	12시	1시	2시	3시	4시	5시
월				점심 시간					
화									
수									
목									
금									

【 개인정보 수집 · 활용 동의서 】

- 「개인정보보호법」에 따라 학생상담센터에서 상담 및 심리검사 신청을 하시는 분께 수집되는 개인정보의 수집 목적, 이용 항목, 개인정보의 보유 및 이용 기간에 대해 안내하오니 자세히 읽은 후 동의하여 주시기 바랍니다.

1) 개인정보 수집 · 이용 목적 및 수집 항목
① 수집된 정보는 학생상담센터 내담자관리 등의 업무처리 시 사용
② 학생상담센터의 내남자 관리에 필요한 최소한의 정보를 다음과 같이 수집합니다.

〈계속〉

- 필수정보: 성명, 소속, 생년월일, 휴대전화번호, E-mail
- 선택정보: 주소, 종교, 편입/휴학 등

2) 개인정보 보유 및 이용 기간
   ① 신청서에 기입된 정보 및 신청서 보존 기간: 5년간 보관
3) 필수 정보에 대하여 개인정보 수집 · 이용에 미동의 시 상담센터 상담 불가

※ 학생상담센터 내담자 관리에 필요한 개인정보는 내담자 관리 업무 이외의 다른 목적으로 사용하지 않습니다.
※ 「개인정보보호법」 15조에 따라 인적 사항 및 요청 자료 등을 제공하는 것을

□ 동의합니다. □ 동의하지 않습니다.

【 민감정보 수집 · 이용 동의서 】

• 학생상담센터에서 상담 및 심리검사를 신청하시는 분께 수집하는 민감정보의 수집 목적, 이용 항목, 보유 및 이용 기간을 안내하오니 자세히 읽은 후 동의하여 주시기 바랍니다.

1) 민감정보 수집 목적 및 이용 항목
   ① 수집한 정보는 상담 및 심리검사 업무 처리 시 사용
   ② 학생상담센터에서는 상담 및 심리검사에 필요한 최소한의 정보를 다음과 같이 수집합니다.
   - 필수정보: 상담 및 심리검사 내용
2) 민감정보의 보유 및 이용 기간: 5년
3) 민감정보에 대하여 개인정보 수집 · 이용에 미동의 시 상담 및 심리검사 불가

※ 상담 및 심리검사에 필요한 개인정보는 업무 이외의 다른 목적으로 사용하지 않습니다.
※ 「개인정보보호법」 제23조에 의거하여 본인의 민감정보를 제공할 것을

□ 동의합니다. □ 동의하지 않습니다.

서명: (인)

접수면접 기록지

내담자		학번		일시		상담자	

• 내담자의 첫인상 및 행동 관찰 : 외모, 옷차림, 머리 상태, 특이한 행동, 말할 때의 억양이나 습관 등	
• 내담자가 상담을 신청한 경위 : 상담 신청과정, 학교 밖 연계 등 구체적으로 작성	
• 내담자의 행동발달 수준/건강 상태 : 내담자 연령을 기준으로 행동, 생활 수준에 대한 판단	
• 주 호소 문제	
• 현재 어려움	
• 가족 및 생활 배경 등 : 가족 형태, 경제적 상황, 이사 유무 등	
• 대인관계	
• 심리검사 및 임상적 진단 여부 : 이전 상담경험 유무 및 심리검사, 병원, 약 복용 등	
• 상담 내용	
• 내담자 기대 사항 : 상담동기 및 변화되고 싶은 점, 보호자 기대사항 등	
• 상담자 소견	

7) 7회기: 직면

<table>
<tr><th colspan="2">활동지도안</th></tr>
<tr><td>활동 목표</td><td>• 직면의 목적과 대상을 이해하고 활용 방법을 익힌다.</td></tr>
<tr><td>준비물</td><td>필기도구, [강의자료 7], [활동지 7-1]~[활동지 7-3], 시현용 책상과 의자, 삼각대</td></tr>
<tr><th>단계</th><th>진행 절차</th></tr>
<tr><td>도입
(20분)</td><td>

▶ 지난 회기 요약 및 현 회기 소개

한 주 동안 잘 지냈나요? 지난 시간에는 지금까지 배운 상담 기술을 모두 활용하여 상담 시현을 해 보았습니다. 재미도 있었지만 생각보다 쉽지 않은 경험이었습니다. 우리가 훈련 과정에서 느꼈던 것처럼 상담 관련 기술들은 배웠다고 해서 현장에서 바로 노련하게 사용하기 힘듭니다. 상담자 자신에 대한 이해는 물론이고 내담자 이해를 위한 끊임없는 노력과 상담 경험을 동반한 지속적 훈련을 통해 상담 기술은 조금씩 아주 조금씩 체화되는 것 같습니다. 이번 시간에 다루어 볼 기술은 직면입니다. 직면은 내담자가 의식적으로, 무의식적으로 피하고 있는 사실에 대해 일치하지 않은 언행을 상담자가 치료적 목적으로 지적하는 기술입니다. 직면은 상담관계가 충분히 신뢰로울 때 사용할 수 있으며, 평가나 지시, 조언을 받는 느낌을 주지 않도록 예의 바르고 신중하며, 공감적으로 표현되어야 합니다.

▶ 도입 활동: 불일치를 찾아라!

〈활동 내용〉

• 3인 1조로 팀을 정한다.
• 사고, 행동, 감정, 가치, 언어, 인식이 적혀 있는 전지를 팀별로 한 장씩 각 팀의 바닥에 깐다.

• 지도자가 사례를 들려줄 때마다 발견한 불일치 내용 위에 손과 발을 얹는다. 한 번 얹은 손과 발은 절대 위치나 방향을 바꿀 수 없으며, 지도자는 총 다섯 개의 사례를 불러 준다([강의자료 7]의 '3) 대상' 참조).
• 전지에서 손이나 발이 먼저 떨어지는 팀이 지는 게임이다.

Tip

재미와 활동을 추가하기 위해 사례 수를 더 늘릴 수 있다.

</td></tr>
</table>

강의 7: 직면([강의자료 7] 참조)

여러분은 들키기 싫은 마음이나 상황을 누군가에 의해 드러나게 된 경험을 해 보신 적이 있습니까? 구체적인 경험이 없더라도 그런 상황을 생각하면 난처하거나 불쾌할 수 있을 것입니다. 직면은 내담자의 모순점이나 불일치점을 상담자가 명료화함으로써 내담자의 자기 이해와 변화 동기를 높이는 치료적 목적으로 사용하는 기술입니다. 그러나 내담자 입장에서는 자신의 문제점을 공격하거나 비난하는 것으로 받아들이기 쉬워, 오히려 내담자의 방어를 높여 상담에 역효과를 일으킬 수도 있습니다. 그래서 직면을 사용할 때는 그 어느 때보다 신중하고 온정적인 상담자의 마음 태도가 중요합니다. 그럼 잠시 직면에 대해 좀 더 구체적으로 알아보는 시간을 가져 보겠습니다.

강의 내용	직면의 정의와 목적, 시기와 형식, 대상, 절차	강의자료 7

직면에서 가장 중요한 것은 불일치한 직면의 대상입니다. 그런데 간혹 초심상담자의 경우 직면과 조언, 평가를 혼란스러워하기도 합니다. 그래서 첫 번째 활동으로 직면 반응을 구분하는 연습부터 해 보겠습니다.

활동 7-1: 직면 반응 구분 연습

전개 (80분)

[활동지 7-1] 직면 반응 구분을 위한 훈련 예시문

1. "지영이는 선생님한테 상담을 받게 돼서 기쁘다고 말하면서 얼굴 표정이 많이 굳어 있는 것처럼 보이는구나."

2. "흡연은 폐암을 비롯해서 각종 성인병의 원인이 되고 있다는 사실을 잘 알고 있으리라 생각됩니다. 그러니 민호 씨, 건강을 회복하려면 무엇보다도 담배부터 끊어야 합니다."

3. "지난 회기에 민주 씨께서 직접 자신의 사회생활에 걸림돌이 되고 있는 점이 바로 습관적으로 시간 약속을 못 지키는 거라면서 이번 주부터는 적어도 상담 시작 시간보다 최소한 10분 전에 도착해서 마음의 안정을 취하겠다고 했는데, 이번 주에도 약속 시간을 지키지 못하셨군요."

4. "화가 나면 오히려 마음이 착 가라앉는다는 말은 분노감을 말로 표현하기 어렵다는 뜻인가요?"

5. "과거에 받은 상처는 이제 모두 버리고 새 마음과 각오로 새로운 인생을 살고자 하는 결단을 내려야 할 것 같습니다."

6. "태진 씨는 사무실 공간이 너무 좁아서 폐소공포증 증상이 있는 것 같다고 했는데, 그 사무실보다 좁은 이 상담실에서는 편안해 보이시네요."

7. "물론 네 말대로 학교 성적이 인생의 전부는 아니지만, 네가 원하는 대학에 가기 위해서는 성적 관리를 해야 하지 않겠니?"

8. "지난 회기에 창식 씨께서는 가화만사성(家和萬事成), 즉 집안이 화목해야 모든 일이 잘된다고 말씀하셨는데, 술을 드시면 가족에게 폭력적인 행동을 보이시는군요."

9. "성우 씨가 이야기 도중에 피식 웃곤 할 때면, 성우 씨 이야기를 진지하게 듣던 저는 성우 씨가 이야기 내용과 다른 어떤 생각이나 느낌이 드나 하고 의구심이 들 때가 있어요."

10. "철호 씨는 행복한 결혼생활을 위해서는 무엇보다도 부부간의 상호 존중이 중요하다고 말씀하셨는데, 부인과 갈등을 겪을 때면 폭언을 퍼부으시는군요."

[정답] 1-○, 2-×, 3-○, 4-×, 5-×, 6-○, 7-×, 8-○, 9-×, 10-○

이 활동이 직면과 조언, 평가 등을 구분하는 데 도움이 되었나요? 이번에는 내담자의 상황과 반응을 듣고 여러분이 생각하는 직면 반응을 직접 적어 보는 시간을 가져 보겠습니다.

전개
(80분)

활동 7-2: 직면 반응 훈련

[활동지 7-2] 직면 반응 훈련 예시문

사례 1

내담자: (방금 사람들과 만나는 데 관심이 없다는 말을 함) 이번 동창회에 어떤 옷을 입고 갈지 고민이에요. (대인관계에 대한 어려움으로 상담을 받고 있는 중년 여성)

사례 2

내담자: 저는 내년에 대학원에 꼭 진학하고 싶어요. 남편과 시댁 그리고 친정에서도 반대하지만 학업적 성취도 이루고 싶고 사람들도 만나고 싶어요. 꼭 하고 싶어요. (자녀양육과 가사에 많이 지쳐있는 7세 아들과 2세 쌍둥이 자매를 둔 중년 여성)

사례 3

내담자: 술만큼 기분 좋게 해 주고 사회생활에 도움이 되는 게 없는데 왜 마시면 안 되는지 모르겠어요. 남자라면 모두 다 마시잖아요. (상습적인 과음 습관을 고치려고 노력 중인 50대 남성)

▶ 10분 휴식

전개 (80분)	활동 7-3: 롤플레잉 〈활동 내용〉 • 3인 1조로 조 만들기 • 역할 나누기 • 조별 주제 선정 • 시현은 상담의 실제 장면처럼 테이블에서 진행(15분) • 촬영한 영상을 보며 조별 토론(10분) 이번 회기 시현은 지금까지 배운 상담 기술과 더불어 직면도 적극적으로 사용해야 합니다. 그래서 실제 상담을 하고 있는 사례로 시현을 하면 불일치의 구체적 예를 실감나게 잘 표현할 것 같습니다. 이번 회기 시현에서는 사례를 보유하고 있는 분이 내담자를 누구보다 잘 아니까 내담자 역할을 하고, 상담자 역할은 두 분 중 한 분이 하면 되겠습니다. **Tip** 사례는 즉흥적으로 그 자리에서 정해도 괜찮지만, 집단원의 분위기가 소극적인 경우에는 사전에 미리 정하는 것이 좋다. 시현을 본 느낌이 어떠신가요? 자유롭게 시현을 보면서 관찰한 것 중에 평가보다 성장에 도움이 될 수 있는 내용을 중심으로 첫 번째 시현부터 피드백을 나누어 봅시다.
마무리 (20분)	▶ 마무리 이제 오늘을 마무리하는 활동을 하겠습니다. 우리는 이 프로그램에 참여하면서 상담관계 향상을 통한 상담자로서 성장하는 경험을 하였습니다. 그러한 과정을 하나의 상징물로 기록하기 위해 한 회기가 끝날 때마다 새롭게 알게 되었거나 깨달은 것, 간단한 소감, 또는 나의 다짐 등을 기록하겠습니다. • '성장노트'를 나누어 준다. • 한 회기를 마칠 때마다 그날의 소감이나 나의 다짐 등을 자유롭게 한 면에 기록하게 한다. • 기록한 내용을 나누면서 회기를 마무리한다. 오늘 이것으로 모든 활동을 마치겠습니다. 수고하셨습니다. 다음 시간에는 '자기개방과 즉시성' 기술을 연습하는 시간을 가지도록 하겠습니다. 다음 시간에 뵙겠습니다.
유의점	상담 시연에 개방되는 사례의 내담자 정보는 철저하게 보안이 유지되도록 주의를 시키고, 내담자의 주 호소 문제와 지금까지 상담과정에서 탐색된 내용 중심으로 공유한다.

[강의자료 7] **직면**

1. 직면

1) 정의

직면이란 내담자의 삶에서 의미 있는 영향력을 행사하고 있지만 내담자가 의식적 · 무의식적으로 피하고 있는 사실에 대해 일치하지 않는 언행을 의도적으로 드러내 줌으로써 알아차리게 하는 기술이다(천성문 외, 2015b). 적절한 직면은 내담자가 자신의 감정이나 욕구를 자각하게 하고 자신의 문제를 다른 관점으로도 볼 수 있게 하여 내담자가 변화를 위한 새로운 수단들을 활용할 수 있게 한다. 불일치되는 점을 인식하고 수용하게 되면, 내담자는 자신의 행동, 사고 혹은 감정에서의 부조화가 발달해 온 방식을 탐색할 수 있게 된다. 이 과정을 통해 내담자에게는 그동안 사용해 왔던 부조화에 대한 통찰이 일어남으로써 변화에 대한 동기가 생기게 된다.

2) 시기와 형식

직면은 주로 내담자의 말이나 행동에서 어떤 불일치가 있을 때, 특정한 화제를 피하거나 다른 사람의 생각 및 느낌을 받아들이려 하지 않을 때, 내담자 자신이나 다른 사람의 삶에 위협적인 행동을 할 때 사용한다.

직면의 형식	"~행동을 하고 있으면서 또 ~행동도 하고 있군요." "~(이)라고 말했는데, ~(하)게 보이는군요./~처럼 들리는군요."

3) 대상

직면의 대상은 내담자의 불일치된 사고, 감정, 가치, 행동이다.

불일치의 유형	예시
언어 행동 vs 언어 행동	"당신은 좀 전에는 아무 상관없다고 말했는데, 지금은 화가 난다고 말하는군요."
언어 행동 vs 행동	"요즘 행복하다고 하시는데, 한숨을 쉬는군요."
행동 vs 행동	"당신은 지금 웃고 있지만, 눈가가 붉어졌군요."
언어 행동 vs 실제 행동	"○○ 씨의 성격이 너무 관대해서 문제라고 하셨는데, 다른 사람의 사소한 실수에도 예민해지면서 비난을 하게 되는군요."
감정 vs 행동	"여성들을 보면 사랑스러운 누이 같은 느낌이 든다고 하셨는데, 아내에게는 습관적으로 공격적 행동을 하시는군요."
감정 vs 감정	"당신은 언니가 싫다고 말하지만, 친구들이 언니를 칭찬하면 흐뭇해하는군요."
감정 vs 사고/태도	"어머니를 잃은 슬픔으로 아무것도 할 수 없다고 하셨는데, 방금은 죽음은 자연의 섭리이므로 슬퍼해도 소용이 없다고 말하는군요."

행동 vs 가치	"다른 사람의 의견을 존중해야 한다고 말하지만, 딸이 편입하는 것을 인정해 주지 않는군요."
자신의 인식 vs 경험	"친구들이 모두 당신을 싫어한다고 말하지만, 친구가 같이 방탈출 게임하러 가자고 했다고 하지 않았나요?"
이상적 자아 vs 실제적 자아	"당신은 공모전에 수상하기를 원한다고 말하면서도 탈락할 거라고 말하고 있군요."
상담자 vs 내담자	"당신은 불친절한 사람이라고 말하지만, 저는 당신이 친절하다고 생각해요."

4) 반응의 절차

① 내담자의 부조화 상태를 탐색하고, 배려와 공감을 토대로 그 실재의 인식 · 수용을 돕는다.
② 부조화의 발달 방식, 목적, 기능, 현재 삶에 미치는 영향을 탐색한다.
③ 부조화 상태의 행동, 사고 또는 감정에 대한 직면 반응을 실행한다.
④ 내담자의 행동관찰을 통해 직면 반응의 효과를 평가한다.

5) 지침

- 내담자의 변화를 위해 필요하고 치료적일 때만 실시한다.
- 내담자의 특성에 때라 상대적이며 유연하게 적용한다.
- 상담과정 전반 및 상담회기에서 시기적절하게 사용한다.
- 상담자와 내담자 간에 충분한 라포가 형성되었을 때 사용한다.
- 내담자의 모순적 행동 직후에 빠르고 명료하게 사용한다.
- 내담자가 한 말이나 행동에 근거해서 사용한다.
- 예의 바르고 신중한 태도로 실시한다.
- 가설적이고 공감적으로 표현한다.
- 평가나 조언이 되지 않도록 주의를 기울인다.
- 직면할 때와 직면한 후에 내담자의 불안감을 해소시켜 준다.

[활동지 7-1]

직면 반응 구분 훈련

상담자의 반응을 잘 듣고 직면에 해당되면 ○에, 직면에 해당되니 않으면 ×에 ✓해 봅시다.

반응 1 듣기	○		×	
반응 2 듣기	○		×	
반응 3 듣기	○		×	
반응 4 듣기	○		×	
반응 5 듣기	○		×	
반응 6 듣기	○		×	
반응 7 듣기	○		×	
반응 8 듣기	○		×	
반응 9 듣기	○		×	
반응 10 듣기	○		×	

[활동지 7-2]

직면 반응 훈련

내담자의 진술을 잘 듣고, 다음에 해당하는 직면 반응을 작성해 보세요.

사례 1 듣기

• 직면: ____________________

사례 2 듣기

• 직면: ____________________

사례 3 듣기

• 직면: ____________________

[활동지 7-3]

롤플레잉

지금까지 배운 재진술, 반영, 명료화, 요약, 질문, 해석, 직면 기술을 종합적으로 적용하여 실제 진행하고 있는 상담 사례를 활용하여 상담 시현을 해 보기 바랍니다.

관찰자 메모:

8) 8회기: 자기개방과 즉시성

<table>
<tr><th colspan="2">활동지도안</th></tr>
<tr><td>활동 목표</td><td>• 자기개방의 사용 목적을 이해하고, 활용 방법을 익힌다.
• 즉시성의 목적과 유형을 이해하고, 활용 방법을 익힌다.</td></tr>
<tr><td>준비물</td><td>필기도구, [강의자료 8]</td></tr>
<tr><th>단계</th><th>진행 절차</th></tr>
<tr><td>도입
(20분)</td><td>▶ 지난 회기 요약 및 본 회기 소개
한 주 동안 잘 지냈나요? 지난 시간에는 실제 상담 중인 사례를 가지고 직면 중심의 시현을 해 보았습니다. 내담자에게 공격받거나, 평가하고 가르치는 느낌을 주지 않으려고 예의를 갖추어 신중히 하는 모습에서 내담자에 대한 정성과 사랑이 느껴져 잔잔한 감동을 느꼈습니다. 직면을 사용할 때 가졌던 이러한 태도를 대인관계에서 잘 취한다면 더없이 건강한 관계를 유지할 수 있을 것입니다.
오늘은 상담 기술 훈련 중 자기개방과 즉시성을 다루어 볼 것입니다. 자기개방과 즉시성은 그야말로 '지금-여기'에 제대로 머물러야 하는 기술입니다. 그러기 위해서는 상담자 자신의 '지금-여기'에 민감하게 깨어 있어야 하고, 내담자의 반응에도 민감하게 깨어 있어야 합니다. 자, 그래서 먼저 게임을 통해 8주간 달려오느라 지쳐 있는 우리의 감각을 깨워 보도록 하겠습니다.

▶ 도입 활동: 판토마임

〈활동 내용〉
• 모든 집단원이 둥글게 원형으로 앉는다.
• 한 명씩 돌아가며 술래를 한다.
• 술래는 원 가운데 서서 지도자가 몰래 제시하는 감정카드를 보고 그 감정을 느낄 수 있는 상황을 설정하여 판토마임 형태로 집단원에게 연기한다.
• 집단원은 술래의 판토마임을 보고 상태(사건)와 감정을 맞힌다.
• 모두 돌아가며 문제를 다 내고 나면 '오늘의 연기대상'을 투표로 결정한다.
• 시상은 '지금 내가 가장 듣고 싶은 말'을 집단원 모두에게 듣는 것으로 한다.
• 수상자는 원 한가운데 앉고 지도자는 수상자에게 어색한 시선을 차단하고 자신의 감정에 집중할 수 있게 하늘거리는 반투명 천을 온몸에 덮어 준다.
• 수상자는 집단원에게 지금 가장 듣고 싶은 말을 이야기하고, 집단원은 오롯이 수상자에게 집중하여 모두 동시에 수상자에게 그 말을 온 마음으로 응원하는 기운을 담아 큰 소리로 말해 준다.
• 수상자와 집단원의 소감 나누기를 한다.</td></tr>
</table>

전개
(80분)

강의 8-1: 자기개방과 즉시성([강의자료 8] 참조)

상담 장면에서 상담자의 자기개방은 내담자에게 표현의 모델이 되기도 하지만, 내담자로 하여금 자신과 문제 상황에 대해 구체적으로 말하게 하여 내담자 자신의 문제 상황을 탐색하고 새로운 시각을 갖게 하는 효과가 있습니다. 이러한 자기개방은 상담자의 상담 경력에 따라 다르게 나타나기도 합니다. 노련한 상담자의 경우 자기개방을 자유롭게 하는 경향이 있는 반면, 초심상담자의 경우 할 말이 없을 때 질문을 하는 것처럼 상담자 불안을 처리하기 위해 자기개방을 하는 경우가 종종 있습니다. 그래서 상담 장면에서 사용되는 상담 기술에는 나름의 사용 원칙이 있으며, 그 기술의 의미와 효과를 잘 알고 사용하는 것이 중요합니다. 그럼 잠시 자기개방과 즉시성에 대해 좀 더 구체적으로 알아보는 시간을 가져 보겠습니다.

강의 내용	직면의 정의와 목적, 시기와 형식, 대상, 절차	강의자료 8

활동 8-1: 참만남 집단상담

이번 회기에 다룰 상담 기술 훈련인 자기개방과 즉시성은 이전 회기처럼 사례를 듣고 연습해 보는 형태를 벗어나 참만남 집단상담을 통해 좀 더 섬세하게 느끼고 경험해 보도록 하겠습니다.

참만남 집단상담은 1960년대에 칼 로저스가 제안한 용어로 집단원 간의(리더와 집단원 간의) 순수한 참만남을 강조한 것입니다. 참만남 집단상담은 공감적 이해와 수용적 태도를 바탕으로 진솔함과 신뢰로운 분위기를 조성하여 집단 구성원들의 감정과 사고의 자유로운 표현을 촉진하는 것을 목적으로 합니다. 참만남 집단상담은 주제도 규칙도 없습니다. 오로지 집단원 자신들이 만들어 가는 집단상담입니다. 기대하는 촉진자의 역할도, 주제도 없어 처음 시작은 혼란과 어색함, 일관성 없는 대화, 불안 등 다양하고 낯선 시간과 공간에 놓이게 될 겁니다. 그럼에도 불구하고 우리 각자는 '보여지는 나'가 아닌 '지금-여기에 존재하는 나'에게 집중하여 순간순간 느끼는 감정과 생각들을 개방해 볼 겁니다. 오늘 이 참만남 집단은 일상에서는 잘 볼 수가 없는 자유가 있고, 지도자인 저는 진행의 직접적인 책임을 지지 않습니다. 앞서 말씀한 바와 같이 여기에는 우리 자신들이 만들어 가는 것 외에는 아무런 규칙도 없습니다. 자, 시작하겠습니다.

Tip

참만남 집단상담에서 리더의 역할: 촉진자. 집단 활동의 방향 설정 돕기, 심리적으로 안정된 분위기 조성하기, 집단원 간 의사소통의 사실적 의미 파악하기, 참된 자신의 모습으로 피드백하기, 집단원 직면하기, 감정 표출을 원하는 집단원 도와주기 등이 있다. 그 외에도 침묵이 너무 오래 유지되거나 지금-여기에 머물지 못하고 장황한 설명을 하는 집단원이 있을 때 개입하여 집단의 흐름을 원활하게 돕는다.

마무리 (20분)	▶ 마무리 이제 오늘을 마무리하는 활동을 하겠습니다. 우리는 이 프로그램에 참여하면서 상담관계 향상을 통한 상담자로서 성장하는 경험을 하였습니다. 그러한 과정을 하나의 상징물로 기록하기 위해 한 회기가 끝날 때마다 새롭게 알게 되었거나 깨달은 것, 간단한 소감, 또는 나의 다짐 등을 기록하겠습니다. • '성장노트'를 나누어 준다. • 한 회기를 마칠 때마다 그날의 소감이나 나의 다짐 등을 자유롭게 한 면에 기록하게 한다. • 기록한 내용을 나누면서 회기를 마무리한다. 오늘 이것으로 모든 활동을 마치겠습니다. 수고하셨습니다. 다음 시간에는 '상담과정에 따른 실전 연습' 기술을 연습하는 시간을 가지도록 하겠습니다. 다음 시간에 뵙겠습니다.
유의점	참만남 집단을 할 때 지도자는 되도록 개입하지 않는 것으로 하며, '지금-여기'를 벗어날 때는 즉시 개입한다.

[강의자료 8] **자기개방과 즉시성**

1. 자기개방

1) 정의

자기개방은 상담자가 치료적 목적으로 내담자에게 자신의 개인적인 경험을 드러내는 것을 말한다. 자기개방은 단순히 언어 행동에 국한되지 않고 의도하지 않을 때조차 비언어적 행위를 통해 수시로 전달되는 것(Egan, 2013)으로, 치료적 효과를 전제로 이루어져야 한다는 점에서 '치료적 자기개방'이라고도 불린다(강진령, 2022).

2) 목적

- 내담자에게 상담에서 어떻게 행동해야 하는지를 안내한다.
- 내담자에게 상담자의 인간적인 모습을 보여 줌으로써 상담자와 동질감을 느끼게 한다.
- 내담자에게 변화의 가능성과 도전을 위한 용기를 불어넣어 준다.

3) 지침

- 상담에서 다루는 주제와 일치해야 한다.
- 자기개방 내용에는 명확한 초점이 있어야 한다.
- 적절할 시기에 사용해야 한다.
- 내담자가 부담스럽지 않도록 적절한 수준의 자기개방을 유연하게 제공한다.
- 자기개방을 하는 시간이 적절해야 한다.

4) 효과

- 내담자에 대한 친밀감의 표현으로 작용한다.
- 모델링으로 작용하여 내담자의 자기개방과 감정 표현의 동기를 부여한다.
- 보편성의 메시지를 전달한다. 즉, 내담자 자신만 겪는 문제가 아니라는 느낌을 갖게 하여 변화를 위한 동기를 부여한다.

2. 즉시성

1) 정의

즉시성은 내담자의 통찰을 돕기 위한 기술로, 지금-여기에서 내담자의 행동에 대한 상담자의 개인적 감정과 반응을 전달하는 기술이다. 내담자의 행동이 상담자에게 어떻게 비추어지고 있는지를 말해 주는 것으로, "당신이 나에게 혹은 지금 어떻게 하고 있나 보세요."의 메시지로 일종의 피드백이다.

2) 목적

- 상담자가 상담자 자신이나 내담자 또는 상담자와 내담자의 관계에 대해 직접적으로 표현된 적이 없는 느낌이나 경험을 표현하기 위함이다.
- 상담과정에서 생기는 의미 있는 사안에 대해 논의거리를 창출하거나 상호작용에 관한 피드백을 제공하기 위함이다.

• 내담자의 자기 탐색을 촉진하고 내담자 또는 상담관계에 초점을 유지하기 위함이다.

3) 유형

즉시성의 유형	예시
시각적 반응의 즉시성 ('~하게 보인다' '~처럼 보인다')	많이 힘들어 보이시는데, 무슨 일이 있었는지 이야기해 보시겠어요?
청각적 반응의 즉시성 ('~하게 들린다' '~처럼 들린다')	어머니가 돌아가신 상황에 대해 이야기할 때 목이 메는 것처럼 들리네요.
심동적 반응의 즉시성 ('~하게 느껴진다' '~한 느낌이 든다')	너무 어린 나이에 갑작스럽게 큰일을 당해서 그 충격이 얼마가 컸을까 하는 생각에 제 마음이 울컥하네요.

4) 지침

효과적으로 즉시성을 사용하기 위해 상담자는 상담자 자신 정서와 행동, 내담자의 정서와 행동, 두 사람의 관계적 측면에서 지속적으로 성찰하는 노력을 해야 한다.

• 보거나 듣거나 느끼는 대로 진술한다.
• 현재형으로 진술하여 '지금-여기'의 경험을 드러낸다.
• 기술의 적용 시기를 잘 고려해야 한다.
• 상담자는 자신의 내면에 일어나는 감정과 생각을 평소 생활 속에서도 확실하게 자각하도록 연습한다. 자신이 자각한 것을 솔직하게 개방하는 것이 상담에 도움이 되는지 판단해 본다.
• 상담과정에 도움이 되는 즉시성 반응이라면, 표현을 회피하지 말고 개방적이고 솔직하게 표현한다.
• 전형적인 자신의 역할은 피하고, 건설적인 방법으로 감정과 생각을 개방한다.
• 상담과정에서 통제되지 않은 우연한 행동은 하지 않는다.
• 자신의 가치와 행동, 생각과 느낌, 말하는 것이 일치하도록 한다.
• 비판이나 판단하지 않는 방식으로 전달되어야 한다.

9) 9회기: 상담과정에 따른 실전 연습

활동지도안	
활동 목표	상담과정에 따른 상담 기술 훈련을 통해 상담 기술을 익힌다.
준비물	필기도구, [강의자료 9], [활동지 9-1], [활동지 9-2]
단계	진행 절차
도입 (10분)	▶ 지난 회기 요약 및 현 회기 안내 한 주 동안 잘 지냈나요? 지난주 프로그램에 참여하고 어떠하였는지 궁금하네요. 이번 회기에는 그동안 배운 상담 기술을 상담과정 단계별로 연습해 보는 시간을 갖겠습니다. 〈활동 내용〉 • 인사하고 지난 회기를 간단하게 정리해서 돌아보고 지난 회기 참가 후 한 주 동안의 생활에 대해 이야기를 나눈다. • 이번 회기의 활동에 대해 안내한다.
전개 (90분)	강의 9-1: Helping Skills 3단계에 필요한 기술-탐색 단계([강의자료 9] 참조) 탐색 단계에는 재진술, 개방형 질문, 감정 반영이 있습니다. 재진술은 내담자의 진술 내용이나 의미를 반복하거나 바꾸어 말하는 것을 말합니다. 재진술은 내담자에게 자신의 생각을 점검할 수 있는 기회를 주고, 문제의 한 측면을 좀 더 깊이 있게 탐색하며, 전에 고려하지 못했던 부분에 대해 생각할 수 있도록 합니다. 개방형 질문은 내담자가 생각과 느낌을 명료화하도록 요구하는 질문으로, '예' '아니요'로 답할 수 있는 형태의 질문이 아니며, 문제의 명료화, 초점 맞추기에 도움을 줍니다. 감정 반영은 내담자의 감정에 대한 명확한 파악을 포함하여 내담자 진술을 반복하여 말하고 재표현하는 것입니다. 감정은 내담자에 의하여 진술되거나 상담자가 내담자의 비언어적 행동이나 내담자 메시지의 내용으로부터 추론된 것입니다. 감정 반영을 통해 내담자의 말이나 행동 이면에 있는 느낌과 감정이 무엇인지 내담자가 분명히 깨닫도록 하고 부가적으로 자기통제를 촉진하고 자신의 감정에 대처하는 법을 배우게 합니다. 이 프로그램의 1회기부터 4회기까지의 활동을 통해 여러분은 상담과정의 탐색 단계에 해당하는 상담 기술을 연습하고, 효과적인 상담 기술에 대하여 생각해 보는 시간을 가졌으리라 생각됩니다. [활동 9-1] 초기면접 사례 상담자 반응 피드백 탐색 단계는 치료적 관계를 형성하고 내담자가 자신의 이야기를 나누고 감정과 생각을 탐색하도록 돕기 위한 단계입니다. 이러한 탐색은 상담과정 전반에 걸쳐 이루어지지만, 특히 초기면담에서 중요한 기술이라 할 수 있습니다. 다음 활동을 통해 탐색 단계의 기술을 정리해 보는 시간을 가져 보도록 하겠습니다.

〈활동 내용〉

- 두 명씩 짝을 지어 리더가 제공한 초기면접 사례의 상담자 반응의 적절성에 대하여 의논하고 대안을 작성한다.
- 대집단으로 모여 상담자 반응 피드백에 대하여 의견을 나눈다.
- 기술을 정리해 보는 시간을 갖는다.

Tip

예시 사례는 지도자가 자유롭게 수정하여 제시할 수 있다. 상담 경험이 많은 참여자들이라면 본인의 상담에서 아쉬웠던 부분을 가져와서 함께 이야기 나누도록 안내할 수 있다.

전개
(90분)

강의 9-2: Helping Skills 3단계에 필요한 기술-통찰 단계([강의자료 9] 참조)

통찰 단계에서는 내담자의 자각과 통찰을 촉진하고 내담자가 치료관계에서 문제를 해결하는 경험을 할 수 있도록 돕기 위한 기술들을 연습했습니다.

직면은 스스로 깨닫지 못하고 있는 어떤 불일치나 모순, 혹은 부적응적 사고나 반응 양식 등을 상담자가 지적하여 내담자가 이를 검토해 보도록 하는 기술입니다. 이는 내담자의 사고와 행동에서 모순을 발견하도록 돕고, 방어와 비합리적 견해에 대한 자각을 증진시킴으로써 사고하는 방법을 변경하도록 도울 수 있습니다.

해석은 내담자가 명확하게 언급하거나 인식하고 있는 것 이상의 진술로, 내담자로 하여금 새로운 방법으로 문제를 볼 수 있도록 행동과 사고, 감정에 새로운 의미와 원인, 설명을 제공합니다. 이는 분리되어 있는 것처럼 보이는 진술이나 사건 사이를 연결시키고, 내담자의 행동, 사고, 감정의 주제와 패턴을 지적하며, 방어, 저항, 전이를 설명하고, 행동, 감정, 사고 혹은 문제를 이해가기 위한 새로운 틀을 제공합니다.

자기개방은 내담자가 진술하는 어떤 경험이나 감정과 연관되는 상담자의 체험이나 개인적 정보를 내담자에게 공개하는 것으로, 상담자와의 거리감 축소, 동등한 관계 경험으로 상담관계를 증진시킬 수 있으며, 통찰을 촉진하고, 내담자의 자기개방 촉진을 모델링하는 역할을 합니다.

즉시성은 내담자와의 관계에서 자신, 내담자, 혹은 치료관계에 대한 즉각적인 감정을 상담자가 표면화하는 것입니다. 이는 상담과정을 방해하는 치료관계에서의 문제를 표현하고, 즉시적인 치료관계에서 문제를 논의함으로써 자신의 문제에 대해 더 깊이 이해하도록 하며, 내담자에게 대인관계 문제를 해결하는 모델이 됩니다.

강의 9-3: Helping Skills 3단계에 필요한 기술-실행 단계([강의자료 9] 참조)

통찰 단계에서 내담자는 상담 장면에서 문제를 해결해 보는 경험을 했다면, 실행 단계는 내담자가 통찰한 정보를 실제 생활 속에서 실행할 수 있도록 돕기 위한 단계로 정보제공, 직접적 안내 등의 상담 기술이 활용됩니다.

정보제공은 내담자의 의견, 자원, 질문에 대한 대답을 제공하는 것이며, 직접적 안내는 상담자의 제안, 지시, 충고 등을 말합니다.

전개 (90분)	활동 9-2: 격려하기와 독려하기 실행 단계에서는 상담자는 내담자가 이전의 경험과 다른 경험을 시도하도록 격려하고, 지지하는 피드백을 줍니다. 다음 활동을 통해 실행 단계의 기술을 정리해 보는 시간을 가져보도록 하겠습니다. **〈활동 내용〉** • 통찰한 것을 일상생활에 적용해 보려고 노력하는 내담자와 그렇지 않은 내담자에 대한 피드백을 작성한다. • 두 명씩 짝을 지어 상담자 반응의 적절성에 대하여 의논하고 대안을 작성한다. • 대집단으로 모여 상담자 반응 피드백에 대하여 의견을 나눈다.
마무리 (20분)	▶ 마무리 우리는 이 프로그램에 참여하면서 상담관계 향상을 통한 상담자로서 성장하는 경험을 하게 됩니다. 그러한 과정을 하나의 상징물로 기록하기 위해 한 회기가 끝날 때마다 새롭게 알게 되었거나 깨달은 것, 간단한 소감, 또는 나의 다짐 등을 기록해 보겠습니다. • '성장노트'를 나누어 준다. • 한 회기를 마칠 때마다 그날의 소감이나 나의 다짐 등을 자유롭게 한 면에 기록하게 한다. • 기록한 내용을 나누면서 한 회기를 마무리한다. 오늘 이것으로 모든 활동을 마치겠습니다. 수고하셨습니다. 다음 시간에는 마지막 시간으로 그동안의 프로그램 활동을 정리하는 시간을 가지도록 하겠습니다. 다음 시간에 뵙겠습니다.

[강의자료 9] **Helping Skills 3단계에 필요한 기술**

1. 상담의 기초 기술

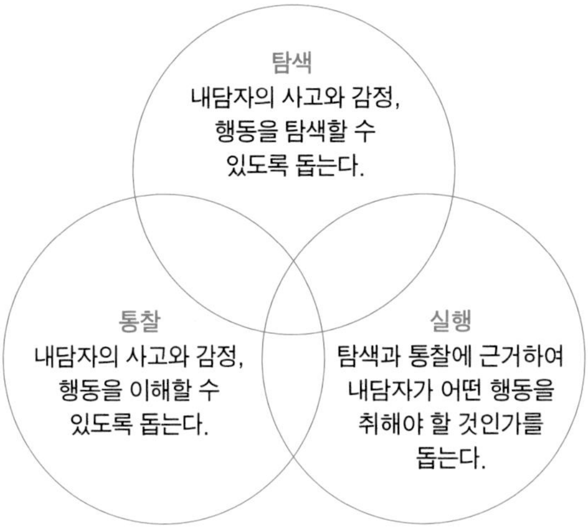

[그림 14-2] 상담과정에 관한 3단계 모델

1) 탐색 단계의 과제
- 내담자와 의사소통이 원활하도록 하고 치료관계를 발전시킨다.
- 내담자가 자신의 이야기를 하도록 용기를 북돋아 준다.
- 내담자가 자신의 사고와 감정을 탐색할 수 있도록 격려한다.
- 내담자로 하여금 감정의 각성을 촉진하도록 돕는다.
- 내담자의 관점에서 내담자를 이해하도록 노력한다.

2) 통찰 단계의 과제
- 내담자가 자신의 행동, 인지, 감정에 내재한 규칙을 자각하도록 돕는다(행동, 인지, 감정에 내재한 패턴을 인식하도록 돕는다).

3) 실행 단계의 과제
- 내담자가 새로운 가능한 행동을 탐색할 수 있도록 용기를 준다.
- 내담자에게 필요한 기술을 가르친다.
- 변화를 시도하는 내담자를 돕기 위해 전략을 만든다.
- 시도된 변화에 관한 피드백을 제공한다. 변화를 측정하고 행동계획을 수정하도록 내담자를 돕는다.
- 변화에 관한 감정의 과정을 이해하도록 돕는다.

2. 탐색 단계에서 필요한 기술

1) 주의집중과 경청

2) 재진술

- 내담자가 말하고자 하는 바의 핵심을 파악하기
- 짧고 간략하게 하기
- 내담자가 다른 사람에게 초점을 두더라고 상담자는 내담자에게 초점을 두기
- 재진술의 형태를 다양하게 하기

3) 개방형 질문

- 짧고 간단하게 하기
- 한 번에 하나의 질문만 하기
- 내면에 초점 두기
- 과거보다는 현재에 초점 두기

4) 감정 반영

- 감정 반영의 형태: "당신은 ~때문에 ~를 느끼는군요."
- 가장 현저한 감정을 반영하기
- 지금-여기서의 감정에 초점 맞추기
- 감정 반영 후 내담자가 감정에 머물러 느끼고 생각할 시간적 여유를 주기

3. 통찰 단계에서 필요한 기술

1) 해석

- 해석을 위한 무대 만들기(준비 작업)
- 의도 파악하기
- 해석 제공하기
- 해석을 철저히 규명하기

2) 직면

- 내담자 관찰하기
- 내담자의 유형이나 준비 정도를 고려하고 직면의 적절함을 정하기
- 의도 파악하기
- 직면을 제시하기
- 내담자의 반응 관찰하기

3) 자기개방

- 상담자 자신이 겪은 경험을 선택적으로 개방하기

- 내담자에게 초점 유지하기(내담자에게 적당한가에 대한 개방적 질문이 필요함)
- 내담자의 상담자에 대한 자기개방 요구 시 내담자의 진정한 의도를 먼저 확인하기

4) 즉시성
- Engagement: 내담자 행동의 영향을 개인적으로 경험한다.
- Withdrawal: 상담자는 내담자의 행동으로 인한 경험을 반추하여 내담자 행동의 가능한 의미를 파악한다.

4. 실행 단계에서 필요한 기술

1) 정보제공
- 상담자 자신의 의도에 대해 숙고해 본다.
- 내담자가 정보제공을 요구하였다면 그 이면의 동기 및 정보의 활용 계획에 대해 탐색한다.
- 정보를 제공하기 전에, ① 내담자가 이미 알고 있는 것, ② 스스로 획득한 정보와 시도해 본 방법들에 대해 확인하며, ③ 한꺼번에 너무 많은 정보를 제공하지 않는다.
- 정보를 제공하면서 내담자의 언어적 · 비언어적 반응을 유의해서 살핀다.
- 내담자에게 정보를 활용한 결과에 대해 보고해 줄 것을 요청한다.

2) 직접적 안내
- 직접적 안내를 사용하기 전, ① 내담자가 변화할 준비가 되었는지, ② 내담자의 동기에 대한 평가를 하여야 한다.
- 조언하는 내용의 유용성에 대한 논리적 설명을 제공하여야 한다.

[활동지 9-1]

초기면접 사례 상담자 반응 피드백

상담자 반응의 적절성에 대하여 의논하고 대안을 작성해 봅시다.

예시) 내담자: 일요일에 미친 듯이 힘들었어요. 아르바이트에서 해고되면 어떡하지, 친구와 헤어지면 나 혼자 잘 살 수 있을까, 누군가 나를 버리는 상황이 생길까 봐 너무 무서웠어요. 상담자: 만약에 당신이 아르바이트에서 해고된다면, 그럼 당신의 인생이 끝나는 것인가요?
대안: 내담자 스스로 탐색할 수 있도록 폐쇄적 질문보다는 개방적 질문을 하는 것이 더 적절하다. 상담자 반응: 만약 아르바이트에서 해고된다면 어떻게 될 것 같나요?

내담자: 정말 믿을 수 없어요. 엄마가 전화를 했는데요, 이제 제가 대학에 들어갔으니 엄마, 아빠는 이혼을 하겠대요. 상담자: 많이 당황스러웠겠네요.

내담자: 저도 다른 애들처럼 친한 친구가 있으면 좋겠는데 그게 잘 안 돼요. 마음에 드는 친구를 생각하면 마음속으로는 말을 걸고 싶은데, 막상 그 친구를 보면 한 마디도 못해요. 그냥 아무 말도 생각이 안나요. 제가 꼭 바보 같아요. 상담자: 본인이 바보처럼 느껴지는군요.

내담자: 어제 뉴스를 보니 한 여대생이 과음으로 죽었다는군요. 상담자: 본인도 과음을 하신 적이 있나요?

[활동지 9-2]

격려하기와 독려하기

다음의 내담자의 이야기에 상담자로서 어떻게 반응을 할 것인지 적어 봅시다.
반응의 적절성에 대한 피드백을 나누고 대안을 작성해 봅시다.

내담자: 제가 일상생활이 불규칙적이라는 건 알아요. 변화가 필요하다는 건 알지만 아직은 꼭 그렇게 해야 하나 하는 생각도 들고 행동으로 옮기기가 힘들어요.
상담자:

피드백 나누기: 대안:

내담자: 사람이 많은 곳에 가면 긴장되어 사람들을 안 만나려고 했는데, 상담을 통해서 제가 타인의 시선에 예민해 사람들이 나를 부정적으로 볼 것 같아 긴장을 한다는 것을 알게 되었죠. 어제도 사람이 많은 곳에 가니 긴장되어 숨이 가빠지는 게 느껴졌어요. 예전 같으면 그 자리를 벗어나려고만 했었는데, 어제는 '사람들이 나를 부정적으로 볼 것 같다는 생각은 합리적이지 않아.'라고 생각하며 견뎌 보았어요. 생각보다는 괜찮더라고요.
상담자:

피드백 나누기: 대안:

10) 10회기: 마무리

<table>
<tr><th colspan="2">활동지도안</th></tr>
<tr><td>활동 목표</td><td>• 프로그램에 참여하면서 자각한 모습을 정리한다.</td></tr>
<tr><td>준비물</td><td>필기도구, [활동지 10-1], [활동지 10-2]</td></tr>
<tr><th>단계</th><th>진행 절차</th></tr>
<tr><td>도입
(10분)</td><td>▶ 지난 회기 요약 및 현 회기 안내
한 주 동안 잘 지냈나요? 지난주 프로그램에 참여하고 어떠하였는지 궁금하네요. 10회기는 전체 프로그램의 마지막 시간입니다. 그동안 배운 것을 떠올려 보고, 내가 얼마나 변화해 왔는지 나누는 시간을 가져 보려고 합니다. 오늘은 서로의 변화를 찾아 축하하고 앞으로, 이를 한 걸음의 에너지로 삼고자 합니다.

〈활동 내용〉
• 인사하고 지난 회기를 간단하게 정리해서 돌아보며, 지난 회기 참가 후 한 주 동안의 생활에 대해 이야기를 나눈다.
• 이번 회기의 활동에 대해 안내한다.</td></tr>
<tr><td>전개
(80분)</td><td>활동 10-1: 상담자로서 이렇게 달라졌어요
우리는 1회기 때 10회기가 끝나고 어떤 모습으로 변화되길 바라는지 인터뷰했었는데 혹시 기억하나요? 이 활동지에 여러분이 바라던 변화의 모습이 적혀 있습니다. 그 바람으로 10회기 동안 불릴 별칭을 정했습니다. 어떤가요? 내가 바라던 변화가 일어났나요? 모두 다 달성되지 않아도 좋습니다. 목표는 완성되기보다 지향점으로 생각해 두고 조금의 변화라도 있었는지가 더 중요합니다. 출발점에 비해 어느 정도의 변화가 있었는지 1회기 목표에 견주어 나의 변화를 살펴봅시다.

〈활동 내용〉
• 자신의 성장노트를 살펴보고 프로그램을 통해 상담자로서 변화한 점을 찾아본다.
• 자신의 성장노트를 살펴보고 프로그램을 진행하면서 힘들었던 부분과 그 이유에 대하여 생각해 보는 시간을 가진다.
• 대집단으로 모여 프로그램에 참여하면서 자각한 모습에 대하여 이야기를 나눈다.

활동 10-2: 상담자로서의 성장 에너지 충전하기
프로그램을 마치면서 연습을 할 때는 잘할 수 있을 것 같은데, 실제 내담자에게도 그대로 적용할 수 있을까 하는 걱정이 있을 것입니다. 어쩌면 앞으로도 상담을 하면서 '아! 나는 왜 이렇게 적절한 상담 기술을 사용하지 못하지?' 하는 생각으로 지치고 포기하고 싶은 마음이 생기는 상황도 있을 것입니다. 이럴 때 상담자로서의 성장을 위해 10주간 노력했던 나에게 에너지를 줄 수 있도록 서로에게 '에너지바'를 만들어 주려고 합니다. 좌절감이 들고 지칠 때 꺼내 보면서 힘을 얻을 수 있도록 서로에게 힘이 될 한 마디씩 적어 봅시다.</td></tr>
</table>

전개 (80분)	〈활동 내용〉 • 에너지바 그림에 자신의 이름을 쓰고 롤링페이퍼를 하듯이 종이를 돌린다. • 종이에 적힌 상대가 상담자로서 성장하기 위해 노력한 부분에 대하여 생각해 보고 응원 메시지를 적는다. • 내 에너지바를 돌려받으면 전체를 읽고 느낌을 나눈다.
마무리 (30분)	▶ 프로그램 전체 소감 나누기 우리는 지난 시간 동안 많은 활동을 했습니다. 활동을 한번 생각해 볼까요? 말 하나, 행동 하나 변화하는 것이 겉으로는 쉬워 보이지만 하나의 행동에는 그의 욕구와 그럴 수밖에 없는 경험들이 녹아 있기 때문에 사실 정말 어려운 일입니다. 상담자로서의 성장을 위해 그 힘든 여정을 기꺼이 받아들여 10회기를 마치신 여러분께 박수를 보냅니다. 배우고 익힌 것이 여러분과 내담자와의 관계 향상에 도움이 되길 바라며 프로그램을 마칩니다. **Tip** 마무리 회기는 새로운 것을 배우는 활동보다는 지금까지 회기를 충분히 돌아보면서 스스로 변화를 느끼고 점검하는 시간을 갖는 것이 중요하며, 프로그램이 끝난 후에도 배운 것을 실천해 나갈 수 있는 힘을 얻을 수 있도록 하는 데 시간을 충분히 할애하도록 한다.

[활동지 10-1]

상담자로서 이렇게 달라졌어요

1. 프로그램을 하면서 힘들었던 부분과 그 이유에 대하여 생각해 봅시다.

• 상담 기술 연습을 하면서 특별히 나에게 힘들게 느껴진 상담 기술이 있었다면 무엇인가요?

• 어떤 부분이 힘들게 느껴졌나요?

• 그것은 나의 문제와 어떻게 연결되나요?

2. 프로그램을 통해 변화한 점, 나에 대해서 새롭게 알게 된 점은 무엇인가요?

[활동지 10-2]

상담자로서의 성장 에너지 충전하기

프로그램이 끝난 후에도 계속해서 상담자-내담자 관계 증진을 위한 상담 기술을 지속적으로 연습할 수 있도록 힘이 될 만한 응원의 말을 모아서 에너지바를 완성해 봅시다.

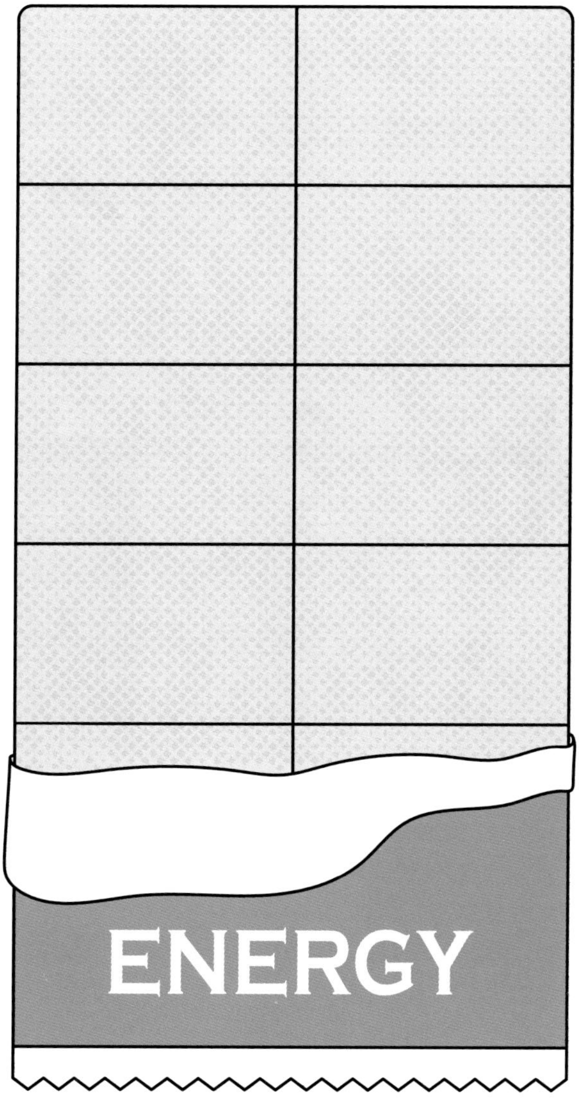

[부록]

성장노트

1회기: 오리엔테이션/경청

◎ 오늘 활동은 어떻게 도움이 되었나요?

◎ 새롭게 알게 된 부분은 어떤 것인가요?

◎ 오늘 활동 중에 어려웠던 부분은 어떤 게 있었나요?

◎ 상담 기술 훈련을 하는 과정에서 나에 대해 새롭게 알게 된 점은 무엇인가요?

◎ 프로그램 진행과 관련해서 추가로 원하는 내용이 있나요?

2회기: 감정 구분하기

◎ 오늘 활동은 어떻게 도움이 되었나요?

◎ 새롭게 알게 된 부분은 어떤 것인가요?

◎ 오늘 활동 중에 어려웠던 부분은 어떤 게 있었나요?

◎ 상담 기술 훈련을 하는 과정에서 나에 대해 새롭게 알게 된 점은 무엇인가요?

◎ 프로그램 진행과 관련해서 추가로 원하는 내용이 있나요?

3회기: 비언어적 의사소통
◎ 오늘 활동은 어떻게 도움이 되었나요?
◎ 새롭게 알게 된 부분은 어떤 것인가요?
◎ 오늘 활동 중에 어려웠던 부분은 어떤 게 있었나요?
◎ 상담 기술 훈련을 하는 과정에서 나에 대해 새롭게 알게 된 점은 무엇인가요?
◎ 프로그램 진행과 관련해서 추가로 원하는 내용이 있나요?

4회기: 재진술과 반영
◎ 상담자는 재진술을 하면서 어떤 부분이 힘들었나요? 수정하고 싶은 부분이 있다면 적어 봅시다.
◎ 내담자는 재진술을 받는 입장에서 어떠하였나요? 상담자의 재진술에 대해 피드백해 봅시다.
◎ 관찰자는 상담자의 재진술과 주의 집중 행동에 대해 피드백해 봅시다.
◎ 상담자는 감정 반영을 하면서 어떤 부분이 힘들었나요? 수정하고 싶은 부분이 있다면 적어 봅시다.
◎ 내담자는 감정 반영을 받는 입장에서 어떻게 느꼈나요? 상담자의 반영 중 가장 유용한 반응은 무엇이었나요? 이유도 함께 적어 봅시다.
◎ 관찰자는 상담자의 감정 반영 방법의 적절성에 대하여 피드백해 봅시다.

◎ 오늘 활동은 어떻게 도움이 되었나요?

◎ 새롭게 알게 된 부분은 어떤 것인가요?

◎ 오늘 활동 중에 어려웠던 부분은 어떤 게 있었나요?

◎ 상담 기술 훈련을 하는 과정에서 나에 대해 새롭게 알게 된 점은 무엇인가요?

◎ 프로그램 진행과 관련해서 추가로 원하는 내용이 있나요?

5회기: 명료화와 요약
◎ 오늘 활동은 어떻게 도움이 되었나요?   ◎ 새롭게 알게 된 부분은 어떤 것인가요?   ◎ 오늘 활동 중에 어려웠던 부분은 어떤 게 있었나요?   ◎ 상담 기술 훈련을 하는 과정에서 나에 대해 새롭게 알게 된 점은 무엇인가요?   ◎ 프로그램 진행과 관련해서 추가로 원하는 내용이 있나요?

6회기: 질문과 해석

◎ 상담자는 개방형 질문을 하면서 어떤 부분이 힘들었나요? 수정하고 싶은 부분이 있다면 적어 봅시다.

◎ 내담자는 질문을 받는 입장에서 어떠하였나요?

◎ 관찰자는 상담자의 개방형 질문 방법의 적절성에 대하여 피드백해 봅시다.

◎ 오늘 활동은 어떻게 도움이 되었나요?

◎ 새롭게 알게 된 부분은 어떤 것인가요?

◎ 오늘 활동 중에 어려웠던 부분은 어떤 게 있었나요?

◎ 상담 기술 훈련을 하는 과정에서 나에 대해 새롭게 알게 된 점은 무엇인가요?

◎ 프로그램 진행과 관련해서 추가로 원하는 내용이 있나요?

7회기: 직면
◎ 상담자로서 내담자가 직면을 할 수 있도록 개입을 해 본 소감은 어떠한가요?
◎ 내담자는 직면을 받는 입장에서 어떻게 느꼈나요? 공격받는다고 느껴지는 반응이 있었다면 무엇이었나요? 이유도 함께 적어 봅시다.
◎ 직면이 적절하였는지, 전달되는 방식은 어떠하였는지에 대해 생각해 봅시다.
◎ 오늘 활동은 어떻게 도움이 되었나요?
◎ 새롭게 알게 된 부분은 어떤 것인가요?
◎ 오늘 활동 중에 어려웠던 부분은 어떤 게 있었나요?
◎ 상담 기술 훈련을 하는 과정에서 나에 대해 새롭게 알게 된 점은 무엇인가요?
◎ 프로그램 진행과 관련해서 추가로 원하는 내용이 있나요?

8회기: 자기개방과 즉시성

◎ 상담자로서 자기개방을 해 본 소감은 어떠한가요?

◎ 내담자는 상담자의 자기개방의 어떠한 면이 좋았나요? 이유도 함께 적어 봅시다.

◎ 자기개방은 적절하였는지, 전달되는 방식은 어떠하였는지에 대해 생각해 봅시다.

◎ 상담자로서 치료적 관계에 대한 즉각적인 감정을 표현해 본 소감은 어떠한가요?

◎ 내담자는 상담자의 치료적 관계에 대한 즉각적인 감정을 표현을 들었을 때의 느낌이 어떠했나요? 이유도 함께 적어 봅시다.

◎ 치료적 관계에 대한 즉각적인 감정을 표현 적절하였는지, 전달되는 방식은 어떠하였는지에 대해 생각해 봅시다.

◎ 오늘 활동은 어떻게 도움이 되었나요?

◎ 새롭게 알게 된 부분은 어떤 것인가요?

◎ 오늘 활동 중에 어려웠던 부분은 어떤 게 있었나요?

◎ 상담 기술 훈련을 하는 과정에서 나에 대해 새롭게 알게 된 점은 무엇인가요?

◎ 프로그램 진행과 관련해서 추가로 원하는 내용이 있나요?

9회기: 상담과정에 따른 실전 연습

◎ 오늘 활동은 어떻게 도움이 되었나요?

◎ 새롭게 알게 된 부분은 어떤 것인가요?

◎ 오늘 활동 중에 어려웠던 부분은 어떤 게 있었나요?

◎ 상담 기술 훈련을 하는 과정에서 나에 대해 새롭게 알게 된 점은 무엇인가요?

◎ 프로그램 진행과 관련해서 추가로 원하는 내용이 있나요?

10회기: 마무리
◎ 오늘 활동은 어떻게 도움이 되었나요?
◎ 새롭게 알게 된 부분은 어떤 것인가요?
◎ 오늘 활동 중에 어려웠던 부분은 어떤 게 있었나요?
◎ 상담 기술 훈련을 하는 과정에서 나에 대해 새롭게 알게 된 점은 무엇인가요?
◎ 프로그램 진행과 관련해서 추가로 원하는 내용이 있나요?
◎ 상담 기술 훈련프로그램 중 특별히 잘 안되고 어려운 기술에는 어떤 것이 있나요?
◎ 상담 기술 훈련 프로그램을 참가하면서 알게 된 자신의 역전이는 어떤 것이 있나요?

참고문헌

강진령(2016). 상담연습. 서울: 학지사.

김경애(2005). 프로이트의 정신분석 상담 기법을 통한 인성교육 연구. 부산교육대학교 교육대학원 석사학위논문.

김계현(1998). 상담심리학(개정증보판). 서울: 학지사.

김유숙(2006). 가족치료 이론과 실제. 서울: 학지사.

김진희, 박미진, 임경희, 조붕환(2018). 학교상담자를 위한 상담면접의 실제. 서울: 학지사.

김춘경, 이수연, 이윤주, 정종진, 최웅용(2010). 상담의 이론과 실제. 서울: 학지사.

노안영(2007). 상담심리학의 이론과 실제. 서울: 학지사.

노안영, 송현종(2006). 상담실습자를 위한 상담의 원리와 기술. 서울: 학지사.

박경애(1997). 인지 · 정서 · 행동치료. 서울: 학지사.

백현옥(2021). 초심 상담자를 위한 상담 기법. 서울: 박영story.

송성자, 김정택(1994). 해결중심 단기 가족치료의 관점과 치료전략. 한국가족치료학회지, 2(1), 131-150.

신명희, 박명순, 권영심, 강소연(1998). 교육심리학의 이해. 서울: 학지사.

양명숙, 김동일, 김명권, 김성회, 김춘경, 김형태, 문일경, 박경애, 박성희, 박재황, 박종수, 이영이, 전지경, 제석봉, 천성문, 한재희, 홍종관(2019). 상담이론과 실제(2판). 서울: 학지사.

양명희(2016). 행동수정이론에 기초한 행동지원(2판). 서울: 학지사.

유예은(2019). 한부모여성의 낙관성 증진을 위한 현실치료 프로그램개발. 한남대학교 국제신학대학원 석사학위논문.

윤순임, 이죽내, 김정희, 이형득, 이장호, 신희천, 이성진, 홍경자, 장혁표, 김정규, 김인자, 설기문, 전윤식, 김정태, 심혜숙(2011). 현대상담 · 심리치료의 이론과 실제. 서울: 중앙적성출판사.

이규미(2017). 상담의 실제: 과정과 기술. 서울: 학지사.

이수현, 최인화(2020). 셀프 수퍼비전을 통한 상담기술 훈련: 초보상담자를 대상으로. 서울: 학지사.

이장호, 금명자(2014). 상담연습 교본(제4판). 경기: 법문사.

이정숙(2011). 게슈탈트 심리 상담에서 빈의자 작업에 대한 내담자의 경험. 상담학연구, 12(6), 2105-2121.

이주혜(2020). 메시지를 활용한 해결중심상담의 효과에 관한 모의상담연구. 한국교원대학교 교육대학원 석사학위논문.

정문자, 정혜정, 이선혜, 전영주(2018). 가족치료의 이해(3판). 서울: 학지사.

천성문, 박순득, 배정우, 박원모, 김정남, 이영준(2008). 상담심리학의 이론과 실제. 서울: 학지사.

천성문, 박은아, 전은주, 김현진, 장은경, 박미영, 이은영, 박성현, 김현희, 김준서, 박선우(2021). 상담이론에 기초한 집단상담의 실제. 서울: 학지사.

천성문, 이영순, 박명숙, 이동훈, 함경애(2015a). 상담심리학의 이론과 실제(3판). 서울: 학지사.

천성문, 이영순, 박명숙, 이동훈, 함경애(2021). 상담심리학의 이론과 실제(4판). 서울: 학지사.

천성문, 차명정, 이형미, 류은영, 정은미, 김세경, 이영순(2015b). 상담입문자를 위한 상담기법 연습. 서울: 학지사.

홍경자(2020). 생각바꾸기 훈련 사례 REBT와 인지이론의 실제. 서울: 학지사.

현정환(2019). 상담 심리학: 상담이론 · 실제 · 연습(제3판). 서울: 양서원.

Berg, L. K., & Miller, S. D. (1992). *Working with the problem drinker*. New York: W. W. Norton.

Brammer, L. M., & MacDonald, G. (2002). *The helping relationship: Process and skills* (8th ed.). Englewood Cliffs, NJ: Prentice Hall.

Christiane, B. (2005). 심리상담과 치료의 기본 기술(조현춘, 이근배 공역). 서울: 아카데미 프레스.

Clarkson, P. (2010). 게슈탈트 상담의 이론과 실제(김정규, 강차연, 김한규, 이상희 공역). 서울: 학지사.

Corey, G. (2016). *Theory and practice of counseling and psychotherapy* (10th ed.). Belmont, CA: Thompson.

Corey, G. (2017). 심리상담과 치료의 이론과 실제(천성문, 권선중, 김인규, 김창대, 신성만, 이동훈, 허재홍 공역). 서울: 학지사.

Duke, C. E., & Murdock, N. L. (1992). *Characteristics of Counselor self-Disclosure*. American Psychological Association: 100th Annual Convention.

Egan, G. (1999). 유능한 상담사(제석봉, 유계식, 박은영 공역). 서울: 학지사.

Ellis, A. (1989). Rational emotive therapy. Chapter 6. In R. J. Corsini & D. Wedding (Eds.),

Current psychotherapies (4th ed.). Itasca, IL: F. E. Peacock.

Erford, B. T. (2021). 상담자가 반드시 알아야 할 40가지 상담기법(김은하 역). 서울: 학지사.

Frankl, V. (1997). *Man's search for ultimate meaning*. New York: Plenum Press.

Glasser, W. (2011). *Take charge of your life: How to get what you need with Choice Theory Psychology*. Bloomington, IN: Universe.

Hill, C. E. (2004). Immediacy. In C. Hill (ed.), *Helping skills: Facilitating exploration, insight, and action* (2nd ed.). Washington, DC: American Psychological Association.

Hill, C. E. (2012). 상담의 기술(주은선 역). 서울: 학지사.

Hill, C. E., & O'Brien, K. M. (2001). 상담의 기술(주은선 역). 서울: 학지사.

Janet, P. M., & Maureen, C. K. (2002). 상담 및 심리치료의 과정(서은경 역). 서울: 학지사.

Martin, G., & Pear, J. (2012). 행동수정(임선아, 김종남 공역). 서울: 학지사.

Rogers, C. R. (1951). *Client-centered therapy*. Houghton Mifflin.

Rosengren, D. B. (2012). 동기강화상담 기술훈련 실무자 워크북(신성만, 김성재, 이동귀, 전영민 공역). 서울: 박학사.

Seligman, L. (2011). 상담 및 심리치료의 이론(제2판)(김영혜, 박기환, 서경현, 신희천, 정남운 공역). 서울: 시그마프레스.

Wubbolding, R. E. (1986). *Using reality therapy*. NY: Haper & Row.

찾아보기

인명

내용

저자 소개

천성문(Cheon, Seong-moon)

현 부경대학교 평생교육상담학과 교수(상담심리학 박사)

전 스탠포드대학교 연구 및 방문 교수

서울대학교 초빙객원교수

(사)한국상담학회 학회장

〈저서〉

『상담심리학의 이론과 실제』(4판, 공저, 학지사, 2021) 외 다수

〈자격증〉

전문상담사 1급, 상담심리사 1급, 정신보건임상심리사 외

박은아(Park, Eun-a)

현 데이브레이크대학교 교수(상담심리학 박사)

부경대학교 대학원 겸임 교수

성균관대학교 외상심리건강연구소 연구원

전 경성대학교 대학원 겸임 교수

〈저서〉

『상담심리연구방법의 실제』(공저, 학지사, 2022) 외 다수

〈자격증〉

전문상담사 1급, 전문상담교사 1급 외

이정아(Lee, Jung-a)

현 부산외국어대학교 상담심리학과 교수(교육학 박사)

부경대학교 교육컨설팅학과(상담심리전공) 박사과정수료

부산외국어대학교 진로개발원장

〈저서〉

『학생참여를 높이는 액션러닝교수법』(공저, 부산외국어대학교 출판부, 2013) 외 다수

〈자격증〉

교육상담전문가 1급 외

이지영(Lee, Jee-young)
현 부산외국어대학교 상담심리학과 교수(교육학 박사)
부경대학교 교육컨설팅학과(상담심리전공) 박사과정수료
부산외국어대학교 학생상담센터장

〈저서〉
『교직실무』(2판, 공저, 학지사, 2021) 외 다수

〈자격증〉
교육상담전문가 1급 외

정세영(Jeong, Se-young)
현 고신대학교 재활상담학과 교수(특수교육학 박사)
부경대학교 교육컨설팅학과(상담심리전공) 박사과정수료
부경대학교 미래융합대학 심리상담센터 상담원

〈자격증〉
부모코칭전문가 1급 외

차윤희(Cha, Yun-hee)
현 부경대학교 교육컨설팅학과(상담심리전공) 박사과정수료
대양고등학교 전문상담교사
부경대학교 미래융합대학 심리상담센터 상담원

〈자격증〉
전문상담교사 1급 외

김지숙(Kim, Ji-sook)
현 부경대학교 교육컨설팅학과(상담심리전공) 박사과정수료
신라대학교 학생상담센터 상담원
(사)한국교육상담협회 간사

〈자격증〉
미술심리상담사 1급, 교육상담전문가 1급 외

김현정(Kim, Hyeon-jung)
현 부경대학교 평생교육상담학과 외래 교수(상담심리학 박사)
부경대학교 학생상담센터 상담원
(사)한국교육상담협회 총무이사

〈저서〉
『Smart Map 부모역할 훈련 프로그램』(공저, 학지사, 2019)

〈자격증〉
교육상담전문가 1급, 부모코칭전문가 1급 외

초심상담자를 위한

상담 기술의 실제

Practice of Counseling Skills for Beginner Counselors

2023년 1월 5일 1판 1쇄 인쇄
2023년 1월 10일 1판 1쇄 발행

지은이 • 천성문 · 박은아 · 이정아 · 이지영
정세영 · 차윤희 · 김지숙 · 김현정
펴낸이 • 김진환
펴낸곳 • ㈜ 학지사
04031 서울특별시 마포구 양화로 15길 20 마인드월드빌딩
대표전화 • 02)330-5114 팩스 02)324-2345
등록번호 • 제313-2006-000265호

홈페이지 • http://www.hakjisa.co.kr
페이스북 • https://www.facebook.com/hakjisabook

ISBN 978-89-997-2796-2 93180

정가 20,000원